本书由北京外国语大学束龙胜基金
和浙江省国际文化交流协会资助出版

欧债危机背景下的德国及欧盟

GERMANY AND THE EUROPEAN UNION IN THE CONTEXT OF THE DEBT CRISIS

刘立群 / 主编

社会科学文献出版社
SOCIAL SCIENCES ACADEMIC PRESS (CHINA)

中国德国研究会第15届年会暨青岛市德国研究会成立大会贺信

德国驻华大使　柯穆贤

中国青岛与德国有着悠久的历史渊源。即使岁月的车轮已辘辘滚过百年，历史的印记却依然鲜活地存在于我们的记忆中。多年以来，德国政府一直鼓励并支持在青岛开展的各项经济、科技及政府间活动，希望在维护双方历史关系的同时，推动建立中德战略性合作伙伴关系，共同应对新时代的挑战。

因此我感到非常高兴，此次中国德国研究会年会能够在青岛这样一个具有象征性意义的城市举办。同时，在青岛市成立一个具有本地特色的德国研究会，也是一件非常值得庆贺的事情。

中国德国研究会自成立以来，不仅在学术领域为中德关系发展做出了重要贡献，更为中国人民了解德国打开了一扇权威可信的窗。不论是对政治经济方针的政策咨询，还是对科学学术研究及对新一代的学习教育，德国研究会都起到了十分重要的推动作用。

在此，我衷心地祝愿中国德国研究会第15届年会圆满举办，祝愿青岛市德国研究会乘风波浪，扬帆远航。我相信，在未来的日子里，德国研究会会继续为中德合作发光发热，中德两国也必将会建立起更加长久深远、密切互信的友好合作关系。

（宋晓玮译）

Gruβwort des Botschafters der Bundesrepublik Deutschland Michael Clauss anlässlich der 15. Jahrestagung der Chinesischen Gesellschaft für Deutschlandstudien und zur Gründung der Gesellschaft für Deutschlandstudien der Stadt Qingdao am 20. Juni 2014 in Qingdao

Die Stadt Qingdao verbindet eine besondere historische Beziehung mit Deutschland. Auch heute noch nach 100 Jahren sind viele Erinnerungen präsent. Die Bundesregierung begrüβt und unterstützt das Engagement der Stadtregierung, der Wirtschaft und der Wissenschaft in Qingdao die historischen Bezüge zu pflegen und gleichzeitig die deutsch – chinesische Partnerschaft strategisch auf die gemeinsamen Herausforderungen der Zukunft ausrichten.

Es freut mich deshalb besonders, dass die Chinesische Gesellschaft für Deutschlandstudien ihre diesjährige Jahrestagung symbolhaft in Qingdao ausrichtet und dass sich in Qingdao eine eigene lokale Gesellschaftfür Deutschlandstudien gründet.

Die Spannweite der Arbeitder Chinesischen Gesellschaft für Deutschlandstudien reicht weit über die wissenschaftliche Begleitung der deutsch – chinesischen Beziehungen hinaus. Die Gesellschaft ist ein authentisches und glaubwürdiges Sprachrohr für das Deutschlandbild in China geworden, sowohl in beratender Funktion gegenüber Politik und Wirtschaft als auch in Forschung und Lehre gegenüber der nachwachsenden Generation.

Ich wünsche der Gesellschaft für Deutschlandstudien eine erfolgreiche Jahrestagung und der neuen Filiale in Qingdao einen guten Start in eine gewinnbringende Zukunft.

Ich bin sicher, dass die Gesellschaft weiterhin ihren Beitrag einbringen und die deutsch – chinesischen Beziehungen als eine langfristig angelegte enge und vertrauensvolle Partnerschaft begleiten und pflegen wird.

中国欧洲学会德国研究分会第15届年会开幕式致辞

顾俊礼*

尊敬的青岛市各位领导，

尊敬的中国前驻德大使梅兆荣先生，

尊敬的中国前驻德大使马灿荣先生，

尊敬的各位德国贵宾，

女士们，

先生们：

“中国德国研究会第15届年会暨青岛市德国研究会成立大会”开幕了。我谨向大会致以最热烈祝贺！祝青岛市德国研究会在开展德国研究、促进中德经贸合作与文化交流方面取得卓越成就！

德国研究会第15届年会得以在这“云护芳域枕海涯，风鸣幽涧泛奇花”的美丽的青岛举行，要感谢青岛市政府的邀请和大力支持。今明两日我们每个人都将亲身体验好客的主人热情、周到的安排。

青岛是座充满诱惑、富有魅力的城市，在中德交往史上具有独特地位，凡要研究德国，特别是中德关系，都绕不开青岛。在中德两国交流史上，青岛的文化积淀是极其深厚的。20世纪90年代由青岛中德关系史研究中心主编的3册“中德关系史文丛”，不仅开创了中德关系史研究的先河，而且

---

* 顾俊礼，中国欧洲学会德国研究分会会长，中国社会科学院欧洲研究所研究员、博士生导师；享受国务院颁发的政府特殊津贴。

成为研究者们必备的参考资料。追溯到20世纪初，当时建立的华德青岛特别高等学堂，在普及科学技术方面，其作用和影响曾与上海同济大学齐名，被誉为中国的“双璧”。这里我还不得不提到曾经生活在青岛的德国知名汉学家，比如卫礼贤（Richard Wilhelm，1873～1930）、福兰阁（Otto Franke，1863～1946）等，在对中国古代文献的理解和译著上，他们都曾受到过清末中国士大夫的点拨。

最后，我呼吁各位同仁要关注、思考、探讨如何构建现代中国的“德国学”学科框架这个问题，以更加开放、包容的姿态，学习德国、了解德国、研究德国、介绍德国，为培养和造就更多的“德国通”而打下坚实的基础。

谢谢大家！

Contents 目录

外交内政篇

经济社会篇

外交内政篇

德国新政府外交政策调整及发展趋势

戴启秀　王志强*

欧洲一体化、跨大西洋伙伴关系和和平外交政策构成德国传统外交三大主导思想和核心原则，并通过多边形式来建构安全政策。如同德国新政府《联合执政协议》确定的那样，在延续这三个外交原则的基础上，欧洲一体化和欧洲安全问题、跨大西洋伙伴关系、与新兴经济体国家关系成为德国新政府三大外交政策重点。

就外交地域分布而言，德国外交涉及：地区性层面——德国对欧洲政策，跨大西洋伙伴关系层面——德国对美国外交，全球性层面——德国对欧美以外国家外交。这三大区位定位确定了德国对外政策的基本走向。

一　德国新政府“积极外交政策”：由谨慎消极转向积极主动

综观 2013 年 12 月德国新政府成立以来德国外交新举措和外交行动反应方式，同此前相比，德国外交政策出现了新变化：由谨慎消极转向积极主动，由欧盟内部转向欧盟和欧洲以外地区，外交空间有了新的拓展。新兴经济体国家受到前所未有的关注。面对国际责任，德国新政府要求基于价

* 戴启秀，上海外国语大学国际关系与公共事务学院研究员、欧盟研究中心执行副主任；王志强，上海外国语大学德语系教授，博士。

值观和国家利益，积极参与全球治理，通过谋求承担更多国际安全责任，共同建构全球秩序。在世界范围内致力于和平、自由和安全，参与建构合理的世界秩序，实现人权、国际法以及可持续发展和消灭贫困，使德国“成为建构合理世界秩序国家的伙伴国家”。[①]

在德国新政府组阁不久，德国新外长、联邦德国总统等几位德国政要先后在不同外交场合要求德国外交由以往谨慎消极转向积极主动，在外交方面要有所作为，更为积极主动履行国际义务，承担国际责任。

首先，德国新任外长施泰因迈尔在其就职演说中表示：“德国外交政策的既有方针只有在政治上重新定义并适时调整的情况下，才能继续发挥其作用。”鉴于国内外对于德国在国际上承担更多责任的要求在增加，施泰因迈尔提出：“要对德国未来应承担的责任和能力进行广泛讨论和全面审视。”[②] 在2014年1月30日接受《南德意志报》记者访谈时，施泰因迈尔要求德国实施“积极外交政策”（aktive Auβenpolitik），[③]“德国应承担更多的责任，不能再停留于之前谨慎克制态度和‘局外人、局外国家’的哲学”，而是由谨慎消极转向积极主动，在国际上承担更多责任，这是基于以下四大缘由：一是世界范围内大的冲突越来越接近欧洲，如发生在叙利亚、近东、中东以及非洲和东欧国家的危机越来越接近欧洲边界，德国比以往更直接感觉到这些地区危机和冲突给欧洲地区带来的后果。为此，德国需更多地承担责任。例如，在乌克兰危机中德国积极发挥中介人角色。二是国际形势变化要求德国承担更多国际责任。由于外交收缩，美国无力帮助欧洲解决所有问题，不再像以往那样为盟国解决危机和冲突。另外，美国虽对欧洲和世界未失去兴趣，但已不再想也没有能力应对出现在世界各地的危机。美国希望将对欧洲的安全责任更多转向欧洲自身，这是欧洲人必须面对的新变化。三是美国在单极世界中感到劳累，在政治、经济、财政、心理方面都感到负担沉

---

① Koalitionsvertrag zwischen CDU, CSU und SPD, “Deutschlands Zukunft gestalten,” 27.11.2013, pdf, S. 1 - 185, hier S. 168.

② 转引自郑春荣《中德关系有望延续迄今良好发展态势》，《文汇报》2013年12月29日，第3版。

③ Auenminister Frank - Walter Steinmeier im Interview zu den Grundzügen seiner Auβenpolitik. “Es wird zu Recht von uns erwartet, dass wir uns einmischen,” interview: Stefan Braun und Stefan Kornelius, erschienen in der *Süddeutschen Zeitung* vom 30. 01. 2014.

重。四是新媒体和多媒体等新技术也给主权国家外交带来现代化困境和全新的挑战，传统外交已经跟不上媒体主导的外交节奏。

其次，在第 50 届慕尼黑安全会议上，联邦总统高克要求德国实施“更为主动积极的外交政策”（eine engagiertere Auβenpolitik）[①]，在未来，德国要“更及时、更果断、更实际”（früher，entscheidender，substantieller）地介入国际事务之中。[②]这是基于以下两大理由：第一，迄今为止，德国过多背上历史包袱，缘于历史意识而逃避对欧洲和国际的责任，或通过“付钱”等经济支付手段间接被动承担国际责任。为此，德国要改变以往历史包袱所致的外交审慎克制态度，从单一非军事（民事）行动参与方式转向民事和军事手段并行的冲突管理方式。第二，德国通过国际合作，积极参与全球治理，与新兴经济体国家共同建构世界秩序。

联邦总统高克和外长施泰因迈尔关于德国外交转向的讲话在德国国内和在欧洲邻国及国际层面受到很大的关注。由于德国就“有所为外交”和德国外交政策调整还没有形成统一认识，德国国内围绕德国对外政策的未来走向正展开一场公众参与的大讨论和大辩论。

基于德国这一外交政策新变化和转型趋势，界定德国传统外交和外交政策新变化及优先领域，有助于理解德国外交政策理念的转变及其动因。如同德国外长在接受采访时强调的那样：“我们应当准备好在外交与安全政策上反应更快、更有决断。外交责任总是具体的，仅以观望姿态做出评论，是没用的。”施泰因迈尔要求“区分‘低姿态’与‘置身事外’（之间的区别），后一种（‘置身事外’）对德国这样的大国是不合适的。因此我所要做的是更积极、思路广阔、勇敢和全面地利用各种外交工具。重要的是寻求与我们合作伙伴的紧密磋商，并开发出有创意的聪明思路，更有效地投入我们的资源”。在这方面，“维护和平和富裕需要付出艰苦的工作。一个顾及伙伴利益，冷静考虑后果的明智的外交政策比什么都重要”[③]。他认为，德

---

① Lisa Schurr，“Gauck fordert mehr deutsches Engagement in der Welt，” http：//www.tagesschau.de/inland/muenchner－sicherheitskonferenz100.html，最后访问日期：2014 年 1 月 31 日。

② Markus Feldenkirchen，“Bundespräsident：Wie Joachim Gauck seine Rolle gefunden hat，” in *Der Spiegel* vom 10. März 2014，Nr. 11，S. 30－34，hier S. 31.

③ 施泰因迈尔（Frank－Walter Steinmeier）：《只有介入才能有所推动》，《DIE MAGANZIN DEUTSCHALND》（中文版）2014 年第 1 期。

国传统的军事克制外交是可取的，但不能被误解为“置身事外”，面对国际社会特别是盟国对德国的期待，德国的角色要从安全的消费者转变成提供者，因而德国要实施积极外交政策。

二 德国新政府对欧洲政策

如同德国新政府《联合执政协议》所确定的那样，在欧洲政策方面，新政府将在延续传统外交原则框架基础上，继续推进欧盟内部经济治理，加强欧洲共同外交和安全政策领域的合作，深化与俄罗斯的关系，促进欧洲安全。

（一）继续推进欧盟内部经济治理

德国在世界政治中的地位取决于其在欧洲政治中的影响。在欧洲政策上，德国依然强调法德轴心作用。随着欧债危机的演变，欧盟内部正在进行一场有利于德国的权力再分配。作为欧盟重要的成员国和欧盟最大的经济体，德国将延续近年来取得成功的欧元区政策，帮助债务国渡过危机，并要求债务国推出和实施经济改革和财政紧缩政策，在此基础上推进欧盟内部经济治理，引导欧洲走出危机，提高欧盟国家富裕程度、安全和竞争力，使欧洲成为稳定的、可持续增长的欧洲。

在应对欧债危机方面，德国坚持成员国承担债务偿还义务这一原则还需保留，反对成员国债务联盟化，要求强化对救助贷款进行民主监督，加强欧元区危机管理，并认为行之有效的社会市场经济规则应成为未来欧洲经济与货币联盟的基本框架。德国坚持在欧盟层面进一步推进制度性改革和相关立法进程，消除诱发欧债危机的诸种原因，如个别欧洲国家过度举债、缺乏竞争力、经济发展不平衡、经济与货币联盟结构性缺陷、金融市场监管缺乏等。为此，德国新政府主张继续通过结构性改革，提升欧洲竞争力，实施更为严格的可持续财政政策，增加未来投资，促进经济增长和就业，尤其是青年人就业，在兼顾社会均衡原则基础上，提升欧盟国家的富裕程度、安全和竞争力。

（二）加强欧洲共同外交和安全政策领域合作

对德国而言，欧盟共同外交和安全政策是欧洲和平、安全和公正的保证。鉴于二战惨痛的历史教训，德国《基本法》将和平确立为外交与安全政策的根本原则。在德国宪法对和平这一定位下，和平被视为不可动摇的核心价值观。和平需要机制保障，德国推崇欧洲共同外交和安全多层面机制建设。

在欧盟层面，德国主张进一步强化欧盟外交和安全政策高级代表这一职位的地位，完善欧洲对外行动署（EEAS）预防危机管理能力和危机快速应对能力，强化欧洲对外行动署权限，使之更加精干，具有效率。在欧洲周边地区优先实施欧洲共同行动，促进和维护欧洲安全。在欧洲睦邻地区之外的行动应更多地交由地区伙伴国家和地区组织，如非洲联盟、西非经济共同体或海湾阿拉伯国家合作委员会等，并向它们提供支持。

在欧洲地区层面，鉴于德国特殊的地理位置和由此所致的特殊作用，德国重视地区外交。通过德国、法国和波兰“魏玛三角”合作机制和德国、波兰、俄罗斯三边对话机制这两个三角多边机制，与东部近邻以及西部近邻保持良好而密切的关系；同时，关注巴尔干地区，缓解冲突，提升危机快速反应机制，加强欧洲安全与合作组织和欧洲委员会的联系。

在欧盟成员国层面，“作为经济强国，德国、法国都有特别共同的利益进一步促进欧洲一体化，加强欧盟福祉、安全和竞争力，并将进一步实施 2013 年 1 月 22 日德国、法国政府共同签署的德法议程”[①]。在欧洲东部，德国将“进一步深化同波兰的伙伴关系，继续发展和拓展合作内涵，如扩大德波青年中心工作的范围和工作可能性，在‘魏玛三角’机制内深化同法国和波兰的合作关系，扩大同中欧伙伴国家的双边倡议行动，为德国捷克未来论坛和德国捷克未来基金提供超过 2017 年的资金保障”。[②]对德国而言，只有同欧盟内的成员国共同行动，才会赢得尊重，并继续成为欧洲一体化的发动机。

---

① Koalitionsvertrag zwischen CDU, CSU und SPD, “Deutschlands Zukunft gestalten,” 27. 11. 2013, pdf, S. 1 – 185, hier S. 165.

② Koalitionsvertrag zwischen CDU, CSU und SPD, “Deutschlands Zukunft gestalten,” 27. 11. 2013, pdf, S. 1 – 185, hier S. 167.

（三）重视俄罗斯对欧洲安全的保障作用

德国和欧盟与俄罗斯的政治关系在很大程度上影响欧洲的安全、和平与稳定。对德国而言，“德国、波兰和俄罗斯三边对话机制具有十分重要的意义。欧洲安全只有同俄罗斯一起才能得到保障，而不是通过反对俄罗斯方式得到保障”①。在兼顾彼此利益的前提下，在安全领域，德国加强同俄罗斯的合作，共同解决欧洲东部邻国冲突，保障欧洲安全和稳定，实现欧洲持久和平。乌克兰危机也使德国认识到，在建构东部欧洲安全方面也要正视俄罗斯地缘战略利益和战略安全追求。从安全角度看，俄罗斯反对乌克兰加入北约。对俄而言，欧洲安全架构的改变将会对俄罗斯国家安全构成威胁。

德国重视与俄罗斯的安全合作也基于德俄互相交融的多层面经济关系。迄今为止，德国在俄罗斯有6200家公司或企业，其中德国上市公司有大众汽车、达姆勒·奔驰、麦德龙等公司。德国有近30万工作岗位与俄罗斯的商贸有关。德国天然气需求40%来自俄罗斯。“2013年德国和俄罗斯贸易总额达到770亿欧元。俄罗斯向德国主要提供石油和天然气，德国向俄罗斯提供机械、电站设备、药品、火车车辆、轿车等。2013年德国在俄罗斯投资200亿欧元。巴斯夫化工厂在西伯利亚天然气矿拥有很大的股份。”②在2013年德国外贸额排名中俄罗斯位于第11位。除德俄经济关系密切外，俄欧经济合作也十分紧密。在能源特别是天然气供应方面，欧洲依赖俄罗斯。俄罗斯和欧洲/德国之间的冲突都会影响双方的经济利益和政治利益。

德国在欧洲安全问题上正在寻求既依靠美国，又同俄罗斯合作的中间路线，这使德国外交正处于两难境地。特别是乌克兰危机使德国一方面坚持传统外交，维持同西方国家的传统关系；另一方面力图留出与俄罗斯对话和合作的空间。如何摆脱这一外交困境，实现外交平衡，这对德国的积极外交政策是一次考验。③

① Koalitionsvertrag zwischen CDU, CSU und SPD, “Deutschlands Zukunft gestalten,” 27. 11. 2013, pdf, S. 1 – 185, hier S. 170.

② Martin Hesse u. a., “Deutschland soll in der Ukraine – Krise den Westen anfüren – aber wie?” in *Der Spiegel* Nr. 12 vom 17. März 2014, S. 26 – 29, hier S. 26 – 27.

③ Jaap de Hoop Scheffer, “Nationalistischer Putinismus,” Interview von Gundrun Dometeit, in *Fokus* Nr. 11vom 10. März 2014, S. 30 – 31, hier S. 31.

三 跨大西洋关系的新拓

基于跨大西洋联盟义务，在美国主导的北约框架内，德国参与了符合国际法和包括得到联合国授权的跨大西洋联盟维和行动。另外，为应对全球经济挑战，增强欧美经济发展竞争力，德国积极推进欧美间已启动的“跨大西洋贸易和投资伙伴关系协定”（TTIP）谈判，通过建立跨大西洋内部市场和欧美经济合作，增加欧美经济竞争力。基于德国对跨大西洋关系这一战略定位，实施北约新型战略方案和推进“跨大西洋贸易和投资伙伴关系协定”谈判构成德国跨大西洋关系合作两个重点。

（一）继续维护对美关系，实施北约新型战略方案

基于共同政治价值观和共同利益，长期以来德国十分重视与美国的跨大西洋关系和合作，将美国视为天然盟友和安全保障。虽然随着“斯诺登事件”不断发酵，德美信任严重受损，但这不会撼动德美共同政治价值认同和在二战后几十年形成的共同利益基础，在重大国际问题上，德美和欧美彼此依然拥有共识。为此，德国新政府要求恢复和重建德美信任，特别是要加强安全方面的互信，如同《联合执政协议》所要求的那样：“在今天信任被质疑的地方必须重新恢复信任。德国期待美国政府明确态度，采取相应的措施，主张更加清晰地解释适用于跨大西洋伙伴关系相处的规则，并努力达成可信的、经得住审核的协定，保障公民私人领域。”[①]

在对传统军事联盟的定位上，德国新政府认同北约和北约新型战略方案。“跨大西洋联盟依然是我们面对全球化世界新危险和新威胁的安全防卫政策的核心基础。在这一组织内，跨大西洋伙伴以平等方式共同协商，协调彼此战略安全政策想法和方案。在这一联盟内我们共同发挥作用，深化北美和欧洲间的紧密关系，使之具有承载性。”基于这一战略定位，德国一方面愿意在未

① Koalitionsvertrag zwischen CDU, CSU und SPD, “Deutschlands Zukunft gestalten,” 27. 11. 2013, pdf, S. 1 – 185, hier S. 168.

来“承担联盟合理分摊的费用，同北约伙伴国家一起推进联盟战略新转型的芝加哥决定”，在北约伙伴关系框架下，“为无核武世界创造前提，把降低核武作用确定为我们力图达到的目标。只要在北约战略方案中作为威胁工具的核武依然产生作用，德国将有兴趣参加战略讨论和计划制订”①。另一方面，在对以美国主导的军事行动上，德国表现谨慎克制，将军事打击看作最后行动手段。这一军事谨慎态度源于其特殊的历史意识和和平安全观，即便在统一后，德国国防军参加联合国、北约或欧盟对外维和行动，在德国国内也颇受争议，并受到《基本法》的限制。为适应已变化的国内外形势，在此期间德国启动了对联邦国防军的改革，启动由兵役制向职业军的转向，这也是引发德国对外政策转向的原因之一。②在此领域，本届新政府更加要求联邦议院对德国国防军出兵具有立法决定权，将国防军军事行动置于宪法控制之下。③

（二）建立欧美经济联盟：推进“跨大西洋贸易和投资伙伴关系协定”（TTIP）谈判

从战略层面来看，除传统的跨大西洋军事同盟（北约）外，正在进行的“跨大西洋贸易和投资伙伴关系协定”（TTIP）谈判，目的是建立欧美自贸区，以此深化跨大西洋关系。欧美自贸区的建立不仅是美国重大的对外经济战略调整，而且也是欧洲应对经济全球化、提升经济竞争力、确保在经济全球化中的经济区域地位的应对举措，“同美国签署自由贸易协定被看作欧洲加强跨大西洋关系的核心项目”④。

对德国而言，欧美自贸区和欧美关税联盟的建立将会给德国和欧洲带来经济发展新动力和就业机会。第一，欧盟可新增40万岗位，带来0.5%经济增长率。对德国而言，可给德国创造16万工作岗位。第二，减少技术

① Koalitionsvertrag zwischen CDU, CSU und SPD, “Deutschlands Zukunft gestalten,” 27.11.2013, pdf, S.1-185, hier S.168-170.

② Vgl. Michael Staack, “Ohne Ziel und ohne Kompass? Anmerkungen zur neuen deutschen Auβenpolitik,” in Michael Staack, Dan Krause (Hrsg.), *Europa als sicherheitspolitischer Akteur*, Opladen 2014, S.173-200.

③ Koalitionsvertrag zwischen CDU, CSU und SPD, “Deutschlands Zukunft gestalten,” 27.11.2013, pdf, S.1-185, hier S.177.

④ Koalitionsvertrag zwischen CDU, CSU und SPD, “Deutschlands Zukunft gestalten,” 27.11.2013, pdf, S.1-185, hier S.168.

贸易壁垒。达成统一的技术标准、安全标准和竞争规则会让欧美企业减少技术壁垒和贸易壁垒，为企业节约数亿美元，增加经济发展新动力。第三，更好地应对中国和俄罗斯等新兴经济体的崛起和挑战。

在欧美达成战略共识的前提下，欧美之间自贸区谈判也存在诸种障碍和谈判底线。从欧盟角度看主要有三条底线：一是文化例外。根据德国贝塔斯曼基金会2013年10月4日的调查和报道，TTIP若谈判成功，除积极效果外，负面影响最大的领域是文化领域，如出版业、媒体和文化多元化等。法国要求将文化议题，特别是影视媒体排除在谈判议题之外。欧洲议会要求，文化和媒体不在谈判议题之列，欧美TTIP谈判不能涉及欧洲电影工业资助和公共传播资助等问题。法国要求将电影、音乐和其他媒体排除在欧美自贸区谈判议题之外。二是气候和环境保护的原则和标准。德国坚持不能放弃气候和环境保护原则，经济增长不能以影响生态平衡为代价，不能建立在对人、对自然、对环境剥夺和破坏的基础上。三是食品安全。欧洲反对美国向欧洲出口转基因食品和荷尔蒙牛肉，要求严格实施符合欧盟食品的行业标准，谨慎使用转基因食品。转基因食品成为欧美之间TTIP谈判的障碍之一。在一些领域德国还要求实施欧盟相关保护标准，“特别是数据保护，保障欧盟社会、环境和食品安全标准以及消费权利和公共生活保障以及文化和媒体保护”。[①]斯诺登事件后，德国对个人隐私保护要求则远远超过美国。美国则要求在欧洲生产的轿车、电子产品或风轮须符合美国有效的标准，反对欧洲严格的个人数据保护标准和要求。

四 与新兴经济体国家共同建构全球治理：六大行动领域

面对新兴经济体国家国际影响力不断提升，德国在其对外关系定位中，越来越关注新兴经济体国家。德国外交部在2014年2月10日公布的德国外交政策重点包括新兴力量中心，“尽管德国和跨大西洋关系是德国外交政策

---

① Koalitionsvertrag zwischen CDU, CSU und SPD, “Deutschlands Zukunft gestalten,” 27. 11. 2013, pdf, S. 1 – 185, hier S. 168.

的重要支柱，但德国外交政策也要集中到同新兴力量中心建立和扩大伙伴关系，例如：中国、印度、巴西”。[①] 这一德国外交政策新重点的确定也符合德国 2012 年出台的“共同建构全球化”方案精神和原则。

在旨在共同建构全球治理的德国全球化方案中，新兴经济体国家被界定为“新兴建构国家”（neue Gestaltungsmächte）。如同方案所指出的那样，新兴建构国家具有以下特点：一是在地区或国际比较中具有重要的经济力量；二是在政治领域有强烈建构意愿；三是通过其重要的影响力，在中长期对地区进程、全球治理或全球秩序建构方面具有决定性影响力。“这些国家在地区和国际事务中具有建构能力和建构意愿，并根据自己的想法，或通过让其伙伴国或与伙伴国一起共同设置国际议题的方式，影响国际社会决策和未来的发展。”鉴于新兴经济体国家所具有的这一特点，在 2012 年出台的“建构全球化”方案中，联邦政府提出与“新兴建构国家”共同建构全球秩序，其目的是：“通过共同的、伙伴平等推进方式，促进全球化进程的公正化，提出应对全球化的解决方案。”这一面向新兴建构国家的方案符合德国外交和安全政策的基本原则。同新兴经济体国家建立新型伙伴关系是基于德国对新兴经济体国家建构全球治理的政治潜力的判断。

作为建构全球化的伙伴国家，德国通过全球化议题、行动领域和推进方式，与新兴建构国家共同建构全球秩序，促进全球化公正合理发展，并通过“更加深入的、面向目标的双边接触和地区合作组织进一步补充双边合作领域，使我们共同保持建构能力”。[②] 为更好地与新兴建构国家一起应对全球化带来的新挑战，共同建构全球治理，德国确定了与新兴建构国家进行合作的六大行动领域：和平和安全，人权和法治国家，经济和金融，资源、粮食和能源，就业、社会保障和健康，发展和可持续性；将之视为德国同新兴建构力量国家合作的重要出发点。

和平和安全：在与新兴建构国家合作中，德国尤其重视和平和安全。对德国而言，安全不仅涉及传统安全，而且涵盖非传统安全领域，“资源缺

① http://www.auswaertiges-amt.de/DE/Aussenpolitik/Schwerpunkte_Aussenpolitik_node.html，最后访问日期：2014 年 2 月 10 日。

② Deutscher Bundestag, Globalisierung gestalten-Partnerschaften ausbauen-Verantwortung teilen, Walhperiode Drucksache 17/8600, S. 1 –21, hier S. 2 –4.

乏、自然灾害、气候变化、粮食供应等全球化问题也带来安全问题，并加剧冲突”。面对地区危机和冲突，德国将外交、和平解决冲突视为危机解决首选路径，认为在危机预防、冲突解决和维护和平方面，新兴建构国家发挥着十分重要的作用。为此，德国要同新兴经济体国家共同预防冲突，强化冲突预防机制，建立有效的安全机制。

人权和法治国家：对德国而言，法治国家是社会稳定、个人自由、安全和经济成功的保障。除政治层面的人权外，德国人权观还包括经济人权、社会人权和儿童保护三个方面。基于对人权和法治国家这一认知，德国要求在国家间和国际关系中保护和尊重人权，因为，“只有在相互尊重的基础上，才能实现可持续进步”。为此，德国致力于同新兴建构国家进行法治对话。

经济和金融：对许多新兴建构国家而言，德国不仅具有经济影响力，而且也是一个具有政治影响力的伙伴国家。特别是 2008 年二十国（G20）峰会上升为国家首脑峰会形式后，新兴经济体第一次进入国际金融治理的核心圈。在全球化背景下经济和金融问题方面，同新兴建构国家进行更为紧密的国际合作，在可信赖的多边规则基础上实施积极贸易政策，反对贸易保护主义以及市场准入限制，致力于市场开放，支持在未来同合适的第三国签署投资促进和投资保护协定，并通过金融市场规范化使世界金融体系更好地应对危机。为此，德国与新兴建构国家合作，积极推进世界银行和国际货币组织等国际金融机构改革，“支持这些机构给予新兴建构国家与其政治和经济地位相符合的地位和责任”①，推动国际金融机构改革，制定国际经济金融新标准，提升全球经济治理力度。

资源、粮食和能源：资源、粮食和能源是人类福祉的重要基础。健康、粮食生产和可持续农业离不开水资源，地球上水资源问题也越来越成为影响国家和地区安全的诱发因素。世界经济快速发展也导致原料需求急剧上升；石油、天然气和煤炭过度消耗带来气候问题，也带来能源安全问题。为此，在资源、粮食和能源领域，德国需要同新兴建构国家进行多层次多

① Deutscher Bundestag, Globalisierung gestalten-Partnerschaften ausbauen-Verantwortung teilen, Walhperiode Drucksache 17/8600, S. 1 – 21, hier S. 3 – 10.

方位合作，通过能源原料伙伴关系促进伙伴国家能源原料生产现代化，为德国工业提供资源保障。同时，德国加强同新兴建构国家在农业领域的合作，保障国际粮食供应安全，在 G20 峰会层面进一步推进国际农业市场透明化。

就业、社会保障和健康：就业、社会保障和健康既是个人幸福重要的保障，也是实现人权的基础。在这方面，德国致力于在世界范围内实施劳工最低标准。全球健康政策不仅涉及健康卫生，而且涉及安全、发展、移民等。瘟疫、大流行病正成为全球性健康风险和经济发展的风险。为此，德国要求将可支付药品供应列入全球性议题。水是人类健康的首要资源，洁净、安全饮用水能有效地降低疾病发病率。为此，国际社会和新兴经济体国家更加重视水资源问题，实施联合国千禧年发展目标，“限制新的大流行病，制止全球性传染病传播，强化卫生体系和知识转让，在世界卫生组织引领下改革全球卫生机构”[①]，完善社会标准和卫生标准，有效地应对全球性卫生风险，引进社会基本保障制度。在这些领域德国加强同新兴建构国家的合作，在国际劳工组织和其他国际组织，如欧盟、八国峰会、G20 峰会、亚欧会晤机制，加快实施国际劳工组织的全球就业公约，并在世界范围内协调大流行病预防，阻止大流行病的爆发，在千禧年发展目标下加强在传染病方面的国际合作。

发展和可持续性：面对经济全球化带来的经济快速发展和由此所致的人类发展困境和气候变化问题，德国积极实施面向低能耗、安全有效使用资源、环境友好型的经济发展模式，主张有利于生活质量与环境保护的可持续发展，关注气候和安全，将之确定为其对外政策的出发点，将气候变化纳入其和平安全战略，通过冲突预防方式应对气候变化带来的地区安全问题。气候变化不仅影响环境，同时也危害人类生存基础，而且也会妨碍地区安全和稳定。为此，德国要按照可持续发展原则发展同新兴建构国家的关系，同新兴建构国家一起共同落实《全球气候协议》和《釜山发展合作伙伴协议》核心原则，在世界银行、地区开发银行、G20 峰会、经济发

① Deutscher Bundestag, Globalisierung gestalten-Partnerschaften ausbauen-Verantwortung teilen, Walhperiode Drucksache 17/8600, S. 1 – 21, hier S. 12.

展与合作组织、联合国和欧盟等国际组织和地区合作组织层面，同新兴建构国家就全球发展政策和责任进行深度对话，使发展合作原则实现互补，发挥其更大的辐射作用，在世界实现可持续发展的共同目标。

五 结语

德国要真正实现由谨慎消极外交政策向积极主动外交政策的转向，从宏观角度来看：首先，必须面对二战结束以来国内形成的军事谨慎克制文化，即和平主义传统和自我约束的外交价值取向与以美国为首的盟国期望德国参与海外军事行动的矛盾。其次，按照德国《基本法》对联邦国防军确定的宪法规定，联邦国防军的活动仅限于防卫与救援事务，在此宪法原则下，德国不能参与联合国未授权或不符合国际法原则的盟国军事行动。从具体操作层面看，按照现有的联邦德国宪法，联邦议会对德国军队是否派兵具有参与决定权，是否得到联邦议会的支持是关键的第一步。新政府《联合执政协议》在“联邦国防军的新转向”一节中强调，“联邦国防军是议会军队”（Parlamentsarmee），[①]对外军事行动须得到议会批准。鉴于德国同伙伴国家的合作不断增加、合作任务越来越多这一新情况，德国要求建立相关专业委员会，由此审核如何保障议会对德国军队是否派兵的参与决定权。再次，外交政策能否转向，取决于德国国内大多数民众的民意支持。基于两次世界大战等历史原因，德国国内民意对于德国作为世界舞台上的政治主体缺乏自觉。作为对外政策的国内条件，舆论和利益集团对于对外政策的制定具有重要影响。最后，外交政策能否转向，也取决于能否达成跨党派共识。因不同的党派外交理念，在外交政策由谨慎消极转向主动积极上，在各党派之间达成共识目前还有一定距离。德国新一届政府“积极参与建构世界秩序”、参与全球治理，在多层面多领域推进与新兴经济体国家的多边合作，实践其“积极外交政策”。

---

① Koalitionsvertrag zwischen CDU, CSU und SPD, “Deutschlands Zukunft gestalten,” 27.11.2013, pdf, S. 1 – 185, hier S. 177.

德国对华政策的特殊性及其对欧盟对华政策的影响*

刘丽荣**

各成员国是欧盟制定对华政策的核心，是中欧关系发展的主导力量。作为中国在欧盟最大的贸易伙伴，德国对华政策很大程度上是对中国经济发展的一种反应。促进德国对华出口，加强德国在中国的经济存在，是德国发展双边关系的主要动力。对外政策和国内利益结构的特殊性，左右德国在欧盟对华政策中的基本利益和政策取向。本文尝试从德国对华政策的特殊性和利益冲突入手，分析德国在欧盟对华政策形成过程和决策机制中的作用。

一　德国对华政策的特殊性

相对于英法等欧洲大国，联邦德国与中国建交较晚。冷战期间，德国对华政策主要受到国际战略力量态势的影响。随着中国经济的快速发展，在德国对华政策中，经济利益逐渐居于主导地位。冷战后德国对华政策的重心始终围绕发展贸易关系，政治和战略考量居于次要地位。德国对外政策的特殊性决定德国对华政策的特殊性。

* 本文为复旦大学“985 工程”三期整体推进社会科学研究重大项目“后危机时代欧盟政治、经济、社会格局的调整及我国的应对”（2012SHKXYB10）。

** 刘丽荣，复旦大学国际问题研究院副教授、博士。

（一）德国对外政策的特殊性：从非常态到新的“建构力量”

二战后德国对外政策经历了数十年非正常状态。两德统一后德国恢复全部主权，对外政策得以向“常态”化发展。但外部世界的迅速变化使“常态”化失去了原有的坐标体系：首先，冷战结束后安全概念不断发展，包括非政府组织和跨国集团在内的越来越多的行为体介入到对外政策决策过程中；其次，随着欧洲一体化的深入，欧盟成员国的对外政策逐渐失去清晰的轮廓。基于内部资源和外部条件的变化，德国对外政策的制定处于两难选择之中：既要强调历史连续性，又要不断进行自我调整以应对快速变化的世界格局。特殊的历史背景决定了德国对外政策的特殊性。

关于德国在全球外交与安全政策中的角色定位，德国国内有多种提法，诸如“民事力量”① “国际化的中等国家”② “共同领导地位的欧洲力量”③ “不断增强的影响力”④ 等。欧债危机使德国在欧洲的地位发生了微妙变化。德国近来出现一种声音：统一的德国作为一种新崛起的力量，和中国等新兴经济体一样，应承担更多全球责任，在国际决策进程中扮演更重要的角色。⑤

2012 年，德国联邦政府发布政策文件，明确德国在国际社会中的定位，是作为一种新的“建构力量”（Gestaltungsmächt）⑥。德国作为“建构力量”的雄心主要表现在经济领域，而非战略安全领域。这份文件界定了德国对外政策的几个维度，把自由与人权、民主与法治、和平与安全、富裕和可持续发展、可承载的双边关系以及有效多边主义界定为德国对外政策的基本原则。

---

① Sebastian Harnisch/Hanns W. Maull, *Germany as a Civilian Power? The foreign policy of the Berlin Republic*, Manchester: Manchester University Press, 2001.

② Matthias Geis, “Die Armee, die nicht verweigern darf,” *Die Zeit*, Nr. 31, 27. 07. 2006, http://www.zeit.de/2006/31/Afrika_ Historie，最后访问日期：2013 年 5 月 2 日。

③ Carlo Masala, “Möglichkeiten einer Neuorientierung deutscher Auβen – und Sicherheitspolitik,” *Aus Politik und Zeitgeschichte*, 43/2008, S. 22 – 27, hier S. 27.

④ Stefan Fröhlich, “Deutsche Auβen – und Sicherheitspolitik im Rahmen der EU,” *Aus Politik und Zeitgeschichte*, 43/2008, S. 15 – 21, hier S. 21.

⑤ Eberhard Sandschneider, “Deutsche Auβenpolitik: eine Gestaltungsmacht in der Kontinuitätsfalle,” *Aus Politik und Zeitgeschichte*, 10/2012, S. 3 – 9.

⑥ Deutscher Bundestag, *Unterrichtung durch die Bundesregierung. Globalisierung gestalten-Partnerschaften ausbauen-Verantwortung teilen*, Drucksache 17/8600, 8. 2. 2012.

基于两次世界大战等历史原因，德国国内民意对德国作为世界舞台上的政治主体缺乏自觉。两德统一后，德国恢复正常国家身份，但与英法等欧洲大国相比，德国在实力运用上比较消极被动。冷战后德国对外政策的基础被界定为“自反性多边主义”（reflexive multilateralism）①：规避武力，倚重跨大西洋关系和欧洲共同体，寻求在国际多边机制的框架内执行对外政策，强调作为民事力量的自我认同。德国对外政策的特殊性现阶段主要表现在以下几个方面：

一是从地缘经济利益而非地缘政治利益的角度，致力于全球问题的解决。二是倚重民事手段作为对外政策的工具，除了紧急和特殊情况，放弃使用军事手段。三是在实力运用中，尽可能审慎克制，不做独行者。“强权政治”（Machtpolitik）的提法在今天的德国依然是禁忌。四是强调欧洲化的德国，在区域和全球层面上倾向于多边合作，同时在欧洲和美国之间寻求平衡，加强与欧盟对外政策的协调，同时维护跨大西洋秩序。

（二）德国对华政策的发展主线及其特殊性

冷战后世界政治格局发生变革，各国需重新界定对外政策的优先领域和目标体系。如何协调价值观和利益之间的关系，是欧洲大国对外政策的主要目标冲突：一方面，随着经济全球化的演进，国家财富的增长对国际市场依赖度的加深，经济利益成为对外政策制定的核心要素和指导方针；另一方面，冷战后，以“历史终结论”为代表，亚洲价值观和西方价值观被置于对立状态，人权问题成为争议焦点。② 媒体与网络的快速发展，使价值观对立日益公开和尖锐。在对外政策的制定过程中，舆

---

① Michael E. Smith, “Sending the Bundeswehr to the Balkans: The Domestic Politics of Reflexive Multilateralism,” *German Politics and Society*, Vol. 14, Winter 1996, p. 65; Peter Katzenstein, “The Smaller European States, Germany, and Europe,” in Peter Katzenstein (ed.), *Tamed Power: Germany in Europe*, Ithaca, NY: Cornell University Press, 1997, pp. 251 – 304, here p. 289.

② 参见 Christoph Neβhöver, *Die Chinapolitik Deutschlands und Frankreichs zwischen Außenwirtschaftsförderung und Menschenrechtsorientierung (1989 bis 1997): Auf der Suche nach Balance*, Hamburg: Institut für Asienkunde, 1999, S. 17 – 19.

论的影响不容忽视。对外政策的目标冲突在德国对华政策的实践中表现得尤为突出。

1. 德国对华政策的发展主线

科尔时代的对华政策呈现出“重商化”（Merkantilisierung der Auβenpolitik）和“价值观相对主义”（Werterelativismus）特点，价值观因素受到经济因素排挤。1993 年科尔政府制定“亚洲战略”（Asienkonzept），明确德国对华政策的三个原则[①]：一是避免公开指责中国人权问题；二是通过经济发展促进中国的政治变革；三是奉行一个中国政策。这三个原则后来演变成为欧盟对华政策的德国模式。

红绿联盟延续了科尔时代的对华政策。施罗德政府对华政策的一个新变化是引入了一种对话机制，对法治和人权问题进行单独磋商。中德领导人的双边对话得以摆脱棘手的话题，专注于务实的经济合作。2002 年德国外交部对“亚洲战略”进行调整，明确德国对华政策的基本利益和任务：在发展经贸关系的同时，注重发展政治和社会关系；通过法治国家对话和发展合作，促进人权、民主和公民社会的发展。[②] 新的“亚洲战略”强调以欧盟共同外交与安全政策作为德国对外政策的制定框架，但是缺少具体的行动纲领。

默克尔时期的对华政策经历了“以价值观为导向”到“以问题为导向”的转变。政策调整主要受到两个因素的影响：一是积极的经济关系；二是中国崛起带来的不确定性。

默克尔上台之初调整对华政策，采取某种对抗的姿态：反对取消欧盟对华武器禁运，反对立刻承认中国的市场经济地位。2007 年，基民盟和基社盟提出自己的“亚洲战略”，强调中德之间价值观对立，认为持久的伙伴关系只能建立在共同价值观和信念基础之上。[③] 2007 年 9 月，默克尔会见达

---

① Deutscher Bundestag, *Unterrichtung durch die Bundesregierung-Asienkonzept der Bundesregierung*, Drucksache 12/6151, 25. 10. 1993.

② Auswärtiges Amt, *Aufgaben der deutschen Auβenpolitik*: *Ostasien*, Berlin: Auswärtiges Amt, 05. 2002, S. 5.

③ CDU/CSU – Fraktion, *Asien als strategische Herausforderung und Chance für Deutschland und Europa*: *Asienstrategie CDU/CSU-Bundesfraktion*, Beschluss vom 23. 10. 2007, http: //www. cducsu. de，最后访问日期：2013 年 5 月 2 日。

赖，在德国国内一度被解读为德国对外政策实行战略转变的标志。[①]。

默克尔“以价值观为导向”的对华政策调整未能持久。迫于经济界压力，德国政府主动寻求修复中德关系，不惜在价值观上做出让步。2008 年德国政府首次承认台湾和西藏是中国不可分割的一部分，此前德国政府只强调“一个中国”的政策。在德国学术界看来，这一外交措辞的变化意味着德国政府放弃了一个重要的立场。[②] 基民盟和基社盟随后对亚洲战略进行解释，指出价值观和利益无法明确区分，确保长期利益与捍卫价值观同等重要。欧债危机为中德关系的发展带来转机，中国市场被认为是危机期间推动德国经济增长的重要机遇。2010 年 7 月，默克尔访华时强调，中德关系进入“全新阶段”，双方寻求“发展全面战略伙伴关系”，关注“核心利益”。

默克尔政府现阶段的对外政策强调“以价值观为取向，以利益为主导”[③]。这一定位并未明确解决德国对外政策的两难选择：当利益与价值观发生冲突时，何者为先？主张价值观优先者，批评默克尔为了经济利益出卖价值观；主张利益优先者，批评默克尔放不下道德优越感。2013 年 9 月大选期间，利益优先者明显占据上风。

桑德施奈德（Eberhard Sandschneider）教授指出，德国对外政策不应以价值观主宰世界，对价值观问题横加指责无法取代务实的对外政策，相反会错过进行建设性讨论的机会。当价值观和利益出现矛盾时，可以在一定时间内把利益放在首位。[④] 基民盟和基社盟议会党团负责对外政策的发言人密斯菲尔德（Philipp Miβfelder）也明确指出：德国对外政策的任务，就是为德国投资者改善所在国的法律框架条件，联邦政府扮演德国经济的辅助角色。[⑤]

---

① Thomas Heberer/Anja Senz, “Die deutsche China Politik”, in Thomas Jäger et al. (Hrsg.), *Deutsche Auβenpolitik*, Wiesbaden: Verlag für Sozialwissenschaften, 2011, S. 673 - 692, hier S. 681.

② Thomas Heberer/Anja Senz, “Die deutsche China Politik,” S. 681.

③ “Deutsche Auβenpolitik ist werteorientiert und interessengeleitet,” Auswärtiges Amt, Schwerpunkte deutscher Auβenpolitik, http: //www. auswaertiges-amt. de, 最后访问日期：2013 年4 月 30 日。

④ Eberhard Sandschneider, “Raus aus der Moralecke! Die deutsche Auβenpolitik sollte der Welt nicht ihre Werte diktieren,” *Die Zeit*, Nr. 10, 28. 02. 2013, S. 13.

⑤ Philipp Miβfelder, “Handlungsfähigkeit in einer globalisierten Welt,” in Josef Braml et al. (Hrsg), *Auβenpolitik in der Wirtschafts - und Finanzkrise*, München: R. Oldenbourg Verlag, 2012, S. 376 - 381, hier S. 378.

2. 德国对华政策的特殊性

科尔和施罗德执政时期的德国是随和的重商国，在政治上与中国相对友好，以换取经济利益；默克尔第一任期的德国是张扬的工业国，在政治上对中国持批评态度，在经济上注意维护本国企业竞争地位；默克尔第二任期的德国已回复到随和的重商国之列。

表1尝试对冷战后德、法、英三国对华政策的基本走势进行梳理和归纳。虽然德国在人权问题和武器禁运问题上立场时有反复，但相对于英国、法国，其对华政策的基本利益更为明晰。无论是科尔政府、施罗德政府，还是默克尔政府，德国对华政策的重心始终围绕有章可循的贸易关系，政治和战略考量相对淡化。

德国现阶段对华政策的制定主要受到三方面因素的影响：第一，政府机构，即联邦总理和联邦政府；第二，立法机构，即联邦议会和联邦参议院；第三，社会环境，包括利益集团、政党、舆论和媒体等。[①] 作为德国对外政策的国内条件，舆论和利益集团对默克尔政府对华政策的调整具有重要影响。德国是制造业大国，也是出口大国，中国市场对于德国的意义远甚于欧盟其他国家。德国自2011年起连续两年实现对华贸易顺差。中国的发展对德国而言是机遇大于挑战。德国作为国际秩序新的建构力量的角色定位，表明德国是一个不断发展的力量，在某些方面，与崛起的中国有共通之处。德、英、法虽然同为欧盟的核心成员国，但德国处于力量上升阶段，在心态上与式微的英、法有所不同：德国不必为了保持地位，用价值观来规范中国。在中欧关系领域，德国主张与中国进一步发展伙伴关系，鼓励中国承担更多的国际责任，与中国共同解决全球问题。

表1 冷战后德、法、英三国对华政策之比较

	德 国	法 国	英 国
贸易政策	倾向于自由贸易和有选择的保护	倾向于保护主义	主张自由贸易，反对欧盟对中国采取贸易保护措施
外交与安全政策	通过经济发展促进中国的政治变革；奉行一个中国的政策；在解除欧盟对华武器禁运问题上态度反复	高度关注政治关系；奉行一个中国的政策；对台军售影响双边关系；关注中非关系的发展；主张解除武器禁运	关注香港问题；追求中英在维和培训和防扩散领域的军事合作；英国领导人访问中国的频率少于德法领导人

① Kai Oppermann/Alexander Höse, "Die innenpolitischen Restriktionen deutscher Auβenpolitik," in Thomas Jäger et al. (Hrsg.), *Deutsche Auβenpolitik*, Wiesbaden: Verlag für Sozialwissenschaften, 2011, S. 44 – 76, hier S. 47.

续表

	德　国	法　国	英　国
人权政策	避免公开指责中国的人权问题；定期举行双边人权对话	在西藏和人权问题上对中国进行高调批评；中法之间无人权对话	关注西藏问题，多次会见达赖；在中欧人权对话中扮演积极角色
基本利益	经贸关系	全球战略伙伴关系、非洲问题、经贸关系	经济发展机遇、安理会事务，教育合作

资料来源：笔者自制。

二　德国在欧盟对华政策中的作用

欧盟对外政策的制定可以划分为三个子系统：欧盟委员会负责制定贸易与发展政策，采用超国家主义的决策机制；欧盟理事会负责制定共同外交与安全政策，采用政府间主义的决策机制；成员国政府在欧盟对外政策的各个领域施加影响。① 作为欧盟的核心成员国，德、法、英三国在欧盟对外政策的制定过程中扮演重要角色。

自施罗德政府起，德国开始在欧盟追求明确的国家利益。德国虽不是欧盟共同外交与安全政策的积极推动者，但希望借助这一平台输出国家偏好。在默克尔政府的对外政策中，欧洲一体化更多地被视为一种工具而非目标，旨在实现德国自身难以践行、需要在欧盟层面操作的国家目标。② 欧债危机期间，德国的国家利益居于优先地位，迫于地方政府的压力，德国采取的许多措施并未与欧盟国家进行充分协商。③ 作为欧盟最大的经济体，德国对于欧盟对华贸易政策的偏好具有重要影响；但是国内利益的非中心化，一定程度上制约了德国对欧盟最终决策的影响。

---

① May - Britt U. Stumbaum, *The European Union and China*, Baden - Baden: Nomos, 2009, p. 48.

② Gunter Hellmann et al. , "Selbstbewusst und Stolz. Das außenpolitische Vokabular der Berliner Republik als Fährte einer Neuorientierung," *Politische Vierteljahresschrift*, 48 (4), Dezember 2007, S. 664.

③ Simon Bulmer/William E. Paterson, "Germany and the European Union: from 'Tamed Power' to Normalized Power?" *International Affairs* 5 (2010): 1071 - 1073.

（一）欧盟对华政策的决策机制

围绕欧盟对华政策的制定，欧盟层面主要有三个行为体：欧盟理事会、欧盟委员会和欧洲议会。此外，欧盟对华政策还受到美国等外部因素的影响。欧盟理事会是欧盟对华政策的决策中心。理事会内部的主要行为体是成员国政府官员，成员国的利益主导决策进程。次级体系的信息互动，导致成员国在对华政策上的观点不断趋同，但是距形成成员国的共同立场仍有一段距离。①

在欧盟对华贸易与发展政策方面，欧盟采用超国家主义的决策方式，即所谓的“有效多数表决机制”。按照现有规定，28 个成员国根据人口规模分别拥有 3～29 票的表决权，其中德国、法国、英国和意大利各拥有 29 票。自 2007 年欧盟东扩之后，有效多数必须满足两个条件：获得 74.8% 的票数，以及一半以上国家的支持。② 在有效多数表决机制中，中小国家享有相对于其人口比例较多的表决票数，但德、法、英、意等大国依然具有举足轻重的地位。在实践中，德国以庞大的经济和贸易总量，通过利益集团对欧盟的决策进程施加影响。

2011 年欧盟理事会和欧洲议会通过新的决策机制，在贸易保护工具的运用方面，赋予欧盟委员会更多的决策权。在此之前，欧盟委员会运用贸易保护工具，必须获得欧盟理事会的简单多数赞同。按新的决策机制，欧盟委员会只需向 28 个成员国组成的检查委员会（Examination Committee）提出动议，在未获得有效多数支持或反对时，只要没有简单多数反对，欧盟委员会就可以实施动议。未来利益集团将把注意力部分转向欧盟委员会，这是因为欧盟理事会不再是成员国实现利益诉求的主要通道。

欧盟共同外交与安全政策隶属于欧盟对外政策的高级政治范畴，采用“政府间主义决策机制”，制定共同战略和共同立场需要成员国一致同意。

① May - Britt U. Stumbaum, *The European Union and China*, p. 121.

② 《里斯本条约》对“有效多数表决机制”进行了调整，按照双重多数表决机制，决议的采纳必须获得至少 55% 成员国的支持，且支持国人口总和须达欧盟总人口的 65%。鉴于成员国对此表决机制存在分歧，现有《尼斯条约》表决机制有可能沿用到 2017 年 3 月。参见欧盟官网有关有效多数表决机制的介绍，http://www.eurofound.europa.eu/areas/industrialrelations/dictionary/definitions/qualifiedmajorityvoting.htm，最后访问日期：2013 年 7 月 1 日。

由于成员国在安全政策方面不愿放弃主权，所谓的欧盟共同外交与安全政策更多的是一个过程而非政策。[①] 欧盟致力于发展更为广泛的共同外交与安全政策，但是与安全相关的重要决策仍由成员国主导。

贸易是欧盟对华关系的基础，即使在欧盟外交与安全政策领域，经济利益也往往凌驾于安全政治的考量。中欧关系强调贸易优先：首先，经济一体化是欧洲一体化的推动力，经济利益居于重要地位；其次，从地缘政治的角度来看，中欧之间距离遥远，中国与欧洲的安全局势无涉，欧洲也无意插手东亚地区安全问题。中欧于2003年确立全面战略伙伴关系，但在安全政策领域，中国很难被欧盟视为战略伙伴。在对华政策方面，欧盟主要负责对外贸易关系，成员国在外交与安全政策方面保留最终决策权。

（二）德国对欧盟对华政策的影响

20世纪90年代，德国是第一个制定全面亚洲战略的欧盟国家，对于欧盟对华政策的形成具有重要的影响。欧盟成员国的对华政策现阶段呈现出一种趋同现象，即所谓的德国模式：关注经济事务，避免政治对抗，对人权问题进行单独处理，战略考量发展缓慢。

1994年7月，欧盟委员会制定欧盟亚洲战略文件，在德国埃森举行的欧洲理事会上获得通过。在这份文件中，中国被界定为欧盟亚洲战略的重心。德国在这一政策的形成过程中扮演了重要角色。在这份文件的基础之上，欧盟委员会拟定了欧盟对华长期政策提案，1995年12月欧盟理事会批准了这一提案。

事实上，在欧盟首个对华政策出台之前，欧盟成员国中只有德法有亚洲战略。欧盟对华政策的内容与德国的亚洲战略极为相近，只是更为详细。欧盟对华政策的基本目标与德国大致相同：首先，通过政治对话，推动中国在国际舞台上承担更多的责任；其次，支持中国向开放型社会转变，以法治国家和尊重人权为基础；最后，促进中国与世界贸易体系的融合，支持中国国内的经济和社会改革。[②]

---

① 参见 May - Britt U. Stumbaum, *The European Union and China*, p. 117。

② 参见欧盟对外行动署公布的欧盟对华政策目标，http：//eeas. europa. eu/delegations/china/eu_ china/political_ relations/index_ en. htm，最后访问日期：2013年5月3日。

1. 贸易政策

欧盟对华贸易政策的最终决策者是欧盟理事会，理事会负责与欧盟委员会进行协调。《里斯本条约》生效后，欧洲议会在对外贸易政策方面的作用和影响得到加强。欧盟贸易政策的主要政策工具包括：共同关税、进口配额、反倾销措施和自愿出口限制。

德国作为出口大国，是贸易自由化的受益者，传统上倾向于自由市场，主张减少贸易壁垒。作为欧盟最大的经济体，德国对于欧盟对华贸易政策的取向具有重要影响。但是国内社会利益的非中心化，导致政策网络难以整合，在一定程度上制约了德国对欧盟最终决策的影响。

(1) 贸易政策取向

在对外贸易政策领域，欧盟成员国强调自身利益，对贸易政策工具的运用有不同的偏好：一派主张自由贸易，包括德国、英国和北欧国家；另一派奉行贸易保护主义，包括法国、意大利等南欧国家；还有一派介于其间，摇摆不定。[①] 欧盟贸易保护工具的运用受到不同阵营力量构成及成员国偏好的影响，同时顾及成员国的利益。欧盟委员会的偏好现阶段表现在两个方面：第一，倾向于自由贸易和多边主义；第二，倾向于合作而非对抗。这两点与德国的政策偏好如出一辙。

在欧盟 28 个成员国中，中国市场对于德国的意义远甚于其他国家。在欧盟对华贸易和投资领域，德国长期居于主导地位。与英、法不同，德国没有海外殖民地。在投资和市场的选择上，没有优先殖民地的倾向。削减贸易壁垒、发展中欧自由贸易，符合德国在欧盟对华贸易政策中的基本利益。

围绕德国对华政策的目标冲突，经济界代表提出“以贸易促转变”[②] 的战略：通过发展中国与西方世界的经贸联系，推动中国国内的社会变革、政治改革以及法制体系的现代化。这一观点后来演变成为欧盟对华政策的目标之一。

---

① 参见 May - Britt U. Stumbaum, *The European Union and China*, p. 106。

② Sebastian Hellmann, “Grundelemente deutscher Chinapolitik,” *China Analysis*, No. 14, 08. 2002, S. 7.

（2）国内利益分散制约德国对欧盟决策的影响

对外贸易政策的制定，取决于国家与社会利益的中心化程度。[①] 法国长期实行中央集权制，强调精英教育，政界和经济界的领袖大都拥有共同的教育背景，国家和社会利益高度中心化。在欧盟框架内处理贸易争端问题时，法国政界和经济界容易达成共识，协调行动，对最终决策施加有效影响。与法国不同，德国实行联邦制，政界和经济界的决策者来自不同社会背景，社会利益多元而分散；面向欧洲内部市场的企业与面向全球市场的企业之间，存在利益冲突。德国是中国在欧盟的第一大贸易伙伴，但是社会利益的非中心化，导致德国在欧盟贸易政策工具的运用方面难以形成统一力量，稀释了德国对欧盟决策结果的影响力。

2. 外交与安全政策

德、法、英三国对欧盟对外政策的制定具有重要影响力。但围绕欧盟共同外交与安全政策的领导权问题，相对于英国和法国，德国缺乏主动性。英、法是欧盟两个核大国，也是安理会常任理事国，两国均倾向于在海外部署兵力。欧盟东扩后，德国在地缘政治上成为欧盟的心脏。作为欧盟预算最大的净支付国，德国在欧盟共同外交与安全政策决策过程中的影响力获得提升。但基于历史原因，德国在安全政策上倾向于审慎克制。

在德国和欧盟的对华政策中，安全政策并不具有突出作用。对于东亚地区的安全问题，特别是台湾问题，德国一向主张交由美国处理。20 世纪 90 年代，法国不顾中国反对向中国台湾地区出售幻影战斗机，德国则以禁止向危机地区提供武器为由，拒绝向台湾地区出售潜艇和护卫舰。台湾方面一再敦促欧洲在北京和台北之间进行斡旋，但欧洲始终没有采取任何行动。欧盟及其成员国迄今为止不曾在东亚地区问题上扮演任何积极的安全政策角色。在南海问题和钓鱼岛问题上，德国和欧盟立场审慎。2012 年 6 月，欧盟理事会发布《欧盟对东亚地区的外交与安全政策纲领》，重申一个中国的政策及和平解决台湾问题的愿望。[②] 欧盟一方面对东亚安全问题表示

---

① Peter J. Katzenstein, "Conclusion: Domestic Structures and Strategies of Foreign Economic Policy," *Internaitonal Organization* 4 (1977): 890 - 907.

② Council of the European Union, *Guidelines of the EU's Foreign and Security Policy in East Asia*, Brussels, 2012, pp. 15 - 16.

关切，另一方面强调美国的军事存在是维护该地区稳定的重要因素。

在对华武器禁运问题上，施罗德曾与希拉克联手，在欧盟内部推动解禁进程，但未能获得全体成员国的支持。2005 年默克尔上台，重视发展与美国的关系，反对取消欧盟对华武器禁运。2007 年中欧峰会，欧盟表达了向解禁道路前进的意愿。美国等外部因素的干预，是欧盟解除对华武器禁运的主要障碍。

3. **人权政策**

欧盟奉行以价值观为导向的对外政策。在全球范围内捍卫人权和基本自由，是欧盟对外政策的核心内容。相对于成员国，欧盟在人权问题上的态度比较强硬。围绕对华人权政策，欧盟内部分为两派：一派强调规范的力量，另一派倾向于务实合作。德国比较接近后者。

20 世纪 80 年代，施密特政府对华合作只谈经济，不谈价值观和意识形态的分歧。科尔政府在人权问题上，避免与中国直接交锋。1989 年后欧盟对华实行经济制裁，在人权问题上向中国施压，德国是第一个打破僵局的西方国家。随着中国经济的快速发展，欧盟的人权政策在 20 世纪 90 年代中期发生根本性转变。1990 ~ 1996 年，美国和欧洲联手，每年向联合国人权委员会提交制裁中国的决议草案。1997 年，德、法反对继续提交这一提案。进入中国市场的竞争削弱了欧盟成员国在人权政策方面的合作。其后施罗德政府在人权问题上更为克制，避免直接介入中国的人权事务和西藏问题。

德国对华政策的目标冲突，同样是困扰欧盟对华政策的两难选择：欧盟的人权政策长期在价值观与利益的外交考量之间徘徊。积极规范型欧盟对华政策强调价值观分歧，试图以对华军售禁令和市场经济地位作为制衡机制，迫使中国在人权和法治问题上接受欧洲价值观。欧洲学术界普遍认为这一政策已宣告失败。

三 结语

欧债危机以来，欧洲一体化进程遭遇挫折，新的欧盟对华政策迟迟没有出台。欧盟内部围绕对华新战略的讨论，在认识上并没有大的突破：对欧盟而言，中国既是机遇，也是挑战；既是重要的贸易伙伴，也是贸易领域的挑战者和资源领域的竞争者；中国与欧盟在价值观和原则方面存在分歧，但是又对欧盟一体化进程和欧洲共同货币的稳定具有积极作用；中国的崛起对于欧洲大陆的价值和生活标准构成挑战，同时为欧洲企业提供了巨大的商机。

过去十年，德国通过社会福利制度和劳动力市场改革，经济竞争力得以保持强势。中国的崛起对于德国而言，是机遇大于挑战。

冷战后德国的对外政策追求“自反性的多边主义”。在对华政策领域，德国政府有意识地与欧盟进行整合，力求与欧盟的政策、战略和伙伴关系保持协调一致。德国政府 2012 年对外政策纲领性文件[①]强调德国对华政策与欧盟对华政策在内容和实践上的相关性：在与中国等伙伴关系国家交往时，德国兼具民族国家和欧盟成员国的双重身份。默克尔政府把中欧战略伙伴关系视为加强中德合作的重要手段：一方面，德国追求欧盟在对外政策领域的共同影响力，把维护欧洲价值观的重任交付欧盟层面；另一方面，欧盟作为国际秩序的建构力量，也离不开欧盟最大的经济体的支持。德国对华政策与欧盟对华政策的相互影响未来有望进一步加强。

① Deutscher Bundestag, *Unterrichtung durch die Bundesregierung. Globalisierung gestalten-Partnerschaft ausbauen-Verantwortung teilen.*

德国政府亚洲政策的调整及其影响

孙恪勤*

德国统一后，历届政府几次调整亚洲政策，从中可看出德国对亚洲地区形势的判断、德国在亚洲利益的界定以及政策布局等考虑。德国是欧盟主要大国，其亚洲政策的制定、执行与调整，对塑造德亚关系具有指导意义，对发展欧亚关系亦产生重大影响。

一 科尔和施罗德政府对亚洲政策的两次调整

德国统一极大改变了二战后国际秩序和格局，也使德国面临一个全新的内外环境。统一后初期，德国忙于梳理各种重大的内外事务，外交上主要精力用于欧洲一体化、调整欧美关系以及促进原苏东国家政治经济体制转轨等事务上，无暇制定系统的亚洲政策。然而，20 世纪 90 年代亚洲特别是东亚地区经济高速发展，改变了世界经济格局，呈现出西欧、北美和东亚三足鼎立局面。这一变化引起从 1992 年开始陷于严重经济困难的德国的高度关注，各政党和企业界纷纷要求政府调整政策，以积极的姿态参与亚洲经济发展进程，分享亚洲经济高速发展带来的机遇。

1993 年 2 月，德国总理科尔率团访问印度、新加坡、印尼、日本和韩国，加深了对亚洲在全球政治和经济事务中重要地位和作用的认识，并指

---

* 孙恪勤，中国现代国际关系研究院研究员。

示外交部等部门制定亚洲政策。5 月，由德国外交部、经济部、经济合作部、科研与技术部、环保部、国防部及总理办公厅共同制定的《德国亚洲政策纲要》出台，后经联邦政府和议会通过，成为德国统一后第一份系统的亚洲政策文件。

文件主要内容有三：一是高度重视亚洲经济发展给德国带来的机遇。"世界人口的一半以上生活在亚洲。展望未来，亚太地区将以年均7%至8%的经济增长速度成为世界上最有活力的地区。这种状况在下个世纪将会更加明显。""亚洲的发展为我们今天的经济、也为我们的未来提供了重要的、然而迄今尚未充分利用的许多机会。一项积极的亚洲政策要为我们当前的政治和经济利益服务，它是德国未来的保障。"二是政策重点。亚洲政策内容涉及诸多领域，但重点是经济合作。"德国经济的首要任务是同亚太地区进行交易。""通过继续为企业创造活动环境来扩大我们同亚太地区的经济联系，首先是进行更多的直接投资。扩大驻外商会网，进一步调动它们的积极性，并加强这个地区的驻外商会和代表机构的跨地区合作。"三是具体手段。"必须实施'看得到、听得见'的亚洲政策。对此，最重要的办法是奉行经常性、高级别的访问外交。""德国的驻外代表机构在亚洲寻求德国的经济利益方面肩负着特别重要的使命。"①

为推行亚洲政策，德国出台一系列措施，如成立"德国经济亚太委员会"，在亚洲国家建立"德国商会""德国经济之家"等机构。1994 年 1 月 24～26 日，德国外交部为落实《德国亚洲政策纲要》精神，在波恩专门召开"亚太区域驻外使节会议"，通过了《德国亚洲政策 10 条纲领》，要求各外交使团"奉行积极的亚太政策"，加强与亚太国家在各方面的合作。值得注意的是，新亚洲政策的重点国家是中国、日本和印度，特别是中国。"我们不仅要加强与中国的经济合作，还要加强包括法治对话、安全合作和环境保护在内的政治对话。"②

在科尔政府亚洲政策推动下，德国与亚洲各国关系，特别是经济关系得到快速发展，与亚洲国家的利益捆绑也日趋密切。

---

① 吕耀坤：《德国亚洲政策》，《现代国际关系》1993 年第 12 期。

② *Bullettin* vom 28. 1. 1994，Nr. 9，S. 69 – 71.

施罗德政府上台后，开始对德国外交政策进行新的规划，推动“正常国家外交”，向“政治大国”方向迈进，指示德国外交部依据21世纪初国内外形势变化，着手制定新的亚洲政策。然而正当新政策即将公布之时，“9·11”事件爆发，国际形势发生重大变化。2002年6月，德国外交部国务秘书福尔默在亚欧外长会议上忧心忡忡地指出：“我们现在面临选择，是向多边合作的安全秩序方向发展，还是滑向资源、权力和意识形态竞争的敌对状况。”[①] 这种安全担忧意识对德国政府制定新的亚洲政策无疑产生一定影响。2002年6月25日，德国外交部推出统一后第二份亚洲政策，包括《东亚政策》《南亚政策》《东南亚政策》三份次区域政策文件。之所以如此，是因为“亚洲人口超过世界人口一半以上，却包括了多种迥然不同的国家、民族、经济制度、政治体制、文化形态以及社会诸方面的特点……确定德国在该地区的利益并制定针对东亚、东南亚和南亚的政策”。[②]

2002年，德国亚洲政策文件有几个特点：第一，文件在论及亚洲政策调整的背景时，特别强调1997～1998年亚洲金融危机和2001年“9·11”事件的影响，强调正是在分析这些变化的基础上制定了新政策。第二，新政策突出亚洲不同区域、不同国家的特点。例如《东亚政策》既分析了东亚整体局势，也对日本、中国（包括香港、澳门）、朝鲜、韩国、蒙古具体情况做出分析，提出针对不同国家和地区的政策重点，政策比较细腻。《南亚政策》和《东南亚政策》也采取了同样的分析框架。第三，三份次区域文件也有共同的地方，即都分析了该地区几个重要的政策领域，如“民主、法制和人权政策”“地区和平与稳定政策”“德国在该地区的经济利益”“环境保护政策”“发展援助政策”“文化、科学、教育和新闻政策”“外交领事服务”“欧盟区域政策”等部分，体现出政策的全面性。第四，尽管政策涉及多个方面，但重在突出安全政策。在安全形势判断上，新政策文件认为：亚洲种族、宗教和社会问题极其复杂，安全问题的根源也很复杂；

① Presse－und Informationamt der Bundesregierung, *New International Security Situation*, Plenarbeitrag von Staatsminister Volmer beim 4. ASEM Aussenministertreffen, Madrid 06. Juni 2002.

② Auswaertiges Amt, “Aufgaben der deutschen Aussenpolitik: Ostasien am Beginn des 21. Jahrhunderts,” Berlin, Mai 2002.

亚洲金融危机暴露出亚洲在经济和安全方面存在重大结构性缺陷；亚洲面临传统安全和非传统安全两类安全问题的困扰；“9·11”后由于地区主要国家介入国际反恐，地区安全结构发生重大变化。在安全政策上提出一系列主张：在热点问题上展开预防外交；在亚洲地区制定新的安全机制；推广民主、人权和法制以消除危机的政治根源；提供发展援助消除危机的社会根源；加强德国和欧盟与亚洲国家的双边安全合作。①

2002 年，德国亚洲政策的调整有亚洲金融危机和“9·11”事件等外部因素的影响，但更多的还是德国出于新世纪扩大在亚洲利益和影响的考虑，是德国走向大国外交战略调整的重要组成部分，对 21 世纪初德国亚洲政策起到指导作用。

二　默克尔政府对亚洲政策的调整

2005 年 11 月，默克尔首次担任总理以来，德国政府、主要执政党和智库先后出台了多份亚洲文件，从其内容的延续和演变中可以看到默克尔政府对亚洲政策的基本考虑。

与前任相比，默克尔意识形态色彩要浓郁很多，任总理后即谋划调整“以中国为中心的亚洲政策”。2006 年 4 月 23 日，德印两国总理签订建立战略伙伴关系的联合声明。2007 年 9 月 23 日，默克尔在总理府会见达赖，中德关系陷入低谷。10 月 29 ~ 31 日，默克尔访问印度，强调德印关系的重要性。10 月 23 日，联盟党议会党团通过了《亚洲：德国和欧洲的战略挑战和机遇》文件，表述了执政党对亚洲政策的考虑，主要内容有：①亚洲在政治和经济上的崛起改变了世界，这一改变不仅带来经济领域的重大意义，而且也对世界秩序产生了政治、地缘和安全领域的影响。亚洲的崛起对德国既是挑战也是机遇，德国需要一个广泛的亚洲战略。②欧洲既要从亚洲经济增长中获益，推进与亚洲的经济合作；也要应对竞争和挑

① Auswaertiges Amt, “Aufgaben der deutschen Aussenpolitik Ostasien Suedasien, Suedosstasien sowie Australien, Neuseeland und Pazifische Inseln am Beginn des 21. Jahrhunderts,” Berlin, Mai 2002.

战。为此，欧洲必须提高自身竞争力并加深对亚洲的了解。③德国外交两大支柱是欧盟和大西洋联盟政策，亚洲政策也要与此相联系，“我们必须防止亚洲政治和经济的崛起带来欧美地位的下降”，“必须在大西洋联盟和欧盟成员国范围内制定多方面的亚洲战略”。④德国的亚洲政策具有经济利益、政治地缘战略利益以及全球利益三大利益。⑤强调建立在共同价值观基础上的伙伴关系，强调日本和印度的重要性。“德国和欧盟的亚洲政策应该致力于与亚洲建立可信赖的伙伴关系”，“这类伙伴关系只有建立在共同价值观基础上才能具有长久的生命力。其中包括民主、法制、社会公平、尊重人权等”。①

联盟党议会党团出台的这份文件，体现了默克尔对亚洲快速崛起的借助与担忧的双重心态，同时力求做到两个“纠偏”：一个纠正以往亚洲政策以中国为中心的立场，加强与印度、日本等价值观相同国家的合作，凸显默克尔的价值观外交；二是纠正偏重经济的倾向，新政策要涵盖政治、安全和全球问题等更多议题。与此同时，强调德国亚洲政策必须与欧盟保持一致和与美国加强协调。

2007 年，联盟党亚洲政策出台后，默克尔政府在推行亚洲政策中遇到许多新的情况和问题，如世界金融危机和欧债危机的发生、《里斯本条约》生效、美国重返亚太战略的实施、亚太安全环境的变化、新兴国家力量进一步崛起、德国在处理欧债危机中地位凸显，等等。这些变化引起德国各界广泛关注，2012 年以来，特别是 2013 年 12 月德国大联合政府组成前后，一场涉及德国外交政策变革的讨论悄然展开。政府、智库、学界和舆论界先后出台许多关于外交政策讨论的文件和文章，德国外交部甚至还设立了专门争论外交政策走向的网站，争议的核心词是“挑战”“领导责任”“建构”，争论焦点是是否赞同开展“积极外交政策”。德国亚洲政策无疑受到这一讨论的影响。

值得关注的是，这一期间德国智库或政府出台的几份与亚洲政策有关的文件和报告，从中反映出当前德国政界和学界对亚洲政策的基本考虑。

---

① “Asien als strategische Herausforderungund Chance fuer Deutschland und Europa, Asienstrategie der CDU/CSU - Bundestagsfraktion,” Beschluss vom 23. Oktober 2007.

2012 年联盟党议会党团通过的《普世价值、可持续增长和稳定的国际秩序》亚洲政策文件，是 2007 年亚洲文件的后续版，其特点是“与时俱进”，根据形势变化提出新的政策重点，内容也更为翔实。文件对 2007 年以来德亚、欧亚关系的发展做了回顾，指出《里斯本条约》生效对亚欧关系的影响；在继续确认德国在亚洲三大利益基础上，提出三条纲领性思路，即普世价值、可持续增长和稳定的世界秩序；强调民主、法治国家、社会公平、宗教自由和尊重人权的重要性。在政治与安全领域，对网络安全以及阿富汗局势等一系列区域内传统安全和非传统安全形势做出分析，强调与美国的合作以及亚洲“价值伙伴”印度、日本、韩国、澳大利亚的合作；提出欧盟应加强与亚洲的多边合作。在经济领域：一是强调德国主要的经贸主张，如全球经济秩序和 WTO 规则、社会市场经济价值观、反对地区保护主义和产品倾销、要求亚洲各国市场特别是公共采购市场更多开放、保护知识产权，等等。二是提出对东盟、中国、印度、越南、印尼等区域性组织和主要国家的经济合作主张。三是对亚洲地区的原材料、资源、气候等提出政策主张。值得注意的是，文件以较大篇幅谈到与中国合作的重要性，积极评价德中政府间磋商等机制作用；但也谈到中国产品倾销、政府采购开放度不够、知识产权保护力度不足、原材料出口保护、气候政策等问题。在安全领域则摆出中国与南亚邻国在领土、水资源方面的争议，提出西藏和台湾的潜在冲突，指责中国在网络方面的“攻击行为”等等。①

德国科学与政治基金会（SWP）和美国马歇尔基金会德国分会（GMF）2013 年联合报告《新权力、新责任——变革世界中的德国外交与安全政策诸要素》，引起各方广泛关注。这一报告对亚洲政策的影响集中于两点：第一，对整体国际形势的分析。认为二战后的国际秩序、不断发展的全球化进程给德国带来安全与繁荣，但这一秩序结构也面临一系列巨大压力和挑战。德国作为现有秩序的受益者，作为超级全球化的经济体，必须参与塑造国际秩序，必须坚持在联合国、北约、欧盟和西方价值观基础上维护和塑造国际秩序。“德国的首要战略目标必须是：保持、捍卫并进一步发展现

① “Universelle Werte, Nachhaltiges Wachstum, Stabile Weltordnung. Diskussionspapier der CDU/CSU - Bundestagsfraktion zur Asienpolitik,” Beschluss vom 12. Juni 2012.

有的世界秩序。”第二，将世界各国划分为三类国家，作为德国确定战略关系的基础。第一类：盟友。包括美、欧、日、加、土、韩等国。“维护这些久经考验的伙伴关系，并深化与其他志同道合战友的双边关系，应当在德国外交政策中占据主要地位，因为这些关系是强化德国实力的因素，它们扩大了德国塑造力的活动空间、影响范围和合法性。这尤其适用在跟世界上崛起国家的关系上。”第二类：挑战者，包括中、俄、印以及绝大部分发展中国家。这些国家又分为两种：一种是在价值观上与西方一致的国家，“在维护自由与和平的世界秩序上跟德国利益相同，明确认可法治国家和良政这样的价值观”。另一种是“不把西方视为榜样，它们的政府也根本不愿意赋予公民以政治和社会领域的权利和自由”。德国外交战略的主要目标是处理与这两种国家的关系，如采取吸纳和约束相结合的手段。第三类：干扰者。这类国家包括伊朗、叙利亚、朝鲜、古巴、委内瑞拉、索马里、阿富汗等。“这些国家政府事实上已经无力控制其国家，对其政府施行激励或施压是无济于事的。对它们，德国的外交政策也必须动用全套的外交政策手段，从人道援助到发展合作和外交手段，再到执行军事任务。”①

2013 年 11 月，联盟党与社民党在联合执政协议《构建德国未来》中，对亚洲政策做出规划：一是把美国重返亚太看成是欧洲的一个机会，主张给予美国应有的帮助，但这种帮助主要体现以软实力扩展欧美影响，“让合作和利益均衡政策在这一地区取代对抗政策”。二是重视日本和印度，日本是战略盟友，是德国外交政策一个重要的支柱，要积极推动欧盟与日本自贸协定进程。印度是德国的价值观伙伴，也是战略伙伴，要加强与印度在政治、经济和公民社会建设等领域的合作，支持欧盟与印度自贸协定谈判。三是对中国的两重性政策。一方面，确认中国是德国和欧盟在多领域合作的战略伙伴，宣称要在政府间磋商基础上展开更深入的政治与经济合作。另一方面，要求中国在法治、人权保护、知识产权、防止网络攻击等方面做出努力，在联合国框架内为解决国际冲突承担与其大国身份相符的更多责任。四是重点论及了阿富汗政策。德国驻阿富汗军队是德国在海外最多

① “Neue Macht Neue Verantwortung, Elemente einer deutschen Aussen – und Sicherheitspolitik fuer eine Welt im Umbruch,” SWP. GMF, 2013.

的驻军，阿富汗局势一直是德国外交和安全政策关注的重点。大联合政府承诺在2014年驻阿国际安全部队撤军后继续培训阿富汗警察部队，继续提供发展援助，为稳定阿富汗局势做出贡献。①

2014年6月，德国科学与政治基金会（SWP）又发布一份重要报告——《艰难的跨越——欧洲与南海冲突》，对欧洲最担心的南海热点进行分析并提出建议。报告认为，南海周边国家是欧盟重要的贸易伙伴和最重要的投资地区，南海水道对欧洲经济乃至世界经济都具有至关重要的意义。如果这一地区紧张态势加剧甚至爆发武装冲突，将对欧盟经济和政治利益造成严重损害。为此，欧盟致力于在这一地区建立“有效、基于规则和多边的安全体系”。具体而言，欧洲支持美亚洲政策，但担忧中美博弈导致军事冲突；支持东盟在建立地区安全体系方面发挥中心作用；主张欧盟利用自己有益的历史经验和软实力，积极介入南海纠纷的处理，加强欧盟在亚洲的政治和安全地位。②

除上述文件外，2013年大联合政府成立后，德国政要和外交部发表的一系列讲话和文件亦非常重要，如2014年1月底德国总统、防长和外长在慕尼黑安全会议上的讲话，外交部网站对亚洲政策的阐述，等等。从这些文件中可以初步看出德国大联合政府亚洲政策的走势。

三　德国政府亚洲政策调整的影响

德国统一后，依据国际环境的变化以及对德国利益的考虑，先后几次调整亚洲政策，其影响在不同时期有所不同。

德国统一初期，德国政界和学术界就如何看待国际环境、如何确认自己的力量和利益、如何把握好自身定位、如何制定对外战略和政策等一系列重大问题展开讨论。尽管结论有所不同，但各方都认同德国是国际贸易

① “Deutschlands Zukunft gestalten, Koalitionsvertrag zwischen CDU, CSU und SPD,” 18. Legislaturperiode, 2013.

② Gerhard Will, “Tough Crossing: Europa und die Konflikte in der Südchinesischen See,” SWP, Juni 2014.

大国的现实，承认对外贸易和经济联系对德国具有特别重要的意义。因此，在制定外交政策和地区政策时，推动与外部经贸关系容易取得一致。正因为如此，科尔政府将《德国亚洲政策纲要》的重点置于发展与亚洲国家的经贸关系，目标是为解决德国经济困境寻求更广阔的市场。实践证明，这一政策的实施至少产生了三个积极影响：其一，大幅加强了德国与亚洲国家经贸关系，为德国经济发展开拓了更广泛的国际市场。以中德经贸关系发展为例：1991 年双边贸易额为 54 亿美元，2001 年达到 235 亿美元。10 年间增长 4 倍多，占中欧贸易的 30.7%。德国对华投资也有飞速发展，到 2001 年实际投资额达到 12.3 亿美元，占欧盟对华实际投资额的 29%，居于首位。① 其二，推动德国与亚洲国家关系向全面、深入方向发展。其三，推动了欧盟与亚洲的关系的发展。

施罗德政府出台的 2002 年亚洲政策报告，在重视与亚洲国家的经贸关系和把中国视为亚洲政策主要重点方面与前任政府有相同之处，最大的变化是突出安全议题。这一调整一方面受到“9·11”事件等国际因素变化的影响；另一方面也说明德国需要通过与亚洲国家在“高政治”领域密切合作稳固亚洲安全局势，赋予经济合作稳定的环境。这表明德亚合作进入更高层次，合作领域更加深入、广泛和全面。

联盟党 2007 年亚洲政策的出台，引发德国学界、政界掀起一股“印度热”，盼望通过与“世界上最大的民主国家”发展关系来改变亚洲政策的重心结构。亚洲政策出台后，默克尔很快访问了印度，德语媒体把这次访问视为德国亚洲政策的转折点。然而，默克尔在执行联盟党新的亚洲政策中必然遇到一些现实条件的困扰，在实践中陷入困境。例如，联合政府中社民党对新政策就有不同意见。此外，尽管联盟党钟情印度，但印度的市场和国际地位无法与中国相比，特别是金融危机及欧债危机发生后，德国和欧洲不得不仰仗中国的市场和支持。因此，联盟党 2007 年纲领出台后很快受到德国以及国际舆论的批评，默克尔政府在具体执行亚洲政策时不得不继续重视对华关系，在现实主义和价值观外交之间寻求平衡。

从德国新一届大联合政府组成前后一系列文件和政要讲话中，可以看

① 刘立群、孙恪勤主编《新世纪的德国与中国》，时事出版社，2003，第 95 页。

出其亚洲政策的特点与趋势。

第一，德国新政府的亚洲政策受到对外政策大讨论的影响，一定会体现出“积极外交政策”的内涵，亚洲政策会更多纳入德国全球战略框架，政策的重要性和“建构”力度会增大。从目前发表的报告和德国领导人讲话来看，推行“积极外交政策”基本成为共识，反映出经历了欧债危机洗礼的德国政府更加自信。新政府将更多从全球战略角度看待国际形势，判断自我利益；更多地要求介入国际秩序的塑造进程，从更高的全球视角看待和处理与亚洲不同国家之间的关系。这一点与德国之前亚洲政策多从区域层面和双边关系考虑问题会有所区别。

第二，亚洲政策的制定和实施在广度和深度上会有进一步拓展，敏感度也会上升。联盟党 2012 年亚洲文件涉及总论、形势、政治与安全、经济与发展援助、环境、社会与教育许多层面，显然比 2007 年版要厚重许多。德国外交部亚洲政策包括了民主、法治国家和保护人权，和平与稳定，经济利益，环境保护，发展援助与可持续发展，科学与文化交流，与欧盟外交与安全政策接轨等七大领域。值得注意的是，德国在继续加强与亚洲经济合作的同时，会更多考虑加强在亚洲的政治和安全介入。2014 年 SWP 发表的《中国新丝路》①《欧盟与南海冲突》等报告则显示出德国智库对亚洲新热点的敏感和重视。

第三，在思考和处理与美国、亚洲价值观相同的伙伴（日本、印度等）、中国、东盟以及其他国家关系时，不同文件显示出不同的观点和争议点，各种文件与德国外交实践之间也存在有一定的落差，这种矛盾折射出德国亚洲政策在利益与价值观、抱负与实力、主张与现实之间的差距，这些问题和困惑会影响德国在处理亚洲战略以及一些具体热点问题时的立场。以价值观为例：德国亚洲政策始终强调西方价值观，强调大西洋联盟，强调与日、印、澳等价值伙伴的关系重要性。受此影响，新政府《联合政府组阁协议》也将日本列在中国之前。这引起日本舆论的极大兴奋。日本媒体称：热衷于同中国开展经贸外交而与日本渐行渐远的德国，以默克尔第三次担任总理为契机，开始将亚洲外交的重心逐步从中国向日本转移。这

① Nadine Godehardt, “Chinas ‘neue’ Seidenstraβeninitiativ,” SWP Juni 2014.

些言论与2007年联盟党亚洲政策出台时印度媒体的言论如出一辙。这表明，近期出台的德国外交文件没有摆脱意识形态与现实利益之间的矛盾。欧债危机虽然已过低谷，但欧洲经济恢复仍需要相当时间。对欧洲和德国而言，发展经济、解决失业、稳定社会仍是主要任务。环顾世界，德国对亚洲市场的依赖，特别是对中国市场的依赖仍无法取代。现实的经济利益将使德国不得不再次直面“理想的美感和现实的骨感”之间的矛盾，不得不在“价值观和利益目标”之间继续寻求平衡。在处理与美国在亚洲政策领域的合作事宜时，德国和欧盟也表现出自己一些利益考虑和政策特点。

第四，亚洲政策的主要任务依然需要围绕经济议题展开，中国仍将是德国亚洲政策的重心。从1993年德国政府第一份亚洲政策出台至今，德国亚洲政策始终坚持一个中心，即以发展经济关系、确保经济利益为中心。其他政策，无论是安全政策还是自贸谈判等，最终目标无疑还是为经济利益服务，这与德国经济严重依赖外贸以及德国自我定位为“超级全球化的经济体”直接相关。2014年2月3日，默克尔总理在德国经济亚太委员会会议上做了专门讲话，指出与亚太国家发展经贸关系的重要意义。① 从2007年以来亚洲文件修改来看，德国一直企图加强与日本、印度、东盟等的关系，调整以中国为中心的亚洲政策。但从实践来看，这一政策收效甚微，其原因很简单，就是中国经济的快速发展给德国带来越来越多的经济实惠。据德国联邦统计局最新统计报告：2013年中国是德国第5大出口国，日本和印度名列第17和第25；中国是德第2大进口国，日、印分别为第16和第25；三国进出口总额分别为1405.8亿欧元、366亿欧元和160.8亿欧元。② 同年欧盟与东盟贸易额为2236亿美元，同中国为5306亿美元。③ 差距如此之大，决定了德国不能不把中国继续视为在亚洲最重要的贸易伙伴，不能不继续推动中德“全方位战略伙伴关系”的发展。

第五，德国亚洲政策对欧盟亚洲政策产生一定影响。德国是欧盟大国，

---

① Rede von Bundeskanzlerin Merkel zur Ubergabe des Vorsitzes des Asien – Pazifik – Ausschusses der Deutschen Wirtschaft am 3, Februar 2014.

② *Aussenhandel*, *Rangfolge der Handelspartner im Aussenhandel der Bundesrepublik Deutschland 2013*, Statistisches Bundesamt, Wiesbaden, 2014.

③ Gerhard Will, “Tough Crossing: Europa und die Konflikte in der Südchinesischen See,” SWP, Juni 2014.

其亚洲政策的制定必将影响欧盟的亚洲政策，这种影响体现在多个方面。首先，德国亚洲政策路线、方针的影响。欧盟中很少有几个国家像德国那样出台了专门、系统的亚洲政策，因而政策领域较为完备的德国亚洲政策的影响就比较突出。1993 年德国亚洲政策报告直接影响到日后欧盟对亚洲政策的制定，包括推动了 1995 年欧盟对华政策的出台。2002 年亚洲政策文件在制定过程中就受到欧盟以及成员国广泛关注；报告出台后，可以看出德国政府非常注意在亚洲政策上与欧盟保持一致：报告将欧盟因素专列一章，在内容上也处处可以看到德国欲为欧盟代言人的“用心”。其次，德国在制定亚洲政策时，一定强调是在欧盟外交与安全政策框架下进行的，主动将德国与欧盟亚洲政策衔接。在 2007 年、2012 年联盟党议会党团亚洲政策报告以及其他重要的亚洲报告中，无不列入欧盟亚洲政策内容。再次，德国的引领作用。德国是欧盟创始国，也是欧盟人口最多的国家和经济实力最强的国家，在欧盟亚洲政策决策进程中发挥着举足轻重的作用。欧债危机以来，德国在欧盟影响力急剧提升，成为欧盟最重要的领导力量，发言权进一步上升。值得关注的是，德国在推动欧亚关系发展中始终抱着积极立场，在推动亚欧会议、发展与东盟关系、推出欧盟《亚洲战略（2001 年)》《东亚外交与安全纲要（2012)》等政策领域都发挥了积极作用。[①] 在推动中欧关系领域德国也发挥着积极作用。例如，在欧盟对华“光伏反倾销”进程中，中德双方沟通为最后中欧达成协议发挥很大作用。对此，中国给予积极评价，将德国定位为“中欧关系领跑者”，“中德全方位战略伙伴关系是中欧全面战略伙伴关系的重要组成部分，两者相互促进”[②]。

尽管亚洲政策在德国对外政策中并非占据最重要地位，但亚洲地位不断上升引起了德国和欧盟持续重视，这是德国和欧盟亚洲政策日趋积极的基本因素。从德国统一后对亚洲政策演变的历史进程来看，德亚关系无疑是在不断扩大和深化。德国对亚洲政策具有多重性：既有西方国家推行价

① “Zusammenarbeit der EU mit Regionalorganisationen in Asien-Pazifik,” http：//www. aussenwaertige - amt. de

② 《中华人民共和国和德意志联邦共和国关于建立中德全方位战略伙伴关系的联合声明（全文)》，中国外交部网站：http：//www. fmprc. gor. cn/mfa_ chn/zyxw_ 602251/t1142147. shtml，最后访问日期：2014 年 4 月 16 日。

值观和政治体制的考虑，也有积极发展与亚洲国家经贸、文化、科技、政治、战略、环保等关系的一面。总的来看，积极面占主要地位。从外交实践来看，德国在与亚洲国家交往中“现实性”和“调整能力”非常突出，这就为我们推动德国更多从长远角度和战略高度考虑问题，推动德亚关系、欧亚关系稳步向前发展提供了条件。

德国政府“积极外交政策”评析

李　超*

2013 年 12 月，德国议会两大党联盟党和社民党组成的大联合政府上台执政。新政府一改以往谨慎克制的姿态，频频释放调整外交政策的信号，宣示“大国雄心”，欲实施积极有为的外交政策，更多参与国际事务。在随后处理乌克兰危机、“美国监听门”事件等一系列外交实践中，德国的主动性明显增强，其积极姿态引发广泛关注。

一　积极外交政策的内容

受制于历史因素，德国长期专注经济发展，在外交和安全领域刻意保持低调姿态，避免引起他国疑虑。但随着实力上升，德国这种“不作为”的姿态也受到一定质疑，被认为是在逃避责任。2013 年底新一届政府上台后开始调整，宣布推行“积极的外交政策”。2014 年 1 月 29 日，总理默克尔在联邦议会发表讲话时强调：“德国政府一项重要职责，就是承担欧洲和世界的责任。德国长期在国际事务中‘缺位’，不仅损害自身利益和价值观，也不利于伙伴国政治、经济发展。”① 这意味着，未来德国将积极承担与国力相当的国际责任，力图从全球安全的“消费者”转变为“提供者”。

---

* 李超，中国现代国际关系研究院欧洲所助理研究员。

① Angela Merkel, “Wir gestalten Deutschlands Zukunft, Regierungserklaerung der Bundeskanzlerin bei der 10. Sitzung des 18. Deutschen Bundestages,” *Das Parlament*, Januar 29, 2014.

综合而言，德国所谓的“积极外交”包含如下内容：

第一，充当积极的危机协调人和冲突斡旋者。过去四年，在自民党人韦斯特维勒（Guido Westerwelle）执掌下，德国外交政策较为僵化保守，面对中东、伊朗、叙利亚等重大危机，没有调动德国的行动能力、发挥应有的影响力，[①] 不仅在国内民意支持率低下，也引发欧美盟国不满。默克尔再次连任后，面对愈加复杂的国际局势和不断涌现的地区冲突，有意改变德国在外交事务上“无所作为”的形象。2014 年 1 月，她在会见联合国秘书长潘基文时直言：“面对国际危机，德国必须主动介入并促进危机的最终解决。”[②] 外长施泰因迈尔（Frank - Walter Steinmeier）也称：“德国太大了，不能仅满足于对国际事务‘评头品足’，而要更及时、更坚决、采取更为实质性措施参与其中。”[③] 然而在介入方式上，德国则不赞同美国式的“单边主义”和“强势介入”。德国继续坚持其“和平理念”，重视民事和外交力量，面对危机将重点发挥平衡作用，提出妥协方案，积极推动各方合作，为已爆发的冲突斡旋。德国总统高克（Joachim Gauck）称：“德国无意向外界展示‘肌肉’，而是要更积极地推动国际合作。”[④] 由德国外交部主持、著名智库美国德国马歇尔基金会（GMF）和德国科学与政治基金会（SWP）联合撰写的研究报告也指出，“承担责任”要求德国善于“向维护长期关系投资”并“尝试理解多元化的利益诉求”。[⑤] 因此，“德国式介入”将最大限度突出德国的调解作用，德国将在不同价值观国家之间起到“润滑剂”和“纽带”的作用。在持续至今的乌克兰危机中，德国较好实践了其“斡旋者”的外交定位，作为欧、美、俄三方的协调者，很大程度上发挥了左右局势进

① 参见郑春荣《德国外交政策的新动向》，《欧洲研究》2014 年第 2 期。

② Ban Ki Moon will mehr deutsches Engagement，http：//www. handelsblatt. com/politik/international/un - generalsekretaer - ban - ki - moon - will - mehr - deutsches - engagement/9411514. html，最后访问日期：2014 年 7 月 4 日。

③ Konferenz in Muenchen：Steinmeier verspricht aktivere deutsche Sicherheitspolitik，http：//www. spiegel. de/politik/ausland/sicherheitskonferenz - steinmeier - will - aktivere - deutsche - aussenpolitik - a - 950518. html，最后访问日期：2014 年 6 月 30 日。

④ Joachim Gauck，“Deutschlands Rolle in der Welt：Anmerkung zu Verantwortung，Normen und Buendnissen，” http：//www. bundespraesident. de/SharedDocs/Reden/DE/Joachim - Gauck/Reden/2014/01/140131 - Muenchner - Sicherheitskonferenz. html，最后访问日期：2014 年 6 月 30 日。

⑤ GMF und SWP，*Neue Macht Neue Verantwortung*：*Elemente einer deutschen Außen - und Sicherheitspolitik füer eine Welt im Umbruch*，Berlin，2013，S. 9.

展的关键作用。其一，默克尔与俄、美领导人保持最密切沟通，并力求对话渠道畅通。危机爆发至今，默克尔与普京通过电话或会面直接沟通30余次，局势紧张升级时，甚至每两天就打一次电话，频率远超其他国家。默克尔与奥巴马也借双边或国际场合多次交流看法。其二，外长施泰因迈尔领衔开展了一系列稳定局势的外交行动。2014年2月20日，施泰因迈尔联合法国、波兰两国外长一道赶赴基辅斡旋，促成乌克兰政府与反对派签署协议，以避免乌陷入内战；5月13日，施泰因迈尔再赴乌克兰并访问顿涅茨克，调停政府军与民间武装的冲突。3月17日，施泰因迈尔邀请美、法、俄、乌四国外长赴柏林会晤，这是乌克兰危机后各方的首次会面；7月2日，德、法、俄、乌四国外长再次在柏林会晤，促成包括俄政府、乌政府、乌民兵组织以及欧安组织代表参与的停火谈判。此外，德国在西方各国中最早提出在欧安组织（OSCE）领导下设立国际联络小组。该建议得到美、英、法的支持；在默克尔劝说下，普京也表示同意。可以说，德国在处理乌克兰危机的行动中，最大限度发挥调解功能，力争以对话和政治手段解决冲突。

第二，适度强硬，不再避讳经济制裁和军事干预。面对复杂的国际局势和激烈的地区冲突，外交斡旋有时并不能达到理想效果，对外施加影响往往还需多种手段配合，以形成有效威慑。对此，施泰因迈尔称："外交手段仍是解决冲突的最主要手段，但克制并不等于置身事外，在政治手段失效时，经济制裁和军事行动将不可避免。"① 在近期外交实践中，德国从三个层面调整政策，以强化对外影响。第一层是立场上更为强硬。7月11日、14日，德国联邦情报局和国防部先后发现美国间谍，德国政府随即公开要求美国联邦情报机构驻德代表离境，为德美建交后首次。7月16日，德国政府罕见发表声明，强烈谴责以色列向加沙地带发射火箭弹造成平民伤亡。由于历史原因，德以之间一直存在"特殊关系"，德国近乎"无底线"地支持以色列，即使出现分歧也不会轻易批评。德国政府的强硬立场显示其外交独立性不断上升。第二层是实施经济制裁。德国认为，经济制裁是介于

① Frank - Walter Steinmeier, "Rede von Auβ¸nministev Frank - Walter Steinmeier anlaesslich der 50. Muenchner Sicherheitskonferenz," http://www.auswaertiges-amt.de/sid_0EEB43D1066AE45F2A36CDB5B6145357/DE/Infoservice/Presse/Reden/2014/140201-BM_MüSiKo.html，最后访问日期：2014年6月30日。

政治对话和军事行动之间的有效“武器”。德国支持西方对伊朗实施制裁，认为“严厉的制裁将伊朗带回了谈判桌”。[①] 在乌克兰危机中，德国在规劝和促和的同时，也多次向俄表达了强硬立场。3 月 6 日，在建立国际联络小组的努力暂时夭折后，德国同欧盟多国一道对俄罗斯实施了初步制裁。此后，默克尔多次声称，如果俄罗斯不为稳定乌克兰局势努力，德国将放弃经济利益，加大对俄制裁。进入 7 月，随着乌克兰政府军与亲俄武装冲突加剧，德国认为俄罗斯没有建设性地缓解局势紧张度，甚至还在暗中支持亲俄武装。尤其是马航 MH17 空难后，德国对俄态度明显强硬，默克尔表示支持尽快加大对俄制裁力度。第三层是不再将军事行动看作“禁区”。“和平主义”在德国土壤深厚，2002 年施罗德政府反对美国发动伊拉克战争、2011 年默克尔政府不愿卷入利比亚战争表明，反战思想在德国社会已深入人心。但德国也逐渐认识到，军事“硬实力”作为维护利益和全球秩序的必要保障不可或缺。默克尔明确指出，德国外交、安全政策依靠民事和军事手段的有机结合。[②] 新任国防部长冯德莱恩（Ursula von der Leyen）称，“至少出于人道主义考虑，德国也应该更积极地向危机地区派兵”，“一味保持军事克制，就会在国际力量角逐中落败”[③]。2014 年 2 月 20 日，德国议会批准将参加欧盟马里训练行动的德军士兵上限从 180 人提高至 250 人。4 月 9 日，联邦议院批准国防军派一艘驱逐舰赴地中海，支持销毁叙利亚化学武器行动。5 月 21 日，联邦政府出台最新对非战略，与上一版最大变化在于，必要时可向非洲派遣更多军事人员。8 月 12 日，德国政府决定向伊拉克北部库尔德人提供装甲车、地雷探测器、防弹背心、医疗设施等非致命性军事设备，防止当地“人道主义灾难”进一步扩大。在乌克兰危机中，德国国防军积极参与强化北约在东欧的布防，负责波罗的海地区的北约防雷部队，并将从 9 月起参加北约的空中监视行动。德国政府已明确表态称，2014 年从阿富汗撤军

---

① Meir Javedanfar, “Die Sanktionen wirken, Interview mit dem iranisch – israelischen Sicherheitsexperten Meir Javedanfar,” *Internationale Politik*, Mai/Juni 2013, S. 68 – 73.

② Angela Merkel, “Wir gestalten Deutschlands Zukunft, Regierungserklaerung der Bundeskanzlerin bei der 10. Sitzung des 18. Deutschen Bundestages,” *Das Parlament*, Januar 29, 2014.

③ “Militaerpolitik: Von der Leyen will Bundeswehr verstaerkt im Ausland einsetzen,” http: //www. spiegel. de/politik/deutschland/von – der – leyen – fuer – staerkeres – engagement – der – bundeswehr – im – ausland – a – 945568. html，最后访问日期：2014 年 7 月 28 日。

后，德国还将继续派驻军事人员参与阿富汗部队的培训计划。

第三，在欧盟内发挥更重要的作用。欧债危机爆发以来，德国在欧盟内的影响力不断上升，已经成为名副其实的“欧盟火车头”。经济实力的提升极大增强了德国的自信心，德国也越来越多地按照自己的意愿和利益塑造欧盟内外政策。针对欧债危机，德国不顾南欧重债国，甚至是法、意等国反对，强推“紧缩”药方，同时强化欧盟范围内的金融监管，整顿卢森堡、塞浦路斯等“避税天堂”及其影子银行。2013 年，中欧发生光伏贸易争端，德国政府为确保对华经贸关系不受损害，曾公开反对欧盟委员会对中国的光伏产品征收高额惩罚性关税，主张通过对话协商解决问题，避免“贸易战”。2014 年 6 月，在新一届欧盟委员会主席的人选问题上，默克尔对中右翼人民党团候选人容克给予了大力支持，力排英国、匈牙利的反对意见，主导欧洲理事会通过了对容克担任下届欧委会主席的提名。此外，德国还致力于推动欧盟作为整体，针对国际事务采取一致行动。外长施泰因迈尔称，德国将“为欧盟建立共同的外交、安全与防务政策提供智力及行动支持，当务之急是更富创造力地为提升欧盟外交行动能力而努力”①。如在乌克兰危机问题上，尽管欧盟各国利益不一、看法不同，但在德国的协调下还是基本保持了对俄政策的一致性。

二　积极外交政策的经济背景

德国外交趋于积极，既是自身经济实力提升的结果，也是为了应对国际战略格局变化，适应新的全球形势，更好地捍卫自身的利益和价值观。

首先，经济实力支撑政治大国诉求。德国是世界第四大经济体，经济总量占欧盟的 1/5 以上，是欧盟经济的“发动机”和“稳定锚”。2010 ~ 2013 年，德国国内生产总值分别增长 3.6%、3%、0.7%、0.4%，而同期欧元区

① Frank – Walter Steinmeier, “Rede von Auβ¸nministev Frank – Walter Steinmeier anlaesslich der 50. Münchner Sicherheitskonferenz,” http://www.auswaertiges-amt.de/sid_0EEB43D1066AE45F2A36CDB5B6145357/DE/Infoservice/Presse/Reden/2014/140201 – BM_ MüSiKo.html，最后访问日期：2014 年 6 月 30 日。

其他国家经济大都陷入停滞甚至倒退。虽然受世界经济增长势头减弱及欧盟内部紧缩政策影响，过去两年德国增速也明显下滑，但总体仍能保持增长态势，而且政府预测经济已经触底，2014 年增速将有所回升。为应对危机，德国也在努力减债减赤。新政府决定从 2015 年起停止新增债务，力争在 2017 年将债务占 GDP 比重降低 10 个百分点（至 70%）。在意、法等国还在要求欧盟放松关于“财政赤字占 GDP 比重不超 3%”的规定时，德国已于 2013 年实现了收支平衡（零赤字）。近年来德国失业人数屡创新低，目前失业率仅 6.7%，为欧盟内最低。新政府还采取适度加大基础设施投资、设置最低工资、为特定人群增加福利等措施，进一步扩大内需、促进经济增长。总之，德国经济在可预见的未来将保持相当的活力。对此，总统高克称：“这是迄今所拥有的最好的德国，德国有能力采取更坚决的措施保护和帮助塑造基于欧盟北约和联合国的国际秩序。”[①] 德国期待以经济力量为依托，巩固“正常国家”的地位，实现“政治大国”的诉求，不仅充当促进欧盟及全球增长的“经济引擎”，也期待成为国际秩序的维护者和全球规则的制定者。

其次，在变化的全球格局中更有效地捍卫自身利益。全球化带来的开放、和平、自由和立足合作的世界秩序为德国带来诸多益处，但同时也带来重大挑战。德国的经济模式是外向型经济，德国也是世界上全球化程度最深的国家之一，其繁荣和发展有赖于国际秩序的有效运行，而一旦外部世界出现震荡，德国也最容易受到负面影响。因此，积极应对国际格局新变化，保持和发展和平稳定的国际秩序，是德国外交重要的战略目标，符合德国自身利益。其一，当前以金砖国家为代表的新兴经济体快速崛起，西方传统大国主导下的国际秩序受到严峻挑战。总体上，德国仍以固有的价值观导向看待新兴国家，将其看作挑战者，认为“不少新兴国家不以西方民主制度为模板，没有建立公民社会，公民的人权和自由得不到保障”。[②] 面对它们带来的挑战，德国欲积极谋划应对之策，在经贸上要加强合作，

---

① “Das ist das beste Deutschland, das wir je hatten,” http://www.focus.de/politik/deutschland/sicherheitskonferenz-in-muenchen-joachim-gauck-das-beste-deutschland-das-wir-jemals-hatten_id_3582953.html，最后访问日期：2014 年 7 月 25 日。

② GMF und SWP, *Neue Macht Neue Verantwortung: Elemente einer deutschen Außev-und Sicherheitspolitik für eine Welt im Umbruch*, Berlin, 2013, S. 32.

在战略上则要防范，同时规范新兴国家的行为，促使其遵循西方价值体系。其二，美国对欧洲的战略支持下降，迫使德国外交自主性提升。一方面，美国虽声称"不会丢弃欧洲盟友"，但战略重心已明确转向亚太，并将"有选择性地投放力量"。包括德国在内的欧洲国家，未来在维护自身安全上不能再一味依靠美国，需自身投入更多力量。另一方面，2013 年，斯诺登曝光美国"棱镜"计划后，美国对德监听的内情不断发酵：默克尔手机常年遭监听，美国中央情报局间谍渗透德国联邦情报局和国防部等事件先后公之于众，这严重损害了德美间的信任。媒体纷纷表示，即使传统盟友也不是绝对可靠，总统高克更是直呼："美国拿德美盟友关系当儿戏！"[①] 面对盟友的猜疑，德国势必要进一步争取"正常国家"地位，在全球格局中争取一席之地。其三，国际地缘冲突越来越多地对德国利益造成影响和冲击。德国在能源供应上对俄罗斯的依赖度很高，其 31% 的石油天然气、20% 的煤炭来自俄罗斯；[②] 经贸关系也十分紧密，2013 年双边贸易额达 765 亿欧元，在俄德国企业目前约为 6200 家，德国国内约有 35 万个就业机会直接与德俄贸易有关。乌克兰危机导致欧俄关系恶化，严重威胁德国的能源和经济安全，德国无可回避，必须积极发挥调停作用，避免与俄罗斯"撕破脸皮"。德国与以中国为首的亚太各国经贸联系紧密，当前中日矛盾有所激化，南海各国在主权归属问题上的冲突也愈演愈烈，这都潜在影响德国在亚太地区的经济利益，德国希望在稳定亚太局势上发挥建设性作用。

再次，盟国呼吁德国承担更多全球责任。2011 年 3 月，德国"抛弃盟友"，拒绝参加针对利比亚的军事行动，并对联合国设立利比亚禁飞区的决议投弃权票，欧美不少国家指责德国"对外界危机麻木不仁，不愿承担国际责任"，并"导致欧洲失去了统一行动的能力"。[③] 德国对外形象受到很大

---

① Wolfgang Kumm, "Gauck empört über neuen Spionageverdacht," http: //www. zeit. de/politik/2014-07/gauck-nsa-usa-bundesnachrichtendienst-spionage，最后访问日期：2014 年 7 月 15 日。

② "Krim-Krise: 31% der Erdöl-und Erdgasimporte kommen aus Russland," https: //www. destatis. de/DE/ZahlenFakten/ImFokus/Aussenhandel/HandelRussland. html，最后访问日期：2014 年 7 月 2 日。

③ Friedbert Pflüger, "Libyen: Deutschland beugt sich weg," http: //www. euractiv. de/globales – europa/artikel/libyen – deutschland – beugt – sich – weg – 004544，最后访问日期：2014 年 7 月 28 日。

损害，其外交政策也承担空前压力。随着德国实力渐长，尤其在欧债危机中发挥了中流砥柱的作用，外界对于德国承担更大责任的呼声也渐长。2012年2月慕尼黑国际安全会议上，波兰外长西科尔斯基（Radoslaw Sikorski）公开宣称，比起对德国“强权”的担忧，更担心德国的“不作为”。[①] 2013年6月，美国总统奥巴马访问德国，在勃兰登堡门广场发表演讲时号召德国分担全球责任，称“德国应展现出斗争精神，不局限于一时的安逸，要放眼全人类，放眼全世界的公正与和平”[②]。在乌克兰危机中，美国也十分看重德国所发挥的关键作用，外界评论称，“美国将解决乌克兰危机的领导权交给了默克尔”。[③] 法国总统奥朗德则多次表示希望同德国加强在非洲的军事合作，而德国也给出了积极回应。2013年1月，德国首次派两架运输机赴马里协助法军进行维和；2014年初默克尔访法时，专门同奥朗德商讨了军事合作事宜。伙伴国的期待为德国调整外交政策提供了“窗口期”，德国扭转自身在国际事务上“遇难而退”的形象势在必行。

三　对美国、对俄罗斯和对欧盟的外交表现

德国新政府上台以来，在以乌克兰危机为代表的一系列事件中积极发挥作用，表现十分抢眼，同过去低调无为的外交风格相比有了明显变化。可以预见，随着德国“积极外交”的进一步推进，德国将围绕自身利益进一步扩大在欧话语权，在发展对美、对俄关系时更注重维护德国利益，更为务实地塑造同大国间的关系。未来欧盟外交和欧美、欧俄关系也将呈现更多“德式色彩”。

第一，德美关系将更趋务实、正常化。德美同属西方阵营，拥有共同

---

① Markus Bauer, “Ist Deutschland eine Militärmvacht?” http：//www. focus. de/politik/deutschland/sicherheitskonferenz - in - muenchen - ist - deutschland - eine - militaermacht _ aid _ 710463. html，最后访问日期：2014年7月23日。

② Barack Obama, “Remarks by President Obama at the Brandenburg Gate—Berlin, Germany,” http：//www. whitehouse. gov/the - press - office/2013/06/19/remarks - president - obama - brandenburg - gate - berlin - germany，最后访问日期：2014年7月28日。

③ Sebastian Fischer, “Ukraine：USA geben Führungsrolle in Krim - Krise an Merkel ab,” http：//www. spiegel. de/politik/ausland/ukraine - krise - usa - erwarten - von - merkel - fuehrung - a - 958140. html，最后访问日期：2014年6月30日。

的价值观基础，双边关系相对较为稳固成熟，但两国的自我定位和“国际秩序观”存在明显差异。德国长期以来对美国推行“单边主义”持批评态度。近年来，两国在宏观经济政策、数据保护以及对俄关系等具体问题上利益分歧均有所增大：德国不再甘愿“随美逐流”，做美国的“小兄弟”；而是在强化共同利益的同时，更突出“自主权”，更为坚定地捍卫自身利益。虽然跨大西洋伙伴关系作为德国外交政策两大支柱之一不会改变，但其感情色彩将会变淡，在保持互需、合作的同时，相互斗争和利用的一面有所上升。在新政府联合执政协议中，德国已明确提出德美间要“明确伙伴之间交往的规则”，针对当前互信受损的状况，美国必须“采取措施重塑跨大西洋信任”。[①]“棱镜门”事件后，德国在维持与美关系大局的同时，也展现出一定程度的强硬姿态。2014 年 6 月 4 日，联邦总检察长朗格（Harald Range）透露，德国已启动对默克尔手机遭监听一事的司法调查程序，使运用刑法手段进行司法追究成为可能。6 月 26 日，因有迹象显示，美国政府通过美海外企业进行监控活动，德国政府宣布中止同美国最大无线通信供应商威瑞森公司（Verizon）的合同。7 月 15 日，美国情报机构驻德代表被要求离境。很明显，面对美国政府不愿正面回应监听事件、至今没有正式道歉的态度，德国政府也在不断强化应对之策，向美施压。在欧美“跨大西洋贸易与投资伙伴关系协定”（TTIP）谈判中，德国为提振自身及欧盟经济而一直大力推动谈判，但也并不回避在汽车、制药以及金融市场监管等问题上与美国的分歧，不惜迟滞谈判进程也不轻易让步。在乌克兰危机中，德国坚持从本国利益出发制定对策，对美既合作又斗争：在关键时刻能够支持美制裁主张并向俄施压；也能总体上顶住美国压力，避免过度刺激俄罗斯，从而维护自身经济与能源安全。鉴于德国在欧盟内的地位和影响力，德美关系也将在较大程度上影响欧美关系发展大势。

第二，德俄将维持“斗而不破”的局面。在战略定位上，俄罗斯始终被排除在西方价值观体系之外，中东欧国家更是将俄看作重大安全威胁。欧盟和北约多年来一直通过东扩与俄罗斯争夺“地盘”，加强对俄防范力度。此次

---

① CDU，CSU und SPD，*Deutschlands Zukunft gestalten*，*Koalitionsvertrag zwischen CDU*；*CSU und SPD*；18. *Legislaturperiode*，Berlin，2013，S. 168.

乌克兰危机爆发后，德国内部出现不少反思声音，认为不能将责任全部推向俄罗斯，欧洲“战略失当、逼俄太紧”也是导致俄罗斯强烈反弹的一大诱因。[①] 在德国看来，有必要重新谋划未来的对俄关系，当务之急是缓和矛盾、稳俄拉俄，继而逐步规范俄罗斯的行为，帮助俄转型为西方社会的一员，将俄罗斯纳入“大欧洲”框架，从根本上解决欧洲的安全困境。[②] 鉴于此，德国积极出手主导了欧盟的对俄政策，并确保掌控对俄斗争节奏，防止德国及整个欧洲对俄关系失控。综观德国在乌克兰危机中的表现，可谓“有进有退，恩威并重”：既在适当时刻对俄罗斯提出警告、划定红线，甚至参与制裁；又在一定程度上对俄“怀柔”，包括安抚反俄立场激烈的中东欧国家，强调欧盟当前在能源供应上尚无法摆脱俄罗斯的现实，呼吁务实处理对俄关系。默克尔还提醒乌克兰新政府对俄采取适当合作的态度。尽管2014年7月28日欧盟一致决定加大对俄制裁力度，但并未触及能源等关键领域。受乌克兰危机影响，德国第二季度经济增速明显下滑，预计德政府将更加注意管控对俄斗争，防止进一步损害自身经济。此外德国新政府联合执政协议从欧盟层面出发，对下一步对俄工作做了较为积极的规划，包括推动签证自由化、加强德波俄三边对话、与俄合作解决“东临”问题等。[③] 虽然未来一段时间受乌克兰危机影响可能难以启动，但长期来看，基于对自身利益和威胁的认知，德国仍将积极推动欧盟对俄采取“规范加拉拢”的政策，避免与俄直接为敌。

第三，德国在欧盟内的地位和作用将进一步强化。在欧盟三大国中，英国自我边缘化，“脱欧”之声甚嚣尘上；法国经济近年来不景气，内部麻烦缠身，领导力明显下降；唯有德国有实力充当欧盟的协调人和“领头羊”。对此默克尔直言：“作为欧盟的创始国……德国必须积极参与建构欧洲的未来。”[④] 而德国的对欧外交实践也处处体现出较强的领导力。当前欧

---

① “Russland in die Ecke gedräng. Dax – Konzernchefs unterstützen Putin,” http://www.n-tv.de/wirtschaft/Dax-Konzernchefs-unterstuetzen-Putin-article12560956.html，最后访问日期：2014年7月23日。

② 参见武正弯《德国外交战略（1989—2009）》，中国青年出版社，2010，第135页。

③ CDU, CSU und SPD, *Deutschlands Zukunft gestalten*, *Koalitionsvertrag zwischen CDU; CSU und SPD*; 18. *Legislaturperiode*, Berlin, 2013, S. 169.

④ Angela Merkel, “Regierungserklärung von Bundeskanzlerin Merkel zum Europäischen Rat am 19./20. Dezember,” *Das Parlament*, Dezember 23, 2013.

债危机进入相对缓和的新时期，德国一方面紧咬财政纪律不松口，同时也允给南欧国家适度灵活性和宽松政策，如：同意用欧盟预算给各国发行“项目债权”提供担保；同意欧洲央行实施较为宽松的货币政策，并加大了本国投资力度，实施“微刺激”计划。为挽留有“脱欧”倾向的英国，默克尔暗示将考虑英国关于欧盟改革的请求。在非洲政策上，德国有意为法国在非军事行动提供资金支持，但强调前提是德国应参与制定行动规划。一个更为团结的欧洲是德国追求的目标，德国也将努力寻求弥合欧盟内部分歧，欧盟未来内外政策将不可避免带有更多的德国印记。

四 有限的积极外交

尽管德国已在调整外交政策，但受历史因素和一些“结构性难题”限制，想要全面推行“积极外交”、深度参与国际事务，还面临诸多困难和挑战。从实际效果上看其外交仍然是“有限的积极”。

德国所面临的困境主要包括：其一，无论政界还是民间，德国总体对外交特别是安全事务的兴趣都不高。为避免给他国留下“二战阴魂再现”的印象，德国长期以来专注经济发展，“政治侏儒”的形象有所“固化”。1994 年至今，联邦议会关于外交和安全政策的专项辩论不足 10 次。① 相比英、法频繁更新发布“国家安全战略”和国防白皮书，德国至今没有出台全面安全战略，上一版《安全政策和联邦国防军白皮书》于 2006 年发布，至今 8 年未做更新。德国民众普遍“安于现状”，认为承担责任需要更多付出。近期民调显示，70% 以上民众反对涉外军事行动，60% 民众要求政府在对外事务中保持谨慎态度。② 其二，军事“硬实力”不足。德国政府既期望适度扩大海外军事行动，又不断削减军事预算，国防军军力难有保障。德

① Joachim Gauck, “Deutschlands Rolle in der Welt: Anmerkung zu Verantwortung, Normen und Bündnissen,” http://www.bundespraesident.de/SharedDocs/Reden/DE/Joachim-Gauck/Reden/2014/01/140131-Muenchner-Sicherheitskonferenz.html，最后访问日期：2014 年 6 月 30 日。

② “Deutsche gegen Militäreinsätze im Ausland,” http://www.freitag.de/autoren/vorabmeldung/deutsch-gegen-militaer-einsaetze-im-ausland，最后访问日期：2014 年 7 月 23 日。

国军费开支自20世纪90年代起持续下降，据斯德哥尔摩国际和平研究所统计，2013年占GDP比重仅1.4%，低于英（2.3%）、法（2.2%）等国，一直未能达到北约规定的2%的标准。[①] 尽管新任国防部长冯德莱恩表示将争取增加德军费开支，但2014年经议会审议的国防预算还是再度削减了8亿欧元。联邦国防军人数也从1990年的37万降至如今的18.3万。2011年义务兵役制改为志愿兵役制后，新兵招募更为困难。德国虽是联合国海外维和行动的主要出资人，但参与人员极少，目前仅有220名军事人员参与联合国5个维和项目，不足维和总人数的1%。[②] 德国为马里维和行动提供的运输机因设备老旧，2014年5月被暂停使用。德国联邦国防军协会负责人伍斯特纳（André Wuestner）大声疾呼：“空谈在世界承担更多责任是不够的，自由和安全不能免费获得。”[③] 其三，“软实力”影响有限。德国“软实力”的根源在于其经济表现，但即使在欧盟内部，其经济模式也难被南欧各国采纳。相反，德国强调出口、积累巨额贸易顺差的做法招致南欧国家甚至美国的抱怨。由于依赖出口，制裁容易引起反制，威慑效果也大打折扣。此外，德国在气候、核能、金融监管等领域的主张也难以在短时间内为大多数国家所接受。其四，邻国仍存疑虑。欧债危机大大增强德国在经济上的领导力，“德国威胁论”过去几年已有所抬头，特别是在希腊等南欧国家。英、法等传统政治大国呼吁德国发挥作用，但并不接受德国的“领导”。德国本身对此也较为敏感，并不希望过于抛头露面。

综上所述，“积极外交政策”是德国继20世纪50年代“融入西方”、70年代“新东方政策”、90年代以来逐步实现“正常国家”之后的又一次外交战略规划，以“面向未来”的态度来规划新时期德国的国际地位和作用。长期来看，随着实力提升，德国在国际事务中将不可避免地越来越积极，甚至一定程度上发挥关键作用。但也应看到，德国自我定位为“中等强国”，自称为“参与构建全球秩序的力量”，其无力也无意突破欧盟和北

① Sipri, “Trends in World Military Expenditure, 2013,” http://books.sipri.org/product_info?c_product_id=476，最后访问日期：2014年7月4日。

② Jennifer Fraczek, “Germany's minimalistic role in UN missions,” http://www.dw.de/germanys-minimalistic-role-in-un-missions/a-17738662，最后访问日期：2014年7月5日。

③ “Wüstner: Sicherheit und Freiheit haben ihren Preis!” https://www.dbwv.de/C12574E8003E04C8/Print/W29KQCEM565DBWNDE，最后访问日期：2014年7月3日。

约框架，而是要在合作中发挥更为积极和重要的作用，目的是维护自身利益、价值观以及西方主导的国际秩序。目前看，德国外交政策的手段和目标并没有发生实质性变化，其对制裁、打击等“对抗性手段”仍保持高度谨慎，海外军事行动也多限制在后勤、培训领域。此次调整更多是在对国际事务的关注范围、参与的积极程度和付出水平上进行量的提升。其欲全面实现“正常国家”目标，真正成为独树一帜的“政治大国”事实上还任重道远。

乌克兰危机对国际格局的影响

童天齐*

冷战以后，国际格局从“两极格局”（两个超级大国美国和苏联）过渡到“多极格局”（美国、欧盟、俄罗斯和中国）。此后，国际格局的状况变成“一超多强”（“一超”即超级大国美国，“多强”即欧盟、俄罗斯和中国）同时并存。从长远观点来看，“后冷战时代”的国际格局仍是朝多极化方向发展。

一　乌克兰危机与西方对俄制裁

苏联解体以后，俄罗斯采用了西方的政治体制，美俄关系、欧俄关系迅速升温。2002 年 9 月，《美国国家安全战略报告》称：美俄已从对抗变成合作，美已不再将俄视为敌人。因此美俄形成了“新战略框架”关系。但西方依然视俄罗斯为“异己国家”，依然采取“弱俄”的战略措施，大力挤压俄战略空间。例如，它以“维护车臣人民的人权”为借口，对车臣民族分裂主义者采取支持的态度。俄政府军坚决镇压了杜达耶夫率领下的车臣叛乱武装，避免车臣分裂。由于苏联解体，俄的综合国力一落千丈，面对西方的攻势只能节节败退。目前，逐渐回升的综合国力使得俄有可能在未来实现其欧亚经济联盟的战略目标。针对美、欧对原苏联地区的逐渐渗透，

* 童天齐，中国国际问题研究所副研究员。

俄加强了与原苏联各国的关系。它视原苏联地区为“战略利益范围”，认为与原苏联各个加盟共和国的关系居于俄对外关系的优先地位。它致力于将原苏联各个加盟共和国（包括乌克兰）纳入其倡议的欧亚经济联盟。乌克兰危机爆发后，俄意识到必须防止乌克兰彻底投入西方的怀抱。一旦乌加入欧盟、北约，它的战略空间势必再次缩小，其海军将丧失在黑海的立足之地。于是乌克兰成为西方与俄激烈争夺的对象。

（一）乌克兰危机的三个阶段

从危机爆发到亲俄总统亚努科维奇下台，是乌克兰危机的第一个阶段。2013 年 11 月，乌政府宣布暂停与欧盟签署《联系国协议》。此后反对派组织了大规模的示威活动，乌克兰危机爆发。政府出动警察维持社会秩序，隐藏在示威群众中的狙击手向警察开枪，警察还击，造成人员伤亡。西方媒体对警察伤亡的情况视而不见，却大肆宣传平民的伤亡情况，给西方公众造成亲俄政府草菅人命的印象。2014 年 2 月，经欧盟调解，乌政府与反对派达成克服危机的协议。在双方签署协议的第二天，反对派发动政变，亚努科维奇被推翻。被反对派把持的议会下令监狱释放前总理季莫申科。季莫申科前往德国，立即受到默克尔接见。亚努科维奇受到狙击手追杀，出逃到俄罗斯。此后，西方迅速承认政变当局为合法政府。

从亲西方政变当局上台到克里米亚“脱乌入俄”，是乌克兰危机的第二个阶段。3 月，在克里米亚全民公决中，大多数公众主张克“脱乌入俄”。俄立即办妥了克“入俄”的全部法律手续。在科索沃战争期间颜面扫地的俄罗斯“以其人之道，还治其人之身”，向西方报了“一箭之仇”。西方国家拒绝承认这一公决结果。普京驳斥了西方的指控：俄“过去、现在都没有吞并克里米亚，这是人民的意愿……所有这些指控毫无根据”。“如果这不是民主，这是什么？”[①]

从克里米亚“脱乌入俄”起是乌克兰危机的第三个阶段。4 月，亲俄分离主义者建立了“卢甘斯克人民共和国”和“顿涅茨克人民共和国”。5 月，两个“国家”分别举行了两场全民公决，在这两场全民公决中大多数公民都

① 俄新社雅尔塔电，2014 年 8 月 16 日。

投票赞成“新国家”“脱乌入俄”。乌克兰的亲西方政府动用军事力量向这两个“国家”的亲俄民兵武装发动进攻，内战随之爆发。就战斗力而言，民兵不是正规军的对手，许多民兵甚至从来没有摸过武器。因此，在西方支援政府军的同时，俄则秘而不宣地支援民兵武装。7月17日，乌政府声称，有两架乌战机受到俄军袭击。第一架被俄战机用空对空导弹击落。第二架则受到来自俄境内的便携式地对空导弹的袭击。[①] 8月28日，乌政府宣布，俄军已进入乌东部。俄政府立即矢口否认。亲俄民兵武装则承认，俄志愿者与他们并肩作战。在志愿者的支援下，民兵转败为胜，乌政府军则转胜为败。同一天民兵宣布在两个“共和国”内已不存在统一完整的政府军。

从现在情况来看，连续数月的内战已导致乌克兰经济濒临破产。8月，惠誉公司将乌主权信用评级下调到CCC级，预测乌经济将在2014年、2015年、2016年三年内连续萎缩，其中2014年至少萎缩6.5%。乌渴望从国际货币基金组织获得14亿美元贷款。但该组织怀疑它的偿债能力，迟迟没有如期支付这笔钱。乌的天然气即将用尽，它原计划向俄购买50亿立方米天然气，而如果没有这笔钱，它的计划只能落空。它欠了俄天然气公司50亿美元债务，如果该公司逼它还债，它将无计可施。

8月23日，默克尔总理在访问乌克兰期间向乌总统波罗申科表示，德将开始实施乌克兰版马歇尔计划。其内容是：①它将为乌的能源和水供应提供5亿美元的贷款担保；②它将为乌修建难民营提供2500万欧元。但德提供的5亿美元不过是“杯水车薪”，远远不能帮助乌克服能源危机。

由于乌内战双方均无力将战争进行到底，停火谈判就成了唯一的出路。9月5日，乌政府与“顿涅茨克人民共和国政府”“卢甘斯克人民共和国政府”达成了停火协议。双方商定：①由国际组织监督停火；②交换战俘；③开设人道主义走廊。此后，双方互相指责对方破坏了停火协定。但欧安组织代表表示：停火协议基本上得到了遵守，违反停火只是个别现象。

（二）西方对俄制裁的两个阶段

西方对俄制裁的第一个阶段是象征性制裁。2014年3月6日，欧盟对俄

① 美联社基辅电，2014年7月17日。

采取了第一轮制裁措施，宣布暂停欧俄互免签证谈判。3 月 17 日，采取了第二轮制裁措施，决定限制对“破坏乌克兰主权”负有责任的 21 名俄罗斯、克里米亚官员到欧盟成员国旅游，并冻结他们在欧盟成员国的资产。3 月 20 日，采取了第三轮制裁措施，决定：①增加12 名俄官员作为制裁对象；②取消欧俄峰会。

西方对俄制裁的第二个阶段是实质性制裁。7 月 16 日，一架马航客机在乌东部地区上空被击落，机上 298 人全部遇难。西方迫不及待地嫁祸于乌亲俄民兵武装。西方媒体立即大肆炒作，西方公众反俄情绪迅速高涨。于是西方对俄强化制裁有了民意基础。例如，《明镜》周刊组织的民调显示，52% 的德国人声称：即便德的就业机会将受到威胁，他们仍然支持采取更强硬的制裁措施。

在对待制裁的问题上，西方国家分为两个阵营：由美、英、波等国组成的强硬派阵营和由德、法、意、西组成的温和派阵营。强硬派阵营各国与俄的经济关系较弱（英、波、瑞三国对俄出口总额甚至不如德国一国），因而主张采取强硬的制裁措施。以德、法、意为首的“温和派阵营”各国都与俄有着密切的经济关系，因而主张采取温和的制裁措施。

以法国为例。法俄经济关系十分密切：2013 年法向俄出口的农产品总额超过了 10 亿美元。在航空航天、能源、军事等方面，法俄一直是合作伙伴。法、俄在“联盟号”飞船发射、“北溪”天然气管道建设、“西北风级”两栖攻击舰出口等项目上都获得了丰厚的利润。“强硬派阵营”多次向法施压，要求它放弃向俄出口军舰，但法始终没有让步。最后，法才迫不得已地通知俄方：暂时取消出口军舰的合同。

长期以来，德国力图在两大阵营之间发挥协调、沟通的作用。在西方领导人中，默克尔是一个“知俄派”。她生长在民主德国，精通俄语。普京曾作为“克格勃”工作人员长期在民主德国工作，因此他成了一个“知德派”。在给精通德语的普京打电话时，默克尔经常交替使用德语和俄语两种语言，甚至还经常纠正翻译人员所犯的错误。但马航客机被击落是德俄关系的转折点。此后德俄关系急转直下，降到了冷战以后的最低点。基民盟外交政策发言人米斯菲尔德说：“在民用飞机被击落后，总理决定：必须发出一个清楚的信号。”于是，默克尔加入了奥巴马指挥的“反俄大合唱”。

在与欧盟其他成员国领导人举行双边会谈时，默克尔表示：德支持欧盟尽快实施对俄新制裁。[①] 与此同时，她也强调：飞机被击落事件“再一次向我们表明，我们需要的是一种政治解决办法”。当时，在布鲁塞尔的德外交官只收到了来自外交部的指示。因此，在默克尔转变态度之后，他们继续对实施新制裁持反对态度。一个欧盟外交官说：“很奇怪，我甚至比德国驻欧盟大使更了解默克尔的态度。”

7 月 16 日，美对俄金融、能源、军火部门实施了范围广泛的一揽子制裁措施。奥巴马声称：“本人一再清楚无误地告诉俄罗斯，俄方必须停止越界向乌克兰境内输送武器和战斗人员的行为；俄方必须敦促分离主义者释放人质并支持停火；俄方需要寻求在国际社会斡旋下进行谈判，并同意对（俄乌）边界开展有实际意义的监控。”[②] 与此同时，欧盟采取了第四轮制裁措施，要求欧洲投资银行和开发银行暂停履行与俄的融资合同。

7 月 29 日，美宣布制裁三家俄罗斯国有银行。欧盟则采取了第五轮制裁措施。欧盟在声明中说，鉴于俄“扰乱乌克兰东部局势的行动”，它的制裁措施将涉及三大领域。在金融领域，它将切断俄国家银行的融资渠道。在能源领域，它将停止向俄出口特定的货物和技术。在国防领域，它将禁止新的武器进出口项目，还将暂停向俄军方出口敏感技术。欧盟理事会主席范龙佩宣称，制裁“会对俄罗斯产生重大影响，而只会适度影响欧洲经济”。[③] 8 月初，德决定对俄采取制裁措施：停止为俄建设战斗训练中心。德原计划在俄建设一个战斗训练中心，该中心每年将培训 3 万名俄军士兵。

7 月 26 日，针对欧盟禁止俄情报机构负责人和车臣总统卡德罗夫入境的决定，俄外交部发表声明说：“我们相信，这样的决定会受到国际恐怖主义的热烈欢迎。”欧盟正走在“背离与俄罗斯在国际和地区安全问题上合作”的道路上。俄外长拉夫罗夫表示：“我们会克服某些经济领域出现的一切困难，也许我们会变得更加独立并更相信自己的力量。”8 月 7 日，俄罗斯出台了针对西方制裁措施的报复措施，其内容是：在未来一年内，俄禁止进口原产于西方国家的部分农产品、原材料和食品。卡德罗夫则针锋相

① 《柏林转向极端立场》，俄罗斯《独立报》网站文章，最后访问日期：2014 年 7 月 28 日。

② 美国《洛杉矶时报》网站，最后访问日期：2014 年 7 月 16 日。

③ 德国《明镜》周刊网站，最后访问日期：2014 年 7 月 26 日。

对地宣布禁止奥巴马、巴罗佐（欧委会主席）、范龙佩和阿什顿（欧盟负责外交事务的委员）访问车臣。

8月11日，欧委会主席巴罗佐与俄总统普京通电话，双方同意就制裁问题继续保持沟通渠道。巴罗佐在电话中对俄报复西方表示遗憾，认为俄的措施“缺少正当理由”。他宣称：欧盟保留做出回应的权利。此后欧盟农业专家一直在评估俄报复措施的影响，讨论应对之策。

在俄军直接介入乌内战之后，强硬派阵营又一次高举起制裁大旗。8月28日，奥巴马就乌克兰局势与默克尔通电话。双方一致认为，西方有必要追加对俄的经济制裁。但在8月底欧盟峰会上，在是否继续对俄进行第六轮制裁的问题上“温和派”与“强硬派”争论不休，未能达成协议。斯洛伐克甚至威胁说，它将否决任何强化制裁的决议草案。峰会最终决定由欧委会继续研究制裁问题并提出决议草案，由欧盟理事会来讨论该草案。

9月8日，欧盟公布了第六轮对俄制裁方案。这轮制裁主要针对俄的资本市场、国防工业和敏感技术等领域，同时它也扩大了对俄政府人士的制裁范围。同一天梅德韦杰夫在接受记者采访时对欧盟发出严厉警告：如果欧盟实施制裁，俄将被迫禁止西方航空公司在俄领空飞行。这样一来，许多公司就会破产。

到了制裁生效前的最后一刻，以德为首的温和派阵营主张推迟实施制裁。其理由是：“在乌停火期间不应匆忙行事。如果停火协议得到了执行，欧盟就应该取消制裁。”芬总理斯图布表示：他支持制裁，但希望欧盟能够规定何时解除制裁。他说：“我对间接后果和俄罗斯可能采取的报复性措施感到担忧。”最后，欧盟接受了德国等国的意见，决定暂时推迟实施制裁。乌对欧盟的这一决定十分不满，呼吁它立即制裁俄。

（三）欧、俄都在贸易战中受到了经济损失

目前，欧盟三大经济体的经济形势都令人担忧。2014年第二季度，号称欧盟经济“火车头”的德国经济出现了萎缩（-0.2%）。法国经济停滞不前（0%）。意大利经济连续两个季度萎缩，陷入了衰退。欧元区的经济增长率从第一季度的0.2%降为第二季度的0.1%。欧央行行长德拉吉警告说，如果乌克兰冲突导致欧俄关系继续恶化，下半年欧盟的经济增长将

减弱。

欧盟的制裁措施造成的后果是：欧盟 2014 年、2015 年两年将分别减少 400 亿欧元和 500 亿欧元收入，分别占欧盟国内生产总值的 0.3% 和 0.4%。此外，俄是欧盟最大的蔬菜水果出口市场和第二大食品出口市场。2013 年，俄从欧盟进口的农产品总额为 118 亿欧元。据估计，俄的报复性措施将在 2014 年给欧盟造成 120 亿欧元的损失。

目前，制裁已导致德对俄出口下降 17%，损失 60 亿欧元。2013 年德对俄商品出口总额为 360 亿欧元，占欧盟对俄商品出口总额的 35%。德俄双边贸易额为 765 亿欧元。在俄德资企业为 6200 家。德有 35 万个就业机会与德俄贸易有关。此外，俄的报复性措施对德的打击最大。2013 年德向俄出口食品达 18.3 亿欧元，在欧盟内居首位。

波兰是全世界头号苹果出口国，其出口的苹果 2/3 进入俄市场。波经济部估计，波的损失将是国内生产总值的 0.6%。面对俄的制裁，波采取了两项措施：第一，请求欧盟提供补贴；第二，请求美国进口波兰苹果。此外，波兰公众还自发地发起了“吃苹果”运动，号召同胞们多吃苹果。

在美国的强大压力下，温和派阵营向强硬派阵营做出了妥协。但在欧盟理事会会议上，强硬派阵营提出了对俄的全部经济部门都实行制裁的决议草案。温和派阵营投了反对票，导致该草案未能获得通过。这一措施虽然是“撒手锏”，但很容易伤及使用者自身。出于对自身经济利益的考虑，欧盟放弃了使用“撒手锏”。

俄的经济形势同样令人担忧。2014 年前七个月，俄经济增长了 0.7%。但 6 月俄经济萎缩 0.1%，7 月萎缩 0.2%。俄经济部曾预测，2014 年俄经济增长将仅为 1%。欧盟制裁给俄造成的损失是：俄 2014 年、2015 年两年将分别减少 230 亿欧元和 750 亿欧元，分别占俄国内生产总值的 1.5% 和 4.8%。

在俄下达对西方农产品的禁令以后，有几十个国家立即提出了向俄增加出口农产品的建议。俄已同意提升埃及、巴西的进口农产品数量。巴西下令肉类生产企业立即向俄增加肉类出口，智利则致力于向俄出口鱼类。一个欧盟高级官员声称，欧盟将与这些国家对话。“我们希望它们不要从目前的形势中不公正地获取利润。”

二 乌克兰危机对国际格局的影响

（一）乌克兰危机导致中、俄两极加强全方位合作

“西方因素”历来对中俄关系起着强大的推动作用。中、俄两国是世界上的重要两极。但与美、欧两极相比，它们处于相对弱势的地位。美欧把中、俄作为遏制防范对象。因此中、俄也产生了互相借重以反对西方遏制的需要。

冷战以后，中、俄共同反对美国独断专行。1999 年科索沃冲突爆发。中、俄的强硬态度使得西方以安理会名义发动科索沃战争的企图成为泡影。西方被迫以北约名义发动科索沃战争。在北约长达 48 天的空袭之后，南斯拉夫被迫从科索沃撤出政府军，科索沃战争以西方的胜利告终。2003 年美企图在伊拉克大打出手。中、俄与德、法联手，在联合国内挫败了它的图谋。由于德、法的反对，美也无法用北约的名义出兵。它只好拼凑了一个“志愿者联盟”，悍然发动了伊拉克战争。2011 年西方企图在利比亚复制“科索沃模式”，中、俄在联合国安理会投票时对西方提案投了弃权票。令中、俄始料未及的是，西方竟然歪曲联合国决议，以北约的名义对利比亚发动了长达 8 个月的空袭，导致该国大量无辜平民伤亡。因此，俄多次表示：今后决不允许类似的情况再次发生。在利比亚战争以后，西方企图在叙利亚复制“利比亚模式”。中、俄为避免利比亚式悲剧再度上演，多次联手否决了西方主张对叙动武的决议草案。美一度以叙政府军使用“化武”为借口，企图对叙发动空袭。俄及时提出“以化武换和平”的方案，叙立即表示接受，随后美也放弃了开战的图谋。叙避免了一场浩劫。

在如何看待乌克兰危机的问题上，中国采取了与俄罗斯求同存异的态度。中国始终没有对克里米亚“脱乌入俄”的是非曲直发表评论。尽管中、俄之间存在着全方位战略协作伙伴关系，但中、俄毕竟是两个主权国家。中国没有必要时时、处处、事事与俄罗斯采取一致的态度。同样，俄罗斯也采取了与中国求同存异的态度。正是由于双方对于分歧抱着包容的心态，

中俄关系的稳定性强于美俄关系、欧俄关系。虽然在俄罗斯国内存在“中国威胁论”，但由于俄媒体始终坚持对中国进行实事求是的报道，媒体与公众之间存在着良性互动，正确的“中国观”在俄公众中占据着统治地位。

西方对俄不断升级的制裁反而推动了中俄关系朝着更加密切的方向发展。中国对西方对俄制裁始终持反对态度，认为这种制裁无济于事。而俄为制裁所迫不得不把目光转向中国和其他发展中国家。

俄采取了如下三个行动：

第一，举行中、俄东线天然气管道开工仪式。中、俄曾就铺设东线天然气管道问题进行过艰难而漫长的谈判，未能达成协议。2014 年 9 月 1 日，正当美、欧酝酿强化对俄制裁之时，中、俄东线天然气管道开工仪式在俄举行。普京与中国国务院副总理张高丽亲自出席开工仪式。张高丽副总理在讲话中意味深长地指出：“中、俄两国的全方位合作不会因形势变化而受影响。”中国是能源消费大国，俄罗斯是能源生产大国，双方在能源领域内有着很强的互补性。一旦管道铺设成功，俄提供的天然气将部分满足中国的巨大需求，还将减少中国因煤炭燃烧而产生的环境污染。

第二，俄罗斯将与中国联合生产远程飞机。9 月 8 日梅德韦杰夫宣称：由于西方制裁，必须增加国内飞机生产。俄副总理宣布，俄、中将在 10 月签署联合生产远程飞机的协议。

第三，中、俄将签本币结算协议。9 月 6 日俄副总理舒瓦洛夫宣布：俄罗斯与中国将签署实施本币结算协议。他说：他将会见中国领导人，“我们讨论的重要议题之一就是人民币和卢布结算的问题。要逐步从贸易中清除第三国货币”。可见中、俄利用“危机”带来的“机遇”，实现了互利共赢的合作目标。

（二）乌克兰危机导致美、欧两极赋予军事同盟以生机

美决心强化北约以俄为假想敌的军事打击能力。苏联解体以后，俄丧失了超级大国的地位，但它仍是一个军事强国。随着经济实力逐渐恢复，其军事实力也逐渐恢复。在乌东部的武装冲突中，本来亲俄民兵败局已定。而俄军介入后，受到西方全力支援的乌军竟然不堪一击。俄军强大的战斗力引起了西方的警惕。

长期以来，美凭借其综合实力频繁运用单边主义的战略措施维护自己的霸权。时至今日，美的综合国力虽仍居世界第一位，但与“多强”之间的差距在相对缩小。在长年累月穷兵黩武之后，美已感到不能再轻易运用单边主义的战略措施，于是决定尽量多运用多边主义的战略措施。

2014 年 9 月，北约召开峰会，“俄罗斯威胁论”重新成为峰会的指导思想。强硬派阵营与温和派阵营就制定北约战略问题展开了长时间辩论。英首相卡梅伦甚至把普京与希特勒相提并论，警告西方不要对俄奉行“绥靖政策”。有的成员国建议废除北约与俄于 1997 年签订的协定。而默克尔则主张给俄留有余地，坚决反对废除这一协定。9 月 5 日，北约峰会批准了一项建立快速反应部队的计划，其矛头直接指向俄。俄常驻北约代表指出：北约正在加紧逼近俄边境。俄军事专家声称：北约的行动将迫使俄采取回应性措施。

综上所述，乌克兰危机导致国际格局各极的力量组合出现了新的变化：美、欧组成了反俄统一战线，力图最大限度地孤立和打击俄。而中、俄则互相借重，利用“危机”带来的“机遇”，实现了互利共赢的合作目标。当俄宣布禁止欧盟农产品进口时，有几十个国家表示愿意向俄出口农产品。这就充分说明，西方在广大发展中国家里孤立俄的目标并未实现。可以肯定，乌克兰危机将推动国际格局继续朝多极化的方向发展。

从乌克兰危机看德国外交新姿态

刘立群　李　微*

德俄关系在1998～2005年施罗德政府时期较为良好，2005年11月第一届默克尔政府上台后有所趋冷。不过当时联盟党的执政伙伴是社民党，社民党人施泰因迈尔作为外长重视与俄罗斯保持良好关系。但自2009年默克尔第二届黑黄联合政府开始，德俄关系下滑。德国联盟党和社民党于2013年12月16日组成新政府后想在外交领域有更多作为，包括希望改善与俄罗斯的关系。在两党《联合执政协议》中提出“德国要承担其国际责任，积极参与塑造公正的全球秩序”；德国认为欧盟是“文明力量”，它是以和平手段来实现扩大，而绝不会使用武力扩张。不过欧盟与乌克兰签署联系国协定一事却导致乌克兰陷入严重政治危机，克里米亚宣布独立并加入俄罗斯，这场危机导致俄罗斯与欧美之间的空前对立，也使德俄关系陷入困境。

在解决乌克兰危机过程中，德国新政府发挥了重要作用，并始终希望通过和平手段而非军事手段解决危机。默克尔总理多次和普京总统通电话；外长施泰因迈尔也多次和俄外长拉夫罗夫通电话和会晤，并多次前往乌克兰会晤其领导人。德国政府还多次发表声明或表态，或单独出马，或与法国及波兰等国一道，或通过欧盟委员会，一再敦促有关各方采取克制态度，不要激化矛盾，其密集度之高堪称德国统一以来之最，体现了德国新政府

* 刘立群，北京外国语大学德语系教授，博士生导师；李微，北京科技大学讲师、北京外国语大学德语系博士研究生。

积极进取的外交姿态。

2013 年 11 月 21 日，乌克兰总统亚努科维奇在最后关头宣布放弃签署于 2011 年 12 月完成谈判、2012 年 3 月 30 日草签的与欧盟的联系国协定，显示其对外政策上的重大转向。第二天约 3000 名乌克兰民众走上首都基辅市中心独立广场示威，挥舞欧盟旗帜，抗议政府这一决定。示威者与警方发生冲突，造成至少 5 人死亡、数百人受伤。“广场革命”后，2014 年 1 月 28 日，乌克兰总理阿扎罗夫突然提出辞呈，乌政府随之解散。2 月 21 日，乌总统亚努科维奇宣布提前举行总统大选，22 日，乌克兰议会在投票后宣布亚努科维奇“自动丧失总统职权”，亲西方的新议长图尔奇诺夫代行总统职务，并宣布加快签署联系国协定。2 月 27 日，克里米亚亲俄武装人员占领克里米亚政府大楼和议会大楼，升起俄罗斯国旗。3 月 4 日，普京首次表态称乌克兰危机性质是违宪政变和武装夺权。3 月 16 日，在乌克兰政府和西方七国动用外交和联合国手段无果之后，克里米亚举行公投，超过 80% 的克里米亚公民赞同加入俄罗斯。

至此乌克兰危机走到一个白热化节点：一方面克里米亚独立已成事实，另一方面乌克兰新政府和欧盟加快了联系国协定的签署。欧盟和美国分别决定对俄进行制裁，俄方没有任何退让之势，西方与俄罗斯之间的碰撞一度到了剑拔弩张的程度。这是双方自冷战结束以来最大的一次冲突。4 月上旬乌东部俄语区顿涅茨克州和卢甘斯克州宣布成立“独立共和国”，4 月中旬开始乌政府军采取军事行动，5 月 11 日此两州举行全民公决并宣布成为“主权国家”。5 月 25 日，乌克兰总统选举如期举行，波罗申科当选为总统。他上台后提出给予东部民众政治优待，并表明无意参与战争或寻求复仇。他虽想在一定程度上平衡俄与欧盟关系，并一度提出停火建议，不过他在乌政府于 3 月 21 日签署联系国协定政治部分的基础上，于 6 月 27 日同欧盟签署了联系国协定的经济部分，并加大对乌东部分离势力的军事打击，这些都引发乌国内亲俄势力及俄罗斯的强烈不满。

自 2004 年乌克兰“橙色革命”以来，德国及欧盟与俄罗斯之间就一直没有停止对该重要战略地区的较量。乌克兰危机发生后，德国国际法专家约翰劳斯·珀斯茨在接受德国《每日新闻》采访时说：“我们本不该这么快推进联系国协定的签署过程……对普京来说，这像是我们在‘包围’俄罗斯，我们应当预测到俄方会做出激烈反应，但最终，理智的声音被淹没了。”①

西方舆论认为俄罗斯违背了《布达佩斯安保备忘录》的承诺。1994年2月5日，时任美国总统克林顿、英国首相梅杰、俄罗斯总统叶利钦和乌克兰总统库奇马在布达佩斯签署了《布达佩斯安保备忘录》，规定乌克兰承诺放弃核武器后，俄、美和英作为担保方，保证乌边界和独立，不干涉乌克兰内政。不过此备忘录只是一份外交文件，而非正式国际条约。

一 乌克兰危机的背景

（一）欧俄“夹缝”中摇摆的乌克兰

2004年乌克兰爆发“橙色革命”，尤先科政府上台执政，在美国公开大力支持下，乌克兰对外政策发生剧烈转变。尤先科放弃了前两位总统奉行的中立、不结盟和东西方平衡的对外政策，对外推行加入欧盟，对内大搞去俄罗斯化，在俄黑海舰队在克里米亚驻扎、俄语地位等问题上丝毫不顾及俄罗斯的感受，引起俄领导人极度不满。② 针对乌克兰一边倒的“脱俄入欧”政策，俄罗斯主要予以打压和冷落，俄乌关系不断恶化。2007年，欧盟和乌克兰正式开始“联系国协定”谈判。乌克兰在加入欧盟的道路上迈出了重要一步。

乌克兰与欧盟的联系国协定长达1200页，包括前言、正文七章、43个附录、3个备忘录，是欧盟有史以来最长的联系国协定。尽管乌克兰曾反复强调希望加入欧盟，但在此协定的前言中未提及入盟前景，尽管按通常惯例是为将来入盟做准备。谈判从2007年开始，2011年12月结束。联系国协定的核心部分是全面的自贸协定，该协定规定双方将相互开放几乎全部

① “Das wird Putin nicht stoppen,” 德国《每日新闻》在线：http：//www. tagesschau. de/ausland/ukraine - interview - posth100. html。

② 李勇慧：《“梅普组合”时期的俄乌关系》，载《俄罗斯发展报告（2012）》，社会科学文献出版社，2012，第238、243、245页。

市场。目前乌克兰出口额的 1/3 进入欧盟。

2010 年 2 月，亚努科维奇当选乌克兰总统后实行积极务实的外交政策，主动修复与俄关系，俄乌关系迅速升温。2010 年 4 月，俄乌总统签署了俄黑海舰队在乌驻扎问题协定，将俄舰队在克里米亚半岛的驻扎期限延长到 2042 年（目前俄在克里米亚驻扎的军舰数量符合该协定的规定）。同年 7 月乌议会以法律形式确定乌非集团化国家地位，扫除了俄对乌加入北约的忧虑。

2010 年 1 月，俄白哈关税同盟启动不久，俄向乌克兰发出加入关税同盟的邀请，而乌与欧盟联系国协定的谈判也在进行。乌以加入俄关税同盟有违世贸组织相关规定为由，未继续讨论该问题。在此之后，俄罗斯多次呼吁乌克兰做出正确的选择，加入关税同盟。2011 年，俄把天然气价格与乌加入关税同盟挂钩。俄甚至劝说乌应先加入独联体一体化进程，在经济发展更为稳固的情况下再考虑加大融入欧盟的步伐。尽管如此，乌克兰仍然坚持加入欧洲经济一体化的发展路径。2011 年 8 月 20 日，亚努科维奇在乌克兰独立 20 周年的演讲中称乌克兰最终明确自身发展前景，选择了欧洲，欧洲价值观是乌克兰发展的基础，乌融入欧洲后会得到机会和权利，而不是补贴和宽容。

（二）欧盟“东进”和俄罗斯“传统缓冲地缘”的冲突

乌克兰与俄罗斯在俄白哈关税同盟问题上的交锋一方面反映了俄罗斯拉拢乌克兰，希望阻止乌加入欧盟的努力；另一方面则显示了乌克兰在对外倾向上摇摆不定。尽管“橙色革命”之后“加入欧洲一体化进程”是乌克兰多数精英和民众的共识，但乌克兰经济上对俄罗斯的依赖和东部乌克兰人民在文化、宗教上的亲俄认同意识使乌无法放弃俄罗斯。乌克兰西部以信奉基督教的乌克兰族为主，东部以信奉东正教的俄语区及俄罗斯族为主，对外也倾向于向东和向西两个不同方向。欧盟委员会主席巴罗佐曾说乌克兰“或者向西，或者向东”。这些加剧了乌克兰国内民族矛盾。

此外，德国及欧盟在乌克兰问题上态度有些草率。在签署联系国协定的过程中，欧盟对乌克兰在共同价值观和法治国家建设上要求甚高①，但经济上却并未满足乌克兰对欧盟所抱有的美好设想。在“广场革命”之后，

① 季莫申科被捕事件使欧盟非常不满，签署联系国协定的前提条件之一即是释放季莫申科。

乌克兰总理阿扎罗夫呼吁民众克制，称乌克兰之所以临时决定不签署联系国协定是因乌经济濒于崩溃，在全球经济危机影响下，乌财政吃紧，无力偿还高额债务，与俄的经济关系因联系国协定受损，对俄出口大幅缩水，在这样艰难情况下，德国和欧盟并未提供任何实质援助。①

与此同时，2013 年 11 月 9 日，普京在与亚努科维奇会面时明确表示，如果乌与欧盟签署联系国协定，乌“将失去很多，俄将限制乌商品进口”；相反如果乌加入俄关税同盟，则能马上获得包括天然气价格在内的各种优惠。在这种局面下，乌克兰无法承担失去俄罗斯的风险，在最后关头拒绝签署联系国协定的“戏剧化突变”也就出现了。

可见乌克兰危机是以欧盟在推行“东进”过程中与坚持“乌克兰是最后底线”的俄罗斯之间长期博弈后爆发的结果。俄罗斯在不愿放弃乌克兰地缘战略的同时，也希望与德国及欧盟保持尽量良好的关系。另外，德国虽并不愿为乌克兰问题过多得罪俄罗斯，但在乌克兰危机爆发之前，德国和欧盟在联系国协定上所表现出来的强硬态度以及对协定签订前提条件上的不可通融说明它们低估了该协定对俄罗斯所产生的威胁效果，也没正确估计乌克兰国内的复杂局势。德国前总理施罗德在 2014 年 3 月 9 日接受《明镜》周刊采访时称，欧盟委员会并不了解乌克兰内部在文化意识上的分裂是如此之大，从一开始以“非此即彼”的口号建议乌克兰签署联系国协定时就犯下了错误。②

二　乌克兰危机中德国外交政策及其原因

（一）德国政府换届的特殊背景

从德国国内政治背景来说，乌克兰危机爆发的时间点恰好在德国政府换届之际。2013 年 9 月 22 日，德国大选结束后，由最大的两个政党联盟党和社民党组成大联合政府成为唯一可能的选择。两党之间的巨大分歧使执

---

① 《脱俄入欧，乌克兰猛踩刹车》，《浙江日报》2013 年 12 月 2 日，第 19 版。

② 《德国前总理施罗德称欧盟涉乌克兰政策错误》，中国新闻网：http：//www.chinanews.com/gj/2014/03－10/5932713.shtml，最后访问日期：2014 年 3 月 10 日。

政谈判持续了近三个月，直到 12 月 16 日德国新政府才正式出炉。而此前应对乌克兰危机的是看守政府，德国新政府诞生后亟须解决的问题是如何继续应对欧债危机的余波和是否切实推行退休年龄和最低工资改革等，乌克兰的经济崩溃、对外战略向东调整、俄在联系国协定问题上越来越强硬的态度，这些并非当时德国政府关注的重点。

（二）德外交上对俄的疑虑和戒心

虽然有这样的特殊背景，但德国在乌克兰危机中所表现出来的对俄外交政策趋向并非短期内形成的。俄罗斯和德国在经济、地理、资源、历史和人文层面上都具有高度互补的特性；从地缘战略的角度而言，德俄关系也具有举足轻重的地位。德国现任外交部长施泰因迈尔在 2013 年 12 月曾谈道："德国在解决国际争端的时候需要俄罗斯的合作，此外，由于地缘关系，欧洲有义务、也有责任与俄罗斯保持和谐理智的伙伴关系。"[①] 但普京在任期间的俄罗斯缺乏西方国家所看重的"民主"属性，普京外交上秉承现实主义作风，手段务实而灵活，在许多事务上与德国形成合作态势；但同时也造成了俄罗斯的欧洲安全政策缺乏连贯性和原则性[②]，容易造成德国的疑虑。

此外，俄罗斯对苏联地区的认知与德国存在根本不同：俄一直认为自己在这一地区有特殊利益，德对之却不愿承认。针对乌克兰危机，德总理默克尔在 2013 年 11 月 18 日政府报告中明确指出，乌克兰有权自己决定同欧盟的关系，第三方无权干预。她还强调：欧盟东部伙伴国及其与欧盟双边关系发展并非针对俄罗斯；欧盟东部伙伴国经济现代化，俄罗斯也会从中受益。[③] 但俄罗斯却不这么看。2014 年 3 月 18 日普京在克里姆林宫向议会上下两院发表电视演讲，就克里米亚问题阐述俄方立场时，说："我们明白，（西方的）这些行为是指向乌克兰和俄罗斯的，指向欧亚的融合。我们一次又一次地被欺

---

① 参见"Auβnministev Steinmeier：eine Chance für Russland?" http：//russland - heute. de/politik/2013/12/17/aussenminister_ steinmeier_ eine_ chance_ fuer_ russland_ 27353. html，最后访问日期：2013 年 12 月 17 日。

② 曹阳：《俄罗斯的欧洲安全政策：从普京到"梅普组合"》，《东北亚论坛》2010 年第 19 卷第 5 期。

③《默克尔说俄罗斯不应阻碍乌克兰接近欧盟》，人民网：http：//world. people. com. cn/n/2013/1119/c157278 - 23592862. html，最后访问日期：2013 年 11 月 19 日。

骗，别人在我们背后替我们做决定，留给我们的都是既成的事实。这在北约东扩时发生过，在他们把军事设施放在我们边境时也发生过。西方一直向我们保证：‘喏，这跟你们没有关系。’没有关系？说得好轻巧！”[①]

普京的言论确实有据可依。尽管德国一再强调欧盟东扩是为了实现欧洲地区的经济政治一体化，是为了帮助东欧国家的民主化和现代化进程，是为了欧洲统一价值观的实现；但事实上德国政府从未对俄罗斯放松戒心。德国前总理施密特 2014 年 3 月 26 日接受《时代》周报采访时说：“乌克兰局势目前是很危险的，因为西方国家被激烈情绪所主导，坚信俄罗斯会进一步进攻东乌克兰，在我看来，这是一种错误的认识。”[②] 德国《明镜》周刊专栏作家奥戈施泰因也于 2014 年 3 月 25 日撰文指出，德国对俄罗斯存在错误的认识，认为俄的扩张欲望是没有止境的。德国总理默克尔和总统高克均在民主德国生活过，对俄罗斯多少有天然的疑虑和戒心。在实施对俄政策时，德国更多将俄罗斯和普京设想成地缘上的安全威胁。奥戈施泰因认为，这是德国和欧盟需要不断东扩的深层次原因之一，而欧盟的不断紧逼令俄罗斯倍感“被包围”，对乌克兰危机的强烈反弹不过是数年来俄罗斯被西方不断挤压战略空间的最终爆发。[③]

（三）德俄在地缘层面上的“安全困境”

虽然德国政界也有“亲俄派”和“反俄派”之争，但总体而言，德国政府认为普京治下的俄罗斯是不可信任的。默克尔始终强调德国外交的“价值观导向”，其中包括作为“后民族国家时代”产物的欧盟，而俄罗斯则欠缺与欧盟相同的民主观念和价值观平台，甚至认为普京一直停留在“民族国家时代”的冷战思维之中。2008 年的格俄冲突、2006 ~ 2009 年期间三次俄乌“斗气”，以及每一次欧盟和北约东扩所引发的俄美欧博弈，都说明了德俄之间存在缺少互信的“安全困境”问题。

---

① 普京演讲全文见：http：//www. xilu. com/special_ pujingyanjiangquanwen. html。

② “Helmut Schmidt hat Verständnis für Putins Krim - Politik,”《时代》参版：http：//www. zeit. de/politik/2014 - 03/schmidt - krim - putin，最后访问日期：2014 年 3 月 26 日。

③ Jakob Augstein，“Putin und die Ukraine - Krise：Das falsche Feindbild,”《明镜》周刊网络版：http：//www. spiegel. de/politik/ausland/augstin - kolumne - putin - und - der - westen - in - der - krim - krise - a - 960354. html，最后访问日期：2014 年 3 月 25 日。

普京上任之后，俄罗斯综合国力有了长足发展，“能源外交”手段频频奏效，俄罗斯挺直腰杆不再盲目追寻西方认同，转而走上发展欧亚一体化的独特俄罗斯外交战略。这样的定位导致俄罗斯与欧美在东欧地区频频发生矛盾和碰撞，普京的外交风格也愈趋强硬，这引发西方的不安。在缺乏双边互信的基础上，德国将俄罗斯释放的这种信号看作对自身安全的某种威胁，欧洲一体化的“脚踏车”理论也认定欧盟深化和扩大是一个“不进则退”的过程，这导致德国在促进欧盟往东扩张的过程中未充分考虑俄罗斯的安全诉求，忽视了俄在“传统缓冲区”上的战略诉求。

乌克兰危机是德俄“安全困境”的阶段性体现。克里米亚公投更是引发德国对俄的恐惧心理，“下一步就是东乌克兰”的言论比比皆是。[①] 结合2008年格鲁吉亚的南奥塞梯危机，不少德国人担心这将成为俄罗斯在东欧地带的一种固定模式：以保护东欧各国领土上的俄罗斯人为由可以随时出兵。虽然俄罗斯一再表示对乌克兰没有兴趣：俄外长拉夫罗夫在3月29日表示俄罗斯没打算也没兴趣越过乌克兰边境。[②] 普京则在上文提到的演讲中称：“乌克兰朋友们，不要相信那些用俄罗斯来吓唬你们的人，他们宣称，在克里米亚之后还会有其他地区被俄罗斯割占。我们不想看到乌克兰的分裂，我们不需要。”但德国政界一度措辞强硬：女国防部长冯德莱恩3月25日在接受《明镜》周刊采访时说北约应在其“外部边境”上展示出更多“存在感”；默克尔在3月20日的政府报告中则强调应立即在欧盟框架下对俄罗斯实行制裁，因为克里米亚公投“有违人权、自由的精神，同时也违背了乌克兰宪法”，“损害了欧洲一体化进程”，“俄罗斯在所有国际组织中将被进一步孤立”[③]。

在欧盟春季峰会上，二十八国领导人于3月6日就对俄实行三阶段制裁举措达成一致。第一阶段为立即停止与俄之间有关开放对俄国人签证和签署经济协定的谈判；第二阶段制裁包括禁止高官入境、冻结资产、取消6月份欧盟与俄罗斯峰会；第三阶段制裁包含广泛的实质性经济制裁。3月21

① “Das wird Putin nicht stoppen,” 德国《每日新闻》在线，http://www.tagesschau.de/ausland/ukraine-interview-posth100.html。

② 《俄外长：俄罗斯没打算越过乌克兰边境》，搜狐军事，http://mil.sohu.com/20140330/n397439813.shtml，最后访问日期：2014年3月30日。

③ 参见默克尔3月20日政府报告全文。德国政府官网：http://www.bundesregierung.de/Content/DE/Artikel/2014/03/2014-03-20-regierungserklaerunger.html。

日宣布实施第二阶段制裁，而第三阶段制裁即真正的经济制裁是否实施，在德国国内有很大争论：德国政府一再表示可能实施，经济界虽也有人表态支持政府对俄实施经济制裁，如德国工业联合会主席格里洛 3 月 14 日在慕尼黑参加经济与默克尔的高层谈话时表示制裁当然会导致两败俱伤，但公民权利更为重要。不过反对实行对俄经济制裁的呼声逐渐升高，包括最大的能源电力集团伊昂公司总裁等在内。这些人认为如实行经济制裁，对德及欧盟刚刚复苏的经济形势将十分不利。

德国与俄罗斯 2013 年贸易额达 765 亿欧元，其中俄向德出口 405 亿欧元，德向俄出口 360 亿欧元。有 6200 家德国企业在俄罗斯投资，投资总额达 200 亿欧元，比欧盟其他国家在俄企业的总和还多，德国有近 40 万个工作岗位与此有关。2013 年德国 35% 的天然气从俄罗斯进口；有近四成原油从俄国进口。德国经济界东方委员会主席科尔德斯 3 月 28 日在接受德国《商报》访谈中明确反对实行对俄经济制裁，认为制裁一旦开始就会升级并很难终止；认为蔑视俄罗斯是个大错，俄是世界第八大经济体，需大量投资，具有很大潜力。该委员会 6 月上旬对德在俄企业所做的调查显示：37% 的企业认为经济制裁会损害俄国经济，33% 认为会损害德国经济，21% 认为也会波及乌克兰经济，47% 认为经济制裁只能是最终手段，只有 9% 认为现在就应对俄实施经济制裁。2014 年 1 ~4 月，德向乌出口减少 31%，向俄出口减少 14%，若情况不改变，将对德就业产生不利影响。

作为一个 270 亿美元国际援助协议的一部分，国际货币基金组织已同意向乌克兰提供一个 140 亿 ~180 亿美元贷款项目，要求该国实施经济改革以帮助经济走上正轨。欧盟也加大对乌的财政援助，不过由于俄罗斯大大提高输送到乌克兰的天然气价格，对乌援助资金的相当一部分转而落入俄罗斯之手。乌克兰无力承担此价格而宣布暂停进口俄天然气，国内物价上涨更导致矛盾激化，形成“怪圈”。

第 68 届联合国大会 3 月 27 日就乌克兰、德国等国起草的题为“乌克兰的领土完整”决议草案进行投票表决。该决议申明对乌克兰主权和领土完整的承诺，确认乌克兰克里米亚自治共和国及其南部港口塞瓦斯托波尔市 3 月 16 日“脱乌入俄”全民公投无效，同时敦促各方通过政治对话和平解决乌克兰危机。该决议草案以 100 票赞成、11 票反对和 58 票弃权的表决结果获得通过。不过联合国大会决议只有象征意义，而没有法律效力。

三 乌克兰危机中德国外交政策走向

（一）近期前景：德国坚持制裁，乌克兰继续动荡

欧盟委员会的决议、德国政府的强烈态度以及普京演讲都说明，在一段时间里乌克兰危机将会继续升级，直至进入双方胶着状态。这虽不符合任何一方的利益取向——经济制裁对德俄都是把双刃剑，乌持续动荡对双方地缘安全诉求都不利——但德国的“价值观导向”及埋藏已久的“安全困境”和彼此不信在此次强烈爆发之后很难一步过渡到平息事态的阶段。同时，德国和欧盟还抱着迅速与乌克兰签署联系国协定、稳定乌局势、加强法治国家和民主进程建设，从而彻底将乌克兰拉入欧盟框架内，共同对抗俄罗斯的美好设想。[①]。而俄罗斯方面虽一再强调没有越过乌边境的打算，但如果欧盟持续对俄和克里米亚进行制裁，并大张旗鼓拉乌抗俄，乌克兰政府加大对东部分离势力的军事打击，则难保普京不会做出进一步行动。

德国舆论普遍认为，俄是在通过武力手段阻止欧盟这个“文明力量”的扩大，是倒退到19世纪和20世纪上半叶列强争雄局面，因此严词抨击普京在实施“强权政策”“战争政策”，妄图修改二战后70年的版图，并哀叹冷战结束25年来欧洲的和平局面和秩序付诸东流，甚至有些人把普京和希特勒相提并论，连财政部长朔伊布勒也曾把俄“吞并”克里米亚与希特勒吞并捷克苏台德地区相比，默克尔总理则明确反对做这种比较。但德国舆论也普遍承认西方对普京的所作所为无能为力、十分无奈，只能在口头上强硬，实际上不可能有太多作为，包括若实行经济制裁则对欧盟的伤害要大于对俄罗斯的伤害。客观上看，普京行动上的强硬与欧盟及美国行动上的软弱确实形成很大反差。有德国学者甚至预言，普京很可能赢得2018年大选，这样至少可执政至2024年，而这个时间对于当今世界来说过于漫长。[②]

---

① 参见《默克尔3月20日政府声明》，德国政府官网：http：//www.bundesregierung.de/Content/DE/Artikel/2014/03/2014－03－20－regierungserklaerunger.html。

② http//zeitschrift－ip.dgap.org/de/ip－die－zeitschrift/archiv/jahrgang－2014/maerz－april/，最后访问日期：2014年3月18日。

虽然在2014年1月31日至2月2日举行的第50届慕尼黑安全会议上，德国总统、外长、国防部长都提到德国应准备“承担更多国际责任”，包括在欧盟和北约框架内承担更多军事任务，称“历史包袱不应继续成为外交克制的理由”，不过在乌克兰危机中却多次强调绝不使用武力，而且明确反对美国的动武舆论。

欧盟于2009年在“欧盟睦邻政策”框架内建立了“东部伙伴关系”计划，以加强同这些国家的联系，包括乌克兰、阿塞拜疆、摩尔多瓦、格鲁吉亚、白俄罗斯和亚美尼亚，而乌克兰是其中人口最多的国家。由于地缘因素，德国是该计划的积极推动者。但此次乌克兰危机的爆发使该计划陷入困境。成立于2001年、用于促进德俄两国公民社会交往并开展一系列活动的“圣彼得堡对话论坛”活动目前也处于停滞状态。

（二）中期前景：德国制裁应放缓，采取其他措施解决乌克兰事件

鉴于乌克兰军事力量与俄罗斯差距太大，欧洲也不愿看到事态往武力方向发展；不过乌克兰已陷入内战边缘。但经济制裁不符合三方利益。目前德国前总理科尔、施罗德，以及媒体、学界都对德国和欧盟的强硬态度表示出了担忧和告诫。有学者认为，德国不应对俄罗斯逼得太紧，而应通过欧安组织派出观察员，以斡旋者的身份促使俄乌坐下来好好谈判，使乌克兰局势尽早稳定下来，继而解决欧俄在此事上的矛盾和分歧，联系国协定谈判可从长计议，这才是符合各方利益的理智解决途径。①

（三）远期前景：德俄“安全困境”很难找到出路

乌克兰危机演变到今日的局面，可谓“冰冻三尺，非一日之寒”。普京第二次登上俄罗斯总统宝座之后的种种行为都令西方国家坐立难安。西方首脑对普京早已不满，乌克兰危机更使双方矛盾彻底摆上台面。德国和俄罗斯互指对方以“冷战思维”行事；希拉里曾称普京为“希特勒”；索契冬奥会上，西方首脑更是几乎全未现身。相反，乌克兰危机使普京在国内威

---

① “Das wird Putin nicht stoppen,” 德国《每日新闻》在线：http：//www. tagesschau. de/ausland/ukraine – interview – posth100. html。

望大增，民调支持率达到近年来最高，80%以上的俄罗斯人认为即使伤害俄罗斯与西方各国的关系也应保护克里米亚。双方在国际事务上的认知差异达到巅峰。这种局面在普京下台之前很难有所改善。

值得指出的是，欧美在此次与俄罗斯的争端中关系拉近，默克尔强调应进一步加快美欧自贸区谈判。此外，欧、美、俄的矛盾尖锐化导致双方都有向中国靠拢的倾向。2014 年 3 月习近平主席访德时，德国总统高克就中国在联合国就乌克兰危机表决时投弃权票一事指出，中国应当承担更多国际责任。[①] 而普京在演讲中则称："我们感激中国，中国领导人从历史和政治角度全面地考虑了克里米亚局势。"经济制裁的双刃剑效果也可能使双方向中国寻求新的合作契机。

德国是俄罗斯在欧盟中最重要的伙伴，而此次也成为欧盟与俄冲突的领头羊。尽管德国力图避免与俄冲突进一步升级，但原定 4 月底在莱比锡举行的第 15 届德俄政府磋商已无限期推迟，这对德俄关系显然是雪上加霜。几年来德国努力改善与俄关系，希望与俄建立"现代化伙伴关系"。但照目前发展态势，过去几年德国及欧盟对俄外交努力在很大程度上将付诸东流。乌克兰危机也使德国国内形势复杂化，并给德国及欧盟带来某种混乱。

在签署欧盟乌克兰联系国协定问题上，德国及欧盟从一开始就未充分重视甚至漠视俄罗斯的感受并低估其可能的反应，也未充分重视和低估乌克兰国内两大族群的不同诉求，甚至认为欧洲不再存在任何领土争端。假若能预先充分考虑到这些因素，欧盟就不会急于与乌克兰签署联系国协定。德国舆论也承认，当初在签署联系国协定时没人想到会有日后局势的发展，特别是俄"吞并"克里米亚之举。德国及欧盟虽有其制度及价值观方面的优势，但本应充分考虑其他国家接受程度，而不应急于求成，片面指责俄罗斯显然无济于事。这是乌克兰危机爆发和欧俄矛盾激化后德国及欧盟方面所应吸取的深刻教训。目前乌克兰国内局势仍不稳定，亲俄和亲欧两大势力的矛盾仍在加剧。如何应对乌克兰复杂的局势和不确定的前景，对德国、欧盟及国际社会都是巨大的挑战。

---

① "Gauck und die Menschenrechte in China," 参见《时代》周刊网络版：http：//www.zeit.de/politik/ausland/2014 – 03/China – Deutschland – Gauck – Fuenf – vor – Acht，最后访问日期：2014 年 3 月 26 日。

德国政党和公众如何看美国外交

黄萌萌[*]

二战后德国成为美苏两大阵营争夺的焦点。联邦德国在美国扶持与自身意愿下融入西方阵营，加入北约，与法国达成和解，为战后实现经济奇迹创造了良好的先决条件。为对抗苏联威胁和确保本国安全，联邦德国冷战时期高度依赖美国的安全保证，同时奉行以美国为先的外交道路，形成紧密的盟友关系。虽在20世纪60~80年代德国一些政党和民众对美国发动越战和在欧洲导弹危机中与美国龃龉不断，但德美盟友关系根基依然稳固。

冷战结束后，伴着国际格局的改变，在美国支持下德国实现重新统一，德国所面临的直接军事威胁消失。与此同时，德国也期待执行更加独立于美国的外交安全政策，使其外交政策“正常化”。德国对美国不再言听计从，希望与美国由原来的主从关系升级为平等的伙伴关系。①在外交安全政策上联邦政府更加突出自己的原则，开始摆脱曾经被动的外交局面。从90年代开始，德国国内对联邦国防军海外派兵合法化以及美国的外交安全政策产生很大争论，德国社民党左派与绿党和左翼党对美国外交政策的质疑与批评日渐凸显。虽然“9·11”事件让美国在世界范围内赢得巨大同情，施罗德政府也立即宣布支持美国打击恐怖主义并参与在阿富汗的反恐军事行动，但此决定在执政联盟内部和议会中引起很大分歧。伊拉克战争中，施罗德政府公开反对美国在没有联合国授权的情况下发动伊拉克战争，德

* 黄萌萌，北京外国语大学德语系博士研究生。

① 倪军：《德国的美国政策及欧美关系》，载殷桐生《德国外交通论》，外语教学与研究出版社，2008，第248~252页。

美关系随之陷入僵局，德国 80% 的民众也对红绿政府拒绝参战的决定表示支持。德国民众和精英对于美国外交政策的不信任加深，并倾向于将德国外交重心由跨大西洋关系转移至欧洲关系，构建一个更加独立于美国的欧洲共同外交与安全政策，强化欧洲认同意识。这也让德美关系在伊战前后渐行渐远。[①]直至 2005 年具有亲美传统的联盟党默克尔政府上台，美国总统小布什改变其第二任期外交战略，同时新保守主义政治家逐渐退出美国外交决策团队，德美关系才得以修复。但此时德美关系已由冷战时期的亲密盟友过渡到介于伙伴与特别联盟之间的一种选择性同盟关系。[②] 2009 年奥巴马上台之初，强调国际协调与多边合作，表示愿意聆听欧洲伙伴的声音，在德国民众中享有很高声望，德国国内各主流政党也致力于构建新型跨大西洋关系，认为维护和加强欧美伙伴关系，特别是德美关系不可或缺。但鉴于奥巴马政府在其任期内不断将战略重心转移至亚太地区，并在利比亚问题、气候、金融和经济领域与德国分歧犹存，当奥巴马在 2013 年 6 月访德时，媒体和民众表现出了或多或少的失望情绪，认为德美不再是最亲近的伙伴，同时对奥巴马忽视大西洋伙伴关系颇有抱怨。[③]

一　德国各政党如何看美国外交

（一）基民盟/基社盟

作为具有亲美传统的基民盟和基社盟一直坚持与美国保持亲密的伙伴关系，认为跨大西洋关系是德国外交中最重要的支柱之一。[④] 2002 年德国大

---

① Szabo, Stephen F., "Vereinigte Staaten von Amerika: politische und Sicherheitsbeziehungen," in: Schmidt, Siegmar/Hellmann, Gunther/Wolf, Reinhard (Hrsg.), *Handbuch zur deutschen Außevpolitik*VS Verlag für Sozialwissenschaften, Wiesbaden, 2007, S. 361.

② 熊炜：《德国联盟党和自民党执政以来的德美关系》，载《德国发展报告（2012）》，社会科学文献出版社，2012，第 172 页。

③ Hoyng, Hans/Hujer, Marc/Neukirch, Ralf/Schmitz, Gregor Peter, "Eine Familienangelegenheit: Besuch aus dem Weißen Haus," in: DER SPIEGEL 24/2013, S. 74 - 83.

④ Die Zukunft der transatlantischen Wirtschaftspartnerschaft jetzt gestalten: Positionspapier der CDU/CSU - Bundestagsfraktion Beschluss, Berlin, 20. 01. 2009.

部分民众和政党支持红绿政府拒绝参加伊拉克战争的决议，人心所向，联盟党几经犹豫也没明确表示给予美国支持；但联盟党主席默克尔主张应与美国保持合作态度而不是形成与之对抗的欧洲力量，也应避免由此造成的欧洲分裂。[①]默克尔 2005 年 11 月上台后立即访问美国，修复德美双边关系，在中东问题、伊拉克和阿富汗重建问题上保持与美国同步，并在 2007 年担任欧盟轮值主席期间提议建立“跨大西洋经济伙伴关系”。

作为执政党，联盟党一方面要通过协调与合作尽力缩小与美国的分歧，寻找共同点；另一方面也不能因为支持美国外交政策而以牺牲选民支持为代价。联盟党在 2009 年立场文件（Positionspapier）中表示除了要维护跨大西洋关系、共同承担全球责任外，还就跨大西洋关系中存在的问题提出了党内意见和建议，包括：制定评级机构行为规范，加强金融市场的稳定与透明性；支持欧美自由贸易区谈判，促进商品与劳务的自由流动；与美国共同行动克服气候变化，期待美国承担更多气候保护责任，签订《京都议定书》；希望用外交手段解决伊朗核问题；建议美国关闭关塔那摩监狱，提高美国反恐战争的可信性；支持北约改革，除发挥传统集体防务功能以及在战乱地区人道主义干预的军事功能外，扩展北约在经济、生态、社会和文化等领域的职能；支持美国奥巴马政府的裁军、控制军备与不扩散大规模杀伤性武器的提议；希望北约保持与俄罗斯对话，在减少核武器数量及控制常规武装力量方面做出各自的贡献。[②]

（二）自由民主党

虽在冷战时期自民党一直承认德美特殊关系的重要性，但对美国外交政策自民党也并非完全认同。自民党曾在 80 年代因反对北约双重决议而与社民党分道扬镳，在 1982 年与联盟党重新组成执政联盟。自民党对美苏军备竞赛以及美国在西欧部署中程导弹持反对意见。联邦德国外长、自民党

---

① Oppelland, Torsten, " Parteien," in: Schmidt, Siegmar/Hellmann, Gunther/Wolf, Reinhard (Hrsg.), *Handbuch zur deutschen Außevpolitik*, VS Verlag für Sozialwissenschaften, Wiesbaden 2007, S. 278.

② Für eine engere transatlantische Partnerschaft: Positionspapier der CDU/CSU - Bundestagsfraktion, Berlin, 20. 01. 2009.

主席根舍在美苏紧张关系中努力寻求缓和，倡议东西方阵营达成放弃武力协定，并且主张以“负责任政策代替强权政策”。[①]

外长根舍曾表示，德国的统一不会使其改变宪法所规定的和平外交政策。1992年在自民党新任外长金克尔推动下，自民党基本外交政策中加入了支持海外派兵合法化、参与联合国维和任务以及争取联合国安理会常任理事国的新目标。1998年科索沃危机中，黑黄政府（联盟党与自民党）在卸任前表示支持由美国领导的北约对南斯拉夫空袭，即使此次军事行动并没得到联合国安理会批准。在“9·11”恐怖袭击发生后，自民党立即表示将与美国站在一起，共同进行反恐战争，承担更多责任并拒绝中立。自民党并不反对美国总统小布什在2003年伊拉克战争期间提出的“先发制人”军事战略，认为此战略在联合国安理会无法采取有效措施的情况下可以执行，但并不认同美国单边行动。自民党对是否支持伊拉克战争并没明确表态。[②]

自民党认为，德国应斡旋于法国和美国之间，在两国之间保持平衡政策，而不应轻视大西洋盟友而仅追求与法国保持亲密伙伴关系。自民党在其外交政策中一贯强调维护德美关系的重要性以及发挥大西洋联盟在安全保障与民主自由方面的重大作用。但对于美国的外交政策自民党也并非全部认同，比如自民党曾多次要求美国撤走在德国部署的核武器，认为美国奉行的利益至上单边主义有悖于德国多边主义外交原则，对于小布什政府没有联合国授权而发动伊拉克战争并加深欧洲分裂的“新、老欧洲”言论持批评态度，出于人权考虑建议美国关闭古巴关塔那摩监狱，反对美国对恐怖主义嫌疑犯实施酷刑等。但自民党认为联邦总理施罗德在伊拉克战争中对美国的强硬批评以及和法国、俄罗斯结成盟友与美国形成对抗力量、提倡“新德国道路”是不可取的，这加剧了跨大西洋关系的恶化和欧洲的分裂。自民党曾对小布什政府“先发制人”战略主张表示一定程度的理解，而且没明确表达拒绝参加伊拉克战争。在自民党看来，对于美国外交政策的不同意见应当通过来自欧洲盟友理智的要求来表达，而非与华盛顿形成公开对抗。自民党认为，美国作

① Dittrich, Denise, *Die FDP und die deutsche Auβevpolitik: eine Analyse lieberaler Auβevpolitik seit der deutschen Wiedervereinigung* Universitätsverlag Potsdam, Potsdam 2009, S. 45.

② Dittrich, Denise, *Die FDP und die deutsche Auβevpolitik: eine Analyse lieberaler Auβevpolitik seit der deutschen Wiedervereinigung* Universitätsverlag Potsdam, Potsdam 2009, S. 46 – 58.

为跨大西洋伙伴关系的缔造者，为战后欧洲提供了无法取代的安全保障。如今，面对国际环境的改变和全球权力转移，新一代领导人应当学会适应和调整，共同维护大西洋联盟的核心与实质。①

（三）社会民主党

德国社民党不是传统意义上的亲美政党。1959 年《哥德斯堡纲领》使社民党完成从工人阶级政党到人民党的转型，主张要与西方盟友维护在外交和经济层面的伙伴关系。该纲领为联邦德国在冷战时期支持裁军与实行缓和政策奠定了理论基础。直到今天，对军事力量的运用依然是社民党内热门的讨论话题。

冷战结束后，美国期待统一后的德国在外交安全领域承担更多责任，奉行和平政策的社民党在 90 年代初曾与绿党和左翼党共同反对联邦国防军参加海外军事行动，并对美国发动海湾战争持批评态度。随着联邦宪法法院在 1994 年裁定联邦国防军在集体防务框架内维护和平的海外军事行动不违背宪法，社民党才开始接受符合国际法并有联合国授权的海外军事行动；但坚持政治与外交手段是预防和克服冲突的优先选择，军事手段只能作为最后的解决方案。②

社民党在 1998 年重新成为执政党，红绿执政联盟在外交政策上与美国的分歧更加明显。即使施罗德上台初期曾多次强调美国是欧洲不可或缺的伙伴。2001 年小布什当选美国总统后奉行新保守主义外交思想，抛开欧洲盟友的单边行动愈加明显。在“9·11”恐怖袭击发生后，施罗德曾冒险通过信任投票支持联邦国防军参加在阿富汗的反恐军事行动，这在执政党内部引起很大争议。伊拉克战争前夕正值德国大选之年，社民党内部对美国在无联合国授权的情况下发动伊拉克战争普遍不满，施罗德高举反战牌，公开反对美国“先发制人”的军事战略并拒绝参战，跨大西洋关系随之陷入僵局。2005 年联盟

---

① Dittrich, Denise, *Die FDP und die deutsche Außevpolitik: eine Analyse lieberaler Außevpolitik seit der deutschen Wiedervereinigung* Universitätsverlag Potsdam, Potsdam, 2009, S. 70 – 72.

② Oppelland, Torsten, "Parteien," in: Schmidt, Siegmar/Hellmann, Gunther/Wolf, Reinhard (Hrsg.), *Handbuch zur deutschen Außevpolitik*, vs Verlag für Sozialwissenschaften, Wiesbaden, 2007, S. 274 – 276.

党与社民党组成联合政府，在总理默克尔带领下努力修复德美双边关系，两国在经贸和安全政策等领域加强对话与协调合作。社民党也试图修复伊拉克战争期间红绿政府与小布什政府之间的外交矛盾。社民党主席库特·贝克在2006年欧洲议会中代表社会党联盟提出“构建欧洲全球和平力量”的倡议，重申美国在解决区域冲突方面的政治作用以及强调欧美共同利益、价值观和历史渊源，提出应在更加平等的基础上与美国发展伙伴关系，一个强大的欧洲和欧洲共同外交与安全政策同样有利于巩固大西洋联盟。[①]

2009年，社民党成为在野党，对美国新任总统奥巴马抱有很高的期望，认为来自民主党的奥巴马将改变原来小布什政府单边主义外交行为方式，会更加注重与盟友合作并愿通过政治对话与谈判来解决国际争端。[②] 2012年，社民党在德国联邦议会中提出“复兴与加强跨大西洋关系”的倡议。面对美国依然是北约主导力量以及美国战略重心转向亚太地区的事实，呼吁欧洲北约成员国承担本区域更多安全责任，为维护跨大西洋伙伴关系欧美双方应当做出各自应有的贡献。

（四）绿党

2013年，绿党在其外交、和平与安全政策中提出以下五点：①提倡非暴力危机防务与争端处理方式；②促进伙伴国家的可持续发展；③生态保护；④促进不同宗教与文化之间的对话交流；⑤避免武器出口。[③]

“9·11”后迫于联邦总理施罗德的压力，绿党同意联邦国防军参加由美国主导的在阿富汗“持久自由”军事行动。此项决定是对其和平主义政策的严重背离，因此绿党领导人对海外派兵的容忍并没得到大多绿党积极分子的支持，在党内也引起反对与质疑。经过党内长期激烈争论，绿党对其外交安全政策进行了重大调整：提倡应尽量避免使用武力；但认为在政

---

① Beck, Kurt, Grundsatzrede des SPD – Parteivorsitzenden auf der Konferenz, Europa gestalten: Globale Friedensmacht – Soziale Wirtschaftskraft “ der SPE – Fraktion im Europäischen Parlament,” Berlin, 06. 11. 2006.

② “SPD – Fraktion gratuliert Barack Obama,” SPD Bundestagfraktion, 07. 11. 2012, http: //www. spdfraktion. de/themen/spd – fraktion – gratuliert – barack – obama.

③ “Auβen-Friedens-und Sicherheitspolitik,” GRUENE. DE, 01. 01. 2013, http: //www. gruene. de/themen/frieden – globalisierung/aussen – friedens – und – sicherheitspolitik. html.

治和外交谈判等手段无法阻止暴力发展时，可以运用军事手段作为最后的解决方案。然而，绿党坚持联邦国防军海外派兵应得到联合国安理会授权或在安理会陷入僵局情况下得到联合国大会多数同意。

即使绿党的外交政策已经从理想激进走向温和现实，但依然没有放弃对人权保护与和平主义的追求。绿党认为和平与非暴力手段依然是解决国际争端的优先选择，联合国授权的军事行动只能作为最后方案；强调欧安组织、欧盟、联合国与国际法在解决冲突危机中的作用；加强国际法律约束反对国家强权；加强全球合作反对国家利益至上的外交政策；反对武器出口和美国在德国部署核武器；坚持通过协商对话和平解决伊朗核危机；支持在联合国框架下推动发展欧洲共同外交与安全政策，协调欧盟各成员国政策，共同构建欧洲文明力量。①由此可见，绿党的外交政策与美国小布什政府外交思想大相径庭。因此，绿党除了在与社民党联合执政期间明确拒绝参加由美国及其“志愿者联盟”在伊拉克发动的军事行动、批评美国利益至上的强硬外交政策外，也在其成为在野党后重新调整了在阿富汗的安全政策主张。绿党在2006年和平倡议中指出，美国在阿富汗的“持久自由”军事行动缺少国际法依据，没有得到联合国安理会的授权，其主角是美国领导下的“志愿者联盟”，怀疑美国发动阿富汗战争的真实意图。该倡议反思绿党在执政期间做出的参加北约在科索沃空袭行动以及在阿富汗军事行动的决议，甚至将其称为“原罪”。② 因此，绿党希望退出由美国领导的阿富汗“持久自由”军事行动。而在其2009年决议中，绿党认为继续参加联合国在阿富汗国际维和部队的前提是，该授权必须包含援助阿富汗重建以及逐步撤军的计划，并且目标应集中在民事援助以及保护平民领域。绿党对美国奥巴马总统在阿富汗与中东问题上的外交转变表示欢迎。③

① “Zeit für den Grünen Wandel-Teilhaben, Einmischen, Zukunftschaffen: Bundestagswahlprogramm 2013 Bündnis90/DieGrünen,” Berlin 2013, S. 296 – 319.

② Cremer, Uli / Achelpöhler, Wilhelm, “Die GRÜNEN und der Afghanistan – Krieg – Grüne Friedensinitiative,” *Grüne Friedensinitiative. de*, 20. 06. 2007, http: //www. gruene – friedensinitiative. de/texte/070619_ UC_ WA_ GRUENE_ und_ Afghanistan – Krieg. pdf.

③ “Beschluss Bündnis 90/ Die Grünen für eine verantwortliche Afghanistanpolitik : Zivilen Aufbau ausbauen – afghanische Eigenverantwortung stärken – militärischen Abzug einleiten,” Rostock, 24 – 25. 10. 2009.

（五）左翼党

2007 年成立的左翼党在外交政策上依然奉行严格的反战纲领，甚至主张解散北约。左翼党主张：德国退出北约，而北约应为一个包括俄罗斯在内的集体防务体系所取代；坚决反对联邦国防军参加任何海外军事行动，指责使用人道主义干涉、军事与非军事合作以及捍卫集体安全等借口为国防军海外派兵行为辩护；要求裁军和军备控制并禁止德国向其他国家出口武器；支持欧洲一体化和欧盟东扩，但反对在欧洲共同外交与安全政策框架内推动欧盟军事化；要求欧洲和德国放弃核武器并撤出美国在德国部署的所有核武器。

左翼党依然保留谴责美国政府和美国外交政策的传统，坚守其反战立场，对统一后联邦国防军的海外军事行动表示强烈异议。左翼党同时也批评欧盟为了扩大自身在国际事务中的影响力和提高国际地位而参与美国发动的一系列海外军事行动。① 在德国主要政党中，左翼党由于其外交纲领中严格的反战立场以及对美国外交政策的谴责而较难与其他政党达成一致，取得联合执政的机会。谴责“美国帝国主义”只能使左翼党在德国东部获得一些支持，因为东部部分德国人出于历史原因依然对北约和美国抱有完全负面的印象。

二　德国民众如何看待美国外交

（一）统一前联邦德国民众与美国外交

出于对战争的恐惧与厌恶，从 20 世纪 50 年代起反战和平运动便在联邦德国有广泛的群众基础。美国在 60 年代的越南战争和 70 年代末扩充军备的《北约双重决议》在联邦德国内引起大规模抗议活动。特别是在越战期间，民众对美国外交政策的支持率明显下降，对于驻德美军的支持率从原来的 80% 下降到 65%。联邦德国人民清楚地认识到，美苏军备竞赛升级将给欧

① “Programm der Partei DIE LINKE: Beschluss des Parteitages der Partei DIE LINKE vom 21 - 23. 10. 2011 in Erfurt,” DIE LINKE, S. 14 - 27, http://www.die-linke.de/fileadmin/download/dokumente/programm_der_partei_die_linke_erfurt2011.pdf.

洲带来更多战争隐患，并将德国推到核打击与战争的前沿。因此 70 年代末 80 年代初，联邦德国左翼政党、学生以及普通民众掀起和平运动浪潮，多次举行游行抗议。据统计，75% 联邦德国公民反对美国在德国部署核武器及中程导弹。[①] 1981 年美国总统里根上台之初还有 50% 的联邦德国民众支持与美国发展更加密切的合作，37% 联邦德国民众希望同时与美国和苏联进行合作；而到 1983 年联邦德国政府根据《北约双重决议》在境内部署潘兴 II 式导弹时，支持与美国进行更紧密合作的联邦德国民众下降到 40%，在 19 ~ 29 岁年龄组中支持率更是不到 31%。[②] 美国在 80 年代放弃缓和政策，与苏联开展军备竞赛加深了联邦德国人民尤其是青年学生对美国外交政策的质疑和不满，也为统一后德国与美国外交分歧埋下伏笔。

（二）统一后德国民众与美国外交

20 世纪 90 年代，海外派兵是否符合宪法成为德国外交政策争论的焦点。随着 1994 年联邦宪法法院为海外军事行动发放通行证，联邦国防军便参加了一系列联合国与北约框架内的海外军事行动，如在柬埔寨、波斯尼亚和索马里的联合国维和行动，对塞尔维亚与黑山的贸易禁运，甚至在 1999 年参与了北约对塞尔维亚的空袭。统一后的德国民众对于 90 年代国防军执行海外任务总体上持默许态度，这也是民众希望德国可以在国际上提高自身地位、在国际事务中发挥影响力的意愿体现，但来自和平人士及绿党活动分子的反对声也不绝于耳。出于历史原因，东部德国民众总体上对北约、美国以及美国在德国和欧洲的军事存在没有太多好感。“9·11”后，随着施罗德政府经信任投票力排众议，通过参加由美国领导的阿富汗反恐战争决议后，德国民众对联邦国防军的转型和美国外交安全政策的质疑也愈加强烈。[③]

---

① 刘立群：《德国政治文化：当代概观》，载邝阳、马胜利主编《欧洲政治文化研究》，社会科学文献出版社，2012，第 196 ~200 页。

② Grabbe, Hans - Jürgen, “Die politischen Beziehungen zwischen den USA und Deutschland seit dem Zweiten Weltkrieg,” in: Raab, Josef / Wirrer, Jan (Hrsg.), *Die deutsche Präsenz in den USA*, LIT Verlag, Berlin, 2008, S. 249 -266.

③ Rattinger, Hans, “ÖKffentliche Meinung,” in: Schmidt, Siegmar/Hellmann, Gunther/Wolf, Reinhard (Hrsg.), *Handbuch zur deutschen Außenpolitik*, VS Verlag für Sozialwissenschaften, Wiesbaden, 2007, S. 317.

德国埃姆尼德（EMNID）民意调查机构数据显示，1998～2002 年平均有 70% 的德国人希望执行更加独立于美国的安全和国防政策，而到了 2003 年伊拉克战争结束后该数字上升到 79%，且有 81% 的德国民众认为欧盟对于德国外交更为重要，对德国积极参与国际事务的支持率达到 82%。“9·11”恐怖袭击发生后有 79% 的德国人声援美国，有 65% 的德国民众支持联邦国防军参加反恐行动。然而对美国同情与支持的浪潮随着小布什政府在国际事务中实行单边主义的强硬外交政策而逐渐消退。美国人在欧洲的形象下降，欧洲人对美国在全球扮演的角色持有负面评价。比如古巴关塔那摩监狱虐囚事件、小布什政府“先发制人”军事战略、拒绝在《京都议定书》上签字以及拒绝参加国际军事法庭。到伊拉克战争时期德美政治关系跌入低谷，而德国民众对美国政府和外交政策的认同度也在下降。开战前夕，德国 80% 的民众支持联邦政府的立场，拒绝参与美国主导的伊拉克战争；且有 81% 的德国民众不支持美国小布什政府外交政策，这一数据居欧洲各国之首。而对小布什总统个人持有好感的德国人不到 10%。德国民众甚至开始质疑小布什政府将追缴大规模杀伤性武器作为发动伊拉克战争理由的可信性，认为这只是一场为争夺伊拉克石油资源以及解除伊拉克武装的战争。基于对伊拉克战争的不满，德国民众对于国防军参加海外军事行动的支持率也在 2003 年明显降低，有 48% 的德国人拒绝任何形式的海外派兵，而对扩大联合国在阿富汗维和任务的支持率也不足 1/3。①

德国民众对于美国外交政策的不满在伊拉克战争期间愈演愈烈，但这种意见分歧由来已久，伊拉克战争只能作为导火索。索福莱斯民意调查所（TNS－Sofres）2003 年数据显示，55% 的美国人确信存在“正义的战争”，而在德国只有 12% 的民众认同这一论断；对于在涉及国家重大利益时是否可以避开联合国决议而单独行动在美国有 36% 的支持率，而只有 4% 的德国人支持这一观点。这最终也导致了德美两国人民对于伊拉克战争具有不同看法：在美国有 43% 的民众赞同“先发制人”的军事行动，并且大多数美

① Collmer, Sabine, “Europäerinnen und Europäer im Aufwand? Die Öffentliche Meinung in der Europäischen Union zur Auβev－und Sicherheittspolitik,” in: Staack, Michael / Voigt, Rüdiger (Hrsg.), *Europa nach dem Irak－Krieg*, Nomos Verlagsgesellschaft, Baden－Baden, 2004, S. 185－191.

国人支持小布什政府发动伊拉克战争；而在德国大多数民众对此持明确的反对态度。德美两国人民对于双方不同的政治文化也有深刻的认知，83%的美国人和79%的德国人承认大西洋两岸的社会与政治文化价值存在差异。德国民众对于联合国在国际事务中的作用以及战争的看法与美国民众大相径庭，因此也形成了德国人对小布什政府时期美国外交政策较低的支持率。

此外，德美两国人民对外交政策的不同认知是长期形成的结构性差异，对于战争、冲突和国家瓦解的不同经历导致了两国人民对待国际恐怖主义相异的处理方式和认知程度。在国际旧体系崩溃后以及伴随着美国战略重心的转移，欧洲人希望重新确立集体定位、深化一体化、加强多边合作提高欧盟成员国之间非军事化的危机防务能力。与美国人偏爱的单边主义和强烈的爱国情绪不同，欧洲人更希望进行多边合作并且不欢迎进攻性的军事战略。①

直到伊拉克战争结束后几年，德美政府致力于修复双边关系，但德国民众对于美国政府及其外交政策依然没有恢复积极印象。欧洲晴雨表2005年6月民意调查显示，依然有59%的德国民众认为美国并没有在反恐战争中发挥积极作用；到2006年9月该指标上升至62%。②认为美国在维护世界和平方面没有发挥积极作用的德国民众从2005年的79%增长到2006年的81%。③ 德美在伊拉克战争期间的分歧并没有随着战争的结束而停止，德国民众对美国外交政策的质疑依然存在，美国政府和外交政策在大多数德国民众心中的负面形象直到2006年依然没有发生根本转变。但德国民众对于美国小布什政府和其外交政策的不满并没有转嫁至对美国人民的不满，反美主义也没有在德国大范围流行。皮尤研究中心调查结果显示，从2002年

---

① Collmer, Sabine, " Europäerinnen und Europäer im Aufwand? Die Öffentliche Meinung in der Europäischen Union zur Außev - und Sicherheittspolitik," in : Staack, Michael / Voigt, Rüdiger (Hrsg.), *Europa nach dem Irak - Krieg*, Nomos Verlagsgesellschaft, Baden - Baden 2004, S. 191 - 197.

② Eurobarometer 06/2005 - 09/2006, "Role of the United States: the fight against terrorism?" http: //ec. europa. eu/public _ opinion/cf/showchart _ column. cfm? keyID = 2323&nationID = 3, &startdate = 2005. 06&enddate = 2006. 09.

③ Eurobarometer 10/2005 - 09/2006, "Role of the United States: peace in the world?" http: // ec. europa. eu/public_opinion/cf/showchart_column. cfm? keyID = 2322&nationID = 3, &startdate = 2005. 10&enddate = 2006. 09.

到2006年，依然有平均67%的德国人对美国人抱有好感，美国人对德国人也显示类似的结果。

民主党人奥巴马2009年成为美国总统后，德国人对其寄予很大希望，将其比作“今日肯尼迪”。据民意调查机构阿伦斯巴赫统计，87%的德国人在奥巴马上任之初对其充满好感，即使奥巴马声誉后来在美国逐渐下降而且为“棱镜门”监控事件进行辩解，德国民众对其支持率依然保持在80%左右。[①] 在70~90年代大约有50%的德国人认为美国是德国最亲密的伙伴；而到伊拉克战争时期，持此观点的德国人不到11%；战争结束后将美国重新视为最亲密伙伴的德国人只有20%，远不及冷战结束前对美国的支持率。[②] 即使反美主义没有在德国形成气候，但德国民众对美国和美国外交政策的负面认知近年来依然没有消减，将美国依旧视为榜样的德国人只占10%左右。因此，德国学界和政界在维护跨大西洋关系的同时，也呼吁德国人民形成对美国的理性认知，避免反美主义的蔓延。

---

① 《奥巴马德国之行：迟来的访问》，中国新闻网：http：//www. chinanews. com/gj/2013/06 - 18/4942359. shtml，最后访问日期：2013年6月18日。

② “Eine Renationalisierung des Denkens,” Allensbach - Umfrage für die F. A. Z，F. A. Z. NET，20. 07. 2011，http：//www. faz. net/aktuell/politik/inland/allensbach - umfrage - fuer - die - f - a - z - eine - renationalisierung - des - denkens - 11114398. html.

德国的“俄罗斯形象”

李　微*

在乌克兰危机久拖不决的情况下，德国的地位和作用日益凸显。德国对乌克兰这个欧盟东部外延框架下的国家局势具有利益关切，作为整个欧盟与俄罗斯保持最良好关系的国家德国也拥有斡旋的资本。在乌克兰危机中，德国发挥了独特的作用，在欧、美、俄、乌之间产生重大影响。因此，在普京和乌克兰总统会谈时，是默克尔坐在中间。这个角色不可能是奥巴马，不可能是美国，而只可能是德国。①

一　德国政治精英眼中的俄罗斯：同床异梦的战略合作伙伴

德俄关系在冷战后经历了高潮和低谷。叶利钦在任时的俄罗斯奉行向西方“一边倒”的政策，德俄关系也进入“蜜月期”。但西方所期待的俄罗斯在短时间内并未成为现实，双方幻想破灭。普京上台后，俄罗斯重新回归“大国”“强国”之路，更是引发西方国家的戒心。但德国和俄罗斯在许多方面具有共同利益，因此虽经历了各种危机，德俄关系依然取得很大进展。双方确立了战略合作伙伴关系，“彼得堡对话”为双方提供了广泛的交

* 李微，北京科技大学德语系讲师、北京外国语大学德语系博士研究生。

① 该论断来自王熙敬在中国欧洲学会德国欧洲研究分会第15届年会上的发言。

流平台。“务实”一直是德俄关系中的主旋律，“求同存异”是双方进一步开展合作的立足基础。双方存在的分歧并没有得到解决，而只是被共同利益掩盖了不同声音。因此，一旦危机来临，“冰山”也就逐渐显露。

（一）德国政治精英眼中的俄罗斯政治：“不完全”的民主国家

俄罗斯的民主进程一直遭受德国政界诟病。在2013年12月德国新政府联合执政协议中，就敦促俄罗斯“应更遵守法治国家和民主国家的标准”[①]。德国外交部官方文件中对俄罗斯的政治体制更是直言其短：俄罗斯总统不但“拥有充分的行政权力”，而且2011年杜马选举还经历了“选举舞弊”丑闻，该丑闻导致2011年底到2012年初大规模示威游行。而针对这些示威游行，俄罗斯采取的改革政策展示了“专制统治”的危险倾向。反对党的选举权被弱化，政府批评者和示威者面临受刑威胁。即使在俄罗斯联邦层面上，也出现了对反对党的压制现象。此外，俄罗斯媒体深受政府控制，电视、广播、纸媒无法直抒对当权者的批评意见，而俄罗斯当局对互联网的监控也越来越严格。[②]

德国总理同样在各种场合表达对俄罗斯民主化进展缓慢的不满，尤其在普京第三次出任俄罗斯总统之后。例如2012年11月16日双方首脑举行的会谈中，默克尔声称对普京5月上任以来通过的可能用于镇压异己人士的法律表示关切，此外，她还对俄罗斯当局对女子朋克乐队Pussy Riot实行监禁处罚表达了不满。[③]

俄罗斯人权问题也是德国政治精英关注的焦点。除上述提到的Pussy Riot事件之外，普京出台的反同性恋法律也遭到德国总理的批评。德国外交部官方文件中也着重指出，尽管俄罗斯1993年颁布的宪法中规定了对全体公民的人权保障，但在实施过程中，法院受到政府牵制、腐败现象层出不穷、对不同政见者压迫加剧等情况屡见不鲜。尤其是北高加索地区的人权状况不容忽视。

---

① 参见“Deutschlands Zukunft gestalten,” Koalitionsvertrag zwischen CDU/CSU und SPD 2013。

② 以上论断均来自德国外交部官网：*Russland Information*，http：//www. auswaertiges - amt. de/DE/Aussenpolitik/Laender/Laenderinfos/RussischeFoederation. html。

③《默克尔普京举行会谈　两国在人权问题上分歧凸显》，中国网：http：//www. china. com. cn/international/txt/2012 - 11/19/content_ 27159382. htm。

乌克兰危机后，默克尔称普京在克里米亚的做法是“历史的倒退”，称他是“生活在另外一个世界的人”。德国总统高克则拒绝参加 2014 年 2 月在俄罗斯索契举行的冬奥会，因为普京重新上任后通过了一系列“排除异己”“罔顾法制”的政策。

与此同时，也有一些德国政治精英对俄罗斯政治表示出一定程度的理解。如德国前总理施罗德 2007 年 3 月 11 日在德累斯顿一次演讲中，在美国计划在波兰和捷克部署导弹防御系统并引起俄罗斯反弹的前提下，明确指出：“谁要是想对俄国做出公正的判断，就应当首先看一下这个国家的历史。这个国家没有民主传统”，“没有人会否认俄国还存在缺陷。在许多领域这个国家还处于发展的开始阶段”，“这个国家一旦走向混乱和分裂，影响将是难以估量的”，“普京总统的贡献就在于使俄国不仅在经济上，而且也在内外政策方面走上稳定和可靠的道路”①。

（二）德国政治精英眼中的俄罗斯战略地位

虽然德俄两国在 2000 年就已经建立双边战略合作伙伴关系，但德俄的良好合作关系的源头主要在于两国经济合作。双方在能源领域的合作是德俄战略伙伴关系的支柱之一，在德国的能源进口国中，俄罗斯一直占据重要位置：它是德国最主要的石油和天然气供应国。2012 年 10 月 25 日，默克尔在德国经济界东方委员会成立 60 周年大会上发表演讲，谈到德俄经济的良好发展态势，认为俄加入 WTO 不但对俄罗斯，同时对德国也是一个重要里程碑。但她也强调，目前德俄经贸关系中依然存在贸易壁垒，并指出，俄乌斗气之争不应影响德国和欧盟。② 德国外交部官网上对俄罗斯的介绍中也强调了俄罗斯在投资框架条件上的不足，认为即使俄已加入 WTO，却依然令德国公司感受到“贸易保护主义”的趋势：关税制度、获得商业许可以及其他事务性手续都存在一定壁垒。③

---

① 商鼎：《德国关于德俄关系的争论》，《国外理论动态》2007 年第 11 期。

② 参见 Angela Merkel，Rede von Bundeskanzlerin Angela Merkel anlässlich der Jubiläumsveranstaltung “60 Jahre Ost – Ausschuss der Deutschen Wirtschaft，” http：//www. bundeskanzlerin. de/Content-Archiv/DE/Archiv17/Reden/2012/10/2012 – 10 – 25 – merkel – 60 – jahre – ostausschuss. html。

③ 以上论断均来自德国外交部官网：“Russland Information，” http：//www. auswaertiges – amt. de/DE/Aussenpolitik/Laender/Laenderinfos/RussischeFoederation. html。

两国经贸关系上虽还存在一些问题，但大体而言，德国政界认可俄罗斯与德国在经济上存在互补性，尤其是俄在德国能源战略中的重要地位。对俄罗斯的主要认识分歧是其在德国外交与安全政策上应扮演怎样的角色。

在2013年德国联合执政协议中，德国外交战略部分章节下，德国与俄罗斯“开放的对话和广泛的合作”一节排在“在世界上成为令人信任的伙伴”以及“加强泛大西洋伙伴关系和与北约的联系”两节之后，充分说明俄罗斯在德国外交和安全政策上的受重视程度。德国历届总理、外交部部长和国防部长也都在各种场合谈到俄罗斯对于德国在构建新世界秩序和欧洲安全框架的过程中所具有的重大意义。上述联合执政声明中，德国明确指出：“欧洲的安全只有在与俄罗斯一起构建、而不是反对俄罗斯的情况下才能得以实现。”① 德国外交部部长施泰因迈尔也在2013年12月一次采访中谈道：“德国在解决国际争端的时候需要俄罗斯的合作，此外，由于地缘关系，欧洲有义务、也有责任与俄罗斯保持和谐理智的伙伴关系。”② 在2006年《德国国防白皮书》中这样表述：“欧盟是德国与其他各成员国的政治稳定、安全和繁荣的保证。德国安全政策的首要目标是通过巩固和发展欧洲团结和欧盟对东欧、南高加索、中亚和地中海地区国家积极的睦邻政策来加强欧洲地区的稳定形势。同样重要的是发展和加强与俄罗斯的长期和有活力的伙伴关系。”③

尽管俄罗斯的重要性受到德国政界广泛认同，但对于俄罗斯会因此对德国产生“重要的”积极影响还是消极影响，德国的政治精英们并未达成统一认知。在德国外交部官方文件中，对俄罗斯外交政策描述充满矛盾。该文件一方面认同德国和俄罗斯在构建“多极化世界秩序”上的共同目标，另一方面强调俄罗斯是出于“自身的现实利益”而非“承担国际责任”的

---

① 参见“Deutschlands Zukunft gestalten,” Koalitionsvertrag zwischen CDU/CSU und SPD 2013, unter。

② 参见 Russland Heute，“Auβnministev Steinmeier：eine Chance für Russland?” http：//russland－heute. de/politik/2013/12/17/aussenminister_steinmeier_eine_chance_fuer_russland_27353. html, 2013. 12. 17。

③ 参见《德国国防白皮书 2006》，http：//www. bmvg. de/portal/a/bmvg/！ ut/p/c4/NYzBCsIwEET_ aLcVVPCmFFEoehJtb0m6pEubpCTb9uLHmx6cgWHgDYMtZnu1sFXCwasRP9gYPukVtFssJDY9xZ5 Y0hRGFh5AeUs6CEEXhtmRz20lTknPpsf39tcRmOBJtpQ84Jw2KgkRphBl3MgcYybAHTZFWV2Ksvir_ B5et6pud8f9_ XF94uTc－Qejr8yc/。

原因在为之努力；在指出德俄在核不扩散和打击世界恐怖组织上共同利益的同时，也指责俄面对美国部署反导系统时态度强硬，并以此为理由增加常规武器的军备开支。此外，在乌克兰问题上，德国外交部措辞强硬，认为俄罗斯"侵占"了克里米亚，是对乌克兰主权的严重侵犯。[①]

在德国政界的声音中，来自社民党的政治家们对俄罗斯抱有更高期待。这是因为他们更寄望于实现一个理想化的欧盟共同安全框架，希望将俄罗斯拉入这个框架，以合作而非对抗的方式巩固德国东部边境的和平局面。在面对美俄冲突时，他们一方面强调跨大西洋伙伴关系和北约安全战略的重要性；另一方面则希望能从中斡旋，既不得罪美国，又不得罪俄罗斯，甚至在夹缝中获得更多的外交活动空间，反过来影响两国的外交政策倾向。在 2014 年 1 月 31 日至 2 月 1 日第 50 届慕尼黑安全会议上，德国外长施泰因迈尔（社民党）在讲话中指出："美、俄、欧在国际安全事务上的合作是不可避免的，没有俄罗斯的欧洲安全是不可想象的。"[②] 德俄关系论坛的经济主管亚历山大·拉尔在接受德国《明镜》周刊采访时也指出，施泰因迈尔"非常坚定地认为，只有与俄罗斯一起合作，才能真正实现欧洲的和平"[③]。社民党另一代表人物，德国前总理施罗德也在 2007 年 5 月 21 日《明镜》周刊就美俄反导系统之争发表文章，认为德国目前这种"反俄"的"偏见"是错误的。对于反导系统，他声称，"联邦政府恰恰有责任利用自己良好的跨大西洋关系来促使美国放弃这一计划"，因为在"对俄政策或东方政策方面，欧洲和美国之间存在着相当大的利益分歧。如果不公开揭示这些分歧并且争取相应的行动，我们就不能与俄国建立可信赖的伙伴关系。在涉及俄国时，美国人缺乏一种着眼于我们欧洲利益的战略。能看得清楚的只是他们对自己未来的世界性强权政治地位和军事作用的想法"。他同时认为，德国"应当感谢德俄这一伙伴关系"[④]。在此次乌克兰危机中，他和社民党前总理施密

① 以上论断均来自德国外交部官网："Russland Information," http://www.auswaertiges-amt.de/DE/Aussenpolitik/Laender/Laenderinfos/RussischeFoederation.html。

② Frank-Walter Steinmeier, "Ohne Russland geht es nicht," Beitrag zum Jubiläumsband der 50. Münchner Sicherheitskonferenz 2014. in *Focus* 27.01.2014.

③ 参见 Russland Heute: http://russland-heute.de/politik/2013/12/17/aussenminister_steinmeier_eine_chance_fuer_russland_27353.html, 2013.12.17。

④ 商鼎：《德国关于德俄关系的争论》，《国外理论动态》2007 年第 11 期。

特也都表现出对俄罗斯的理解，认为德国和欧盟的做法操之过急，压迫了俄罗斯的生存空间，德国政府应当更加平和地处理此次危机。

与此同时，中右翼政党的成员们显然更加重视与美国之间的关系，重视北约在德国安全政策上的地位。2007 年 5 月《明镜》周刊在刊登施罗德文章的同时，也刊登了当时任德国联盟党党团主席的古腾贝格的评论。他将反导之争描述成是俄罗斯在处心积虑试图掀起军备竞赛，是“想通过它咄咄逼人的雄辩激发大西洋两岸和欧洲内部的分裂潜能，以此来加强自己的实力地位”。他同时指责“普京显然是试图在德国找到破坏跨大西洋团结的一个断裂点”，因此，“外交部的所谓新东方政策是一个妄想”，“有人力图实现的与俄罗斯尽可能密切的关系所含的风险要大于机遇”。因此，“一些社民党人所偏爱的德国与俄罗斯和美国保持等距离的设想是非常差劲的”。这样的观点在今天联盟党内也很有市场。德国总理默克尔在 2013 年 11 月 18 日政府报告中明确指出，乌克兰有权自己决定同欧盟的关系，第三方无权干预。她还强调，欧盟东部伙伴国及其与欧盟双边关系发展并非针对俄罗斯。欧盟东部伙伴国经济现代化，俄罗斯也会从中受益。她甚至将普京的做法称为“冷战时期的思维”，“面向欧洲”并不代表“放弃俄罗斯”①。在 2014 年 3 月 13 日政府声明中，她措辞严厉，认为俄罗斯的行为是“强权政治”，是“将一己的地缘利益置于理解和合作之上”，这是“19 世纪和 20 世纪的行为模式”，如果俄罗斯继续一意孤行，“迟早会伤害到自身”②。而现任德国国防部长基民盟的冯德莱恩则在 2014 年 6 月 10 日《明镜》周刊采访中指出：“现阶段的俄罗斯已经不再是我们的伙伴，因为伙伴必须遵守同样的原则。而普京的行为在很大程度上伤害了我们的信任。”③

虽然联盟党更加强调北约的作用，认为对俄罗斯应提高警惕，不应抱有不切实际的美好关系幻想；但他们也不愿跟俄罗斯的关系彻底搞僵。即

---

① 《默克尔说俄罗斯不应阻碍乌克兰接近欧盟》，2013 年 11 月 19 日，人民网国际新闻版：http：//world. people. com. cn/n/2013/1119/c157278 – 23592862. html。

② 参见 Angela Merkel，“Regierungserklärung von Bundeskanzlerin Merkel，” 13. 03. 2014。

③ 参见 Spiegel – Gespräch，“Russland ist derzeit kein Partner，” http：//www. bmvg. de/portal/a/bmvg/ut/p/c4/NYu7DsIwEAT_yGcLUYSOJA2io0lC5ziWc – CXLpfQ8PHYBbvSFDtaeEJp1Ac6zZii9jDCZPAyf8QcDideaaeyig3Namm1yFtOHhnfMNTrYoVJ0XIl 28hY6EhzIpETsa9mJypG4AKTVH0rlfxHfZv72A3duTn1t_YBOYTrD-qb-Zw。

使在目前乌克兰危机背景下，默克尔也一再重申“武力解决是不被接受的”，“应努力通过外交途径使俄罗斯重回谈判桌”。上述冯德莱恩在采访中说明俄罗斯现在已“不是伙伴”的同时，她也补充道，“但俄罗斯也不能成为我们的敌人”。

综上所述，德国政治精英对俄罗斯的感情是复杂的：从地缘政治、经济关系和国际秩序建构的角度来说，俄罗斯是德国无法忽视、无法避免、无法摆脱的重要国家行为体；但从价值观来说俄罗斯与德国格格不入。美俄关系的紧张也使德国在很多时候需要“在夹缝中生存”。德国一方面警惕俄罗斯，另一方面又想利用俄罗斯；想要通过接近改变俄罗斯，却又屡屡在现实中碰壁。

二 德国民众和学者眼中的俄罗斯

（一）德国民众眼中的俄罗斯：俄罗斯形象逐渐负面与对乌克兰危机的不同看法

在2007年的一项调查中，德国人对俄罗斯的印象较为中立。个人眼中的俄罗斯形象只有20%的人填了“负面”，此外认为德俄关系“正面”的人占全部受访者的一半以上（2006年9月、2007年3月、2007年11月比例分别是71%、67%、56%），认为俄罗斯是“值得信赖的经济合作伙伴”的比例在上述三个时间点得出的数据分别是56%、52%、62%。只有12%的人对俄罗斯或俄罗斯人“抱有恐惧”。对俄罗斯的印象排名前十位的也大多由“国土面积大”“大都市”“增长”等中性词汇占据；但与此同时，排名第二的是“社会不公”，占90%。

普京重新上任后，尤其在乌克兰危机发生以后，德国民众对俄罗斯的观感逐渐改变。在2014年3月7日的“德国趋势”（Deutschlandtrend）调查中，只有15%的德国人认为俄罗斯是“值得信任的伙伴”（美国得票为38%，低于平均水平）[①]。在ZeitOnline 2014年4月16日的调查中，55%的

① 参见 http://www.heise.de/tp/artikel/41/41172/1.html。

德国人认为俄罗斯是“危险的”，76%的人认为德俄关系“被损害了”，只有10%的人依然将俄罗斯当作“值得信赖的伙伴”。这与2006/2007年的调查结果完全不同。

在同一项调查中，只有32%的德国人认为德俄关系依然重要，绝大部分人认为俄罗斯“腐败”“罔顾人权和言论自由”“社会差距过大”“法制化程度不够”。与此同时，同样是绝大部分接受调查的德国人承认俄罗斯的政治影响力，认为其有着“令人印象深刻的民族自豪感”“国土资源丰富”“体育方面非常出色”“国家风光优美”。[①]

但单独针对乌克兰危机，德国民众显示了与政府不同的倾向。在ZeitOnline针对乌克兰危机一项在线调查中，仅有26.1%（6087票）的德国人选择了“乌克兰危机代表了俄罗斯对乌克兰主权的侵犯，是不可容忍的”这一选项，70.8%（16502票）的德国人则选择了“我对此没有意见，克里米亚本来就属于俄罗斯”[②]。在另一项乌克兰危机最终前景预测的网络调查中，只有18%的人认为乌克兰会最终加入欧盟、俄罗斯失败收场；30%的人认为克里米亚将成为“独立”国家，俄罗斯会接着向罗马尼亚和匈牙利提出领土要求；42%的人则认为事实上的分裂不会出现，但俄罗斯会继续扰乱乌克兰东南部，以阻挠乌克兰加入欧盟。此外，70%的人认为乌克兰不应因为乌克兰危机就断绝与俄罗斯的关系，只有27%的认为乌克兰应当这样做。[③]

此外，民众对于德国及其他西方国家在乌克兰危机中的做法似乎也持不同看法。根据*Tagesspiegel* 2014年3月6日的在线调查，78%的德国民众认为西方对俄罗斯的批评是虚伪的，俄罗斯只不过在捍卫自己合法的利益。

在ZeitOnline问卷调查中，有41%的德国人认为乌克兰危机是俄罗斯的错误，但原东德地区的居民对俄罗斯做法表示理解的占多数，原西德地区的居民则大多表示反对。此外，42%的原西德地区的居民支持对俄罗斯实施制裁，而原东德地区的居民中支持这一决定的只有28%。

---

① 参见http：//www.zeit.de/politik/deutschland/2014－04/deutsche－russland－allensbach－umfrage。

② 参见http：//www.t－online.de/nachrichten/specials/id_68631832/umfrage－zur－krim－deutsche－akzeptieren－annexion－durch－russland－html。

③ 以上两个调查均参见http：//www.ukraine－nachrichten.de/umfragen。

在"马航 MH17 事件"之后，德国民众的天平有所倾斜。从 *Tagesspiegel* 在线 7 月 27 日问卷结果看，支持对俄罗斯实施更严厉制裁的德国人的比例达到 52%，即便普遍认为这"会对德国的工作岗位造成不利影响"。但在同一份问卷调查中，支持德国政府"单独进行制裁行动"的德国人只有 40%，54% 的德国人持反对态度。①

对普京本人的印象在德国人的心目中也是毁誉参半的。乌克兰危机之后，根据 *Stern* 杂志 2014 年 3 月 5～6 日委托 Forsa 机构做的问卷调查，90% 的德国人认为他"权力欲膨胀"，84% 的人认为他"聪明"，83% 的人认为他"强大"，80% 的人认为他"冷漠"，75% 的人则认为他"危险"。此项调查中，*Stern* 杂志还分析了不同党派成员对于俄罗斯的态度，其中对乌克兰危机俄罗斯的行为表示理解的人群主要由原东德地区的人（37%）和左翼党选民（35%）组成，反对者则主要由绿党选民（71%）构成。②

综上所述，2006 年至今，德国民众对俄罗斯的印象呈下降趋势。但仅就乌克兰危机而言，德国民众比政府要展现出更多对俄罗斯行为的理解。这一方面是由于德国中左翼媒体和政党的宣传，另一方面也出于人民不愿蹚这滩浑水的意愿。在目前欧债危机压力尚未过去、国内经济改革争议不断的情况下，对于乌克兰危机，人民更希望政府少插手干预他国事务，多解决民生问题。

（二）德国学者眼中的俄罗斯：冷静观察、深入剖析

1. 俄罗斯战略地位：重要的地缘政治合作者和全球秩序构建"挑战者"

就俄罗斯对德国的战略地位和重要性问题，较为权威的界定应属 2013 年德国科学与政治基金会（SWP）和德国美国马歇尔基金会（GMF）题为"新力量、新责任——德国在变革中的世界里的外交与安全政策的要素"的文件。在该文件中，50 多位德国外交领域的精英将德国外交战略关系按照"重要程度"和"分歧程度"两个标准把世界重要国家分别定义为德国"共

---

① 参见 http：//www. spiegel. de/politik/ausland/umfrage – zu – russland – deutsche – befuerworten – haertere – sanktionen – a – 983083. html。

② 参见 http：//www. stern. de/politik/ausland/stern – umfrage – deutsche – halten – putin – fuer – machthungrig – und – gefaehrlich – 2095911. html。

同奋斗的伙伴”“挑战者”“秩序扰乱者”三个类别，俄罗斯处于“挑战者”类别之中。文件对此给出的定义是：“德国与这个类别的大部分国家的交往在很大程度上取决于纯粹经济领域的合作程度，其中一部分国家与德国在构建一个和平自由的世界秩序上拥有共同的利益导向。”①

这种表述大致符合德国学界对于俄罗斯地位界定的主流观点：俄罗斯是世界上重要的力量一极，同时也是欧盟东部最重要的邻居。德俄经济上合作态势良好，政治上应各取所需，求同存异。在构建世界格局时，德国需要俄罗斯的帮助，但俄罗斯与德国并不是“共同奋斗者”；虽然德俄之间存在共同利益，但由于价值观差异甚大，很可能成为未来的“竞争者”和“挑战者”。俄罗斯与其他“挑战者”不同的地方在于，它还是欧盟的重要邻国，“对于欧盟的邻国，无论是在东部还是在南部，其内部发展比起世界上其他国家来说对德国的利益更为息息相关。因此，德国必须为这些邻国在稳定、民主、法治国家以及市场经济各方面的可持续发展提供帮助”。

此外从地缘政治的角度来说，“东进”是德国传统地缘政治研究的一个关键性概念。著名学者卡尔·豪斯霍弗（Karl Haushofer）认为，德国天然的生存空间在东方，那里是德国的“命定空间”②。因此俄罗斯对德国意义重大。冷战结束后，苏联解体，俄罗斯和东欧地区出现了不同程度的经济困难、政局不稳的局面。但在一些德国地缘政治家看来，尽管当前俄罗斯在经济与社会发展上存在诸多困难，然而一旦这个占世界领土面积1/6的国家稳定下来，它所拥有的庞大发展潜力很可能在未来20～30年时间里成为“地球上的决定性力量”。此外，俄罗斯和德国在经济、地理、资源、历史和人文层面上都具有高度互补的特性。因此，与俄罗斯建立起稳定特殊关系，从而影响东欧地区，对于保证德国在这一地区的利益大有裨益。

2. 俄罗斯政治外交：“专制”的伪民主国家和重归“大国”的倾向

虽然德国学者从不同方面论证了俄罗斯在德国外交上的重要程度，但对俄罗斯的国内状况却并不看好，也因此认为，德俄关系中的“战略”二字并未落到实处。海因里希·福格尔（Heinrich Vogel）认为，只要德俄关系中一

---

① 参见SWP & GMF，“*Neue Macht Neue Verantwortung Elemente einer deutschen Außev - und Sicherheitspolitik für eine Welt im UmbruchRusslandbild*。”

② 葛汉文：《“退向未来”：冷战后德国地缘政治思想刍议》，《欧洲研究》2011年第4期。

直存在“求同存异”的倾向，而非就实质冲突展开对话，其“战略”伙伴关系就是存疑的。[①] 他同时认为，俄罗斯在政治上并未像德国政府所期待的那样，在“缓慢却坚定地推进民主改革步伐”，而是在采取拖延战术，转型只有俄罗斯自己努力才能做到。但俄政治精英有着深深的苏联时期的烙印，现在的俄罗斯实际上就是一个腐败的“专制”国家，所谓“民主”只是幌子。经济上，虽然俄加入了 WTO，但贸易壁垒比比皆是，国际关系上它所做的一切说到底都是为了重回大国地位，例如在联合国和地区参与危机管理时，俄的重点是保护自己的“专制统治”。它的目标非常明确：杜绝国际上对自己的制裁，保持与军火老顾客，如叙利亚阿萨德的来往，在与西方国家共同进行危机管理时掌握先机。因此，德国不该被“经济上的蝇头小利”所迷惑，应切实敦促俄罗斯开展法治国家和民主化改革，甚至做好“与俄罗斯发生冲突”的准备。

上述观点在德国学界可谓主流。在普京第三次上台之后，德国学界普遍呈现出一种失望情绪，言辞激烈者不在少数。斯蒂芬·迈斯特（Stefan Meister）将矛头直指普京，认为其对法制化和现代化完全没有兴趣，只想用石油和天然气赚钱。因此，德国想要使俄罗斯由内部领导人实施改革，从而实现民主体制的想法是天真的，最终只能失望。此外，迈斯特还指出，虽然德国国内目前将普京重新上台看作俄罗斯民主的“倒退”，但实际上，梅德韦杰夫时代也不过是西方政治家的一个美好幻想，因为他只是“普京体系”的组成部分，他被选中只因为他很好控制，不会阻止普京再次登台。但他同时认为，一味怀念梅德韦杰夫、贬低普京也是不可取的。应当看到，普京 2000～2008 年在位期间使俄罗斯经济增长变快，人民生活水平提高。而客观上，经济水平提高使人民对政治落后的局面不满，从而导致人民对普京体制越来越不满意。目前俄罗斯民众想要西化的愿望可说是史上少有的高涨。[②]

持类似观点的还有卡尔斯滕·D. 佛伊格特（Karsten D. Voigt）。他认为，普京在俄罗斯经济上取得的稳定进展能在客观上促进俄社会中希望西

① 参见 Heinrich Vogel，“Die russische Herausforderung，” in：*RUSSLAND – ANALYSEN* Nr. 248，30. 11. 2012，S. 2。

② 参见 Stefan Meister，“Deutsche Russland – Politik，” in：*Internationale Politik*，2012，Nr. 6（November/Dezember），S. 54 – 59，https：//zeitschrift – ip. dgap. org/de/article/getFullPDF/22525，05. 11. 2012。

化的情绪。因此，德国应当看到这种倾向，一方面继续发展与俄罗斯良好的经贸关系，另一方面不应当指望“经济的良好合作自动转化为民主化进程，或者导致俄人权状况好转”。把握俄罗斯社会动向，切实促进俄罗斯的政治民主现代化进程，才是德俄关系的最终出路。[①] 菲力克斯·赫特（Felix Hett）和莱茵哈特·克鲁姆（Reinhard Krumm）则根据俄罗斯国内一份调查问卷总结出俄罗斯民众的“梦想”：社会公平。82%的俄民众认为俄社会是不公正的，为实现社会公正，缩小贫富差距，一个强大的国家是必需的。但与此同时，他们并不愿意国家在私人事务上的过多干预。“民主”对他们来说，更多的是确保社会公平和保障基本人权。[②]

对普京，德国学者们使用最多的一个词是“专制”（Diktatur）。普京的重新执政被普遍认为是“强制上台”[③]。在普京重新上台后，俄罗斯政治精英越来越显示出政治上的“专制”、国际事务上很难做出妥协和退让的态势。更有学者使用了“普京主义”一词，认为普京治下的俄罗斯不是“非黑即白”，而是充满了“灰色”元素。对于普京的评价，即使在俄罗斯也是毁誉参半的。绝大部分人认为他在经济发展上表现抢眼，对外事务上强硬态势也有利于俄罗斯重建大国地位，但政治上他表现出了越来越“专制”的倾向，这又令俄罗斯人大为不满。因此，现在的“普京主义”实际上陷入了停滞期。“统一俄罗斯党”本来为普京的政治野心提供了绝佳的平台，但由于梅德韦杰夫被边缘化，其领导层内部的多样化和权威性受到打击。与此同时，由于缺乏与外部的开放性交流，导致党内腐败程度上升。党内小团体增多，从内部开始有争议和动摇的迹象。能够改变这种情况的似乎只有通过“除去普京的普京主义”这一悖论才能解决。或者俄罗斯应放弃这一模式，重新走民主化、现代化的道路，“不破不立”，“变革或者垮台”的危险正在迫近。[④]

---

① 参见 Karsten D. Voigt, “Foïderung der Demokratie statt oberlehrerhafte Auβevpolitik,” in: *RUSSLAND – ANALYSEN*, Nr. 249, 14. 12. 2012, S. 15。

② 参见 Felix Hett und Reinhard Krumm, “Russlands Traum: Gerechtigkeit, Freiheit und ein starker Staat,” in: *RUSSLAND – ANALYSEN*, Nr. 250, 25. 01. 2013, S. 2。

③ 参见 Susan Stewart: *Plädoyer für eine Neugestaltung der deutschen Russlandpolitik*, unter http: //www. swp – berlin. org/fileadmin/contents/products/aktuell/2012A50_ stw. pdf。

④ 以上观点主要参见 Richard Sakwa, “Entwickelter Putinismus: Wandel ohne Entwicklung,” in: *RUSSLAND – ANALYSEN*, Nr. 261, 12. 07. 2013。

可以看出，德国学者对俄罗斯目前的民主状况是非常不满的。尤其对普京本人的第三个任期，学界主流观点是德国政府应当改变以前出于经济利益“粉饰太平”的做法，切实敦促俄罗斯走现代化、民主化的政治改革道路。

3. 德国的“俄罗斯政策”：应更加触及德俄矛盾核心

在普京第三次上台，尤其在乌克兰危机发生之后，德国学界开始思索，是否应当有一个全新的“俄罗斯政策”。许多学者认为，普京在外交上越来越强硬的做法很大程度上是为了转移国内民众对其执政过程中暴露出内政问题的不满。为了平息上述俄罗斯民众对民主的渴望和对专制政府的怨气，普京抓住俄人民对于“大国地位”的幻想，对所谓“敌对国家”实行“攻击型外交”来提升自己的人气。[①] 普京执政风格一直是务实的、理智的。他在进行任何政策之前都会进行“成本—收益分析”，乌克兰危机与当时俄罗斯国内环境有很大关系：普京在第三次上任之后民调不断走低，在乌克兰危机上表现强硬有利于其巩固国内政权。这恰恰展现了普京对国内事务的控制力逐渐弱化，只能通过极端外交手段转移公众的注意力。而普京的专制统治逐渐向极端“独裁”发展，事实上也代表着他控制力的削弱。[②]

针对乌克兰危机而“唱衰”俄罗斯、认为普京的做法不过是强弩之末的不在少数。上文提到的迈斯特就认为，德国在与后苏联国家搞关系时不必小心翼翼地在意俄罗斯的立场，因为俄罗斯对后苏联国家的控制已经不够了，现在的后苏联国家都想要摆脱俄罗斯的控制。从之前几次冲突看来，俄罗斯对于现代冲突的解决能力极低。俄罗斯的欧亚联合计划只是在做最后的尝试，在利用欧盟经济弱势期的机会，以将这些国家拉到自己阵营，但俄的政治和经济魅力都远远不够。[③] 同时，俄罗斯在这些地方的经济诉求和地缘政治利益经常互相违背。因为它希望用经济杠杆，如提高能源价格、提供优惠措施或实施经济制裁等方式控制这些地区。但实际上，这些国家

① 参见 Heinrich Vogel，“Die russische Herausforderung，” in：*RUSSLAND – ANALYSEN*，Nr. 248，30. 11. 2012，S. 2。

② 参见 Jens Siegert，“Putins rationalitaї，” unter http：//russland. boellblog. org/。

③ 参见 Stefan Meister，“Deutsche Russland – Politik，” in：*Internationale Politik*，2012，Nr. 6 (November/Dezember)，S. 54 – 59，https：//zeitschrift – ip. dgap. org/de/article/getFullPDF/22525，05. 11. 2012。

是俄最为重要的经济合作伙伴，过多为了政治而干预与其经济发展的做法最终会损害俄自身利益。[①]

此外，与俄罗斯协调的实现机会也是非常小的。因为在这些地区，俄罗斯的利益诉求与欧盟大相径庭：它并不想解决地区危机，反而想利用这些危机，以保持它的影响力。因此，德国应尽量降低俄罗斯在该地区的影响力。[②]

与迈斯特一样，德国学界普遍认为，在后苏联国家地区，俄罗斯与西方的利益诉求不可能达成一致，其基本认知是相悖的。例如，针对乌克兰，俄方认为乌克兰属于“俄罗斯大家族”的一部分，是其“欧亚联合”计划中不可或缺的一环，因此它只会极力阻止乌克兰加入欧盟和北约。普京为俄罗斯划定了一个“势力范围”，针对隶属该“势力范围”的国家和地区（如白俄罗斯、乌克兰和其他原独联体国家），他无法容忍西方所施加的影响。因为在他看来，这些影响归根结底会危及他自己的专制政府。[③]

在德国的俄罗斯政策上，苏珊·斯图尔特（Susan Stewart）认为是具有一定连续性的。2006 年，德国政府提出的“以交融促改变”（Wandel durch Verflechtung）明显是 60 ~ 70 年代联邦德国“新东方政策”中“以接近促改变”（Wandel durch Annaeherung）在新时代的变体。2008 年德国政府更是提出“多维度的德俄现代化伙伴关系”（multidimensionale deutsch - russische Modernisierungspartnerschaft），充分说明德国的“俄罗斯政策”不应也不会仅仅集中在经济合作关系之上。[④] 而由于普京的“强制上台”展现出了俄罗斯政治往负面发展的倾向，德国政府应采取更为强有力的措施，将俄罗斯的“政治现代化”提上日程。

综上所述，许多德国学者认为，普京第三次上台后，国内政治局面紧

---

① 参见 Susanne Spahn，“Die Hilfe des groβen Bruders：Wie russland die Krise in der Ukraine sieht，” in：*RUSSLAND - ANALYSEN*，Nr. 273，14. 03. 2014，S. 4。

② 参见 Stefan Meister，“Deutsche Russland - Politik，” in *Internationale Politik*，2012，Nr. 6（November/Dezember），S. 54-59，https：//zeitschrift - ip. dgap. org/de/article/getFullPDF/22525，05. 11. 2012。

③ 参见 Susanne Spahn，“Die Hilfe des groβen Bruders：Wie russland die Krise in der Ukraine sieht，” in *RUSSLAND - ANALYSEN*，Nr. 273，14. 03. 2014，S. 4。

④ 参见 Susan Stewart，“Plaädoyer für eine Neugestaltung der deutschen Russlandpolitik，” http：//www. swp - berlin. org/fileadmin/contents/products/aktuell/2012A50_ stw. pdf。

张，导致其在外交上的攻击性行为。看上去德国政府拿俄罗斯这种将内政压力转移至外交上的做法毫无办法，但如果究其本质，应看到俄罗斯内部矛盾重重，对外部控制力也并不如想象中那么强大。因此，德国应当挺直腰板，在不放弃与俄罗斯经济合作的同时，促进俄罗斯真正进行政治体制改革，并继续加深与后苏联国家地区的深层次交流，以进一步削弱俄罗斯在该地区的影响力，从而真正“以交融促改变”。

三 结语：德国眼中普京治下的俄罗斯形象——“伪民主”、经济强势、社会矛盾突出

从上述分析中可以看出，无论是德国政府、民众，还是德国学界，都对于俄罗斯的民主性存疑。尤其在普京重新执政之后，俄罗斯在政治上的形象更是一落千丈。与此同时，俄罗斯经济上的发展和强大也是公认的事实。乌克兰危机使德国人再次认识到德俄在一些问题上不可调和的矛盾，他们所希望解决这些矛盾的路径，归根结底还是期盼俄罗斯内部社会问题能够促使俄最终产生变革、“全盘西化”。这是德国人最为盼望的结果。

反抗者·解放者·改革者

——德国社会民主党的历史与现实

张文红[*]

社会民主党曾是欧洲工人运动的一支重要力量，而德国社会民主党（SPD）是其中最具代表性、见证了19世纪后半叶以来工人运动发展历程的欧洲历史最悠久的政党。德国社会民主党（简称社民党）在纲领建设、组织建设、思想建设等方面都独具特色，在反抗专制、维护工人阶级利益、推动社会进步等方面发挥了重要作用。

德国社民党在其150多年历史发展中，曾作为反抗者，在黑暗年代带领工人与独裁专制做斗争；作为解放者，为普通大众摆脱政治、经济和精神上的压制，追求自由发展的生活而不懈努力；作为改革者，面对时代挑战，不断调整纲领和策略，为实现社会民主主义理想而奋斗。20世纪90年代以来，全球化和新自由主义的挑战使德国社民党始终在维持自身的传统价值和进行大刀阔斧改革的冲突中艰难前行。能否实现新的突破与超越，将决定德国社民党的未来发展方向和目标。

一 反抗者：漫长的斗争历史

在工业化迅速发展的19世纪，工人生存状况恶劣，各国工人运动蓬勃

* 张文红，中央编译局马克思主义研究部副主任、政党研究中心副主任、研究员。

发展。在德国，各种形式不同、行业背景各异的工人组织纷纷登上历史舞台。在反抗专制国家、争取民主权利的斗争中，这些组织最终形成工人运动的领导力量——德国社会民主党。

1863 年 5 月 23 日，斐迪南·拉萨尔在莱比锡建立了全德工人联合会，主张普遍的、平等的选举权，反抗剥削，建立互助性生产组织。1869 年 8 月 7 日威廉·李卜克内西和奥古斯特·倍倍尔在爱森纳赫创立了德国社会民主工党，主张消除阶级统治，建立自由的“人民国家”。这是第一个在民族国家范围内建立的工人政党，并发展成为第二国际时期各国 28 个工人政党中最强大、最有影响的一个。在 1873 年经济危机中，为了整合德国工人运动力量，上述两个组织于 1875 年 5 月在哥达合并，成为德国社会主义工人党。

工人政治力量的壮大令当时专制政府感到恐惧，尤其是普法战争前后及帝国成立之初，德国社会主义工人党领导人对普法战争和巴黎公社所采取的立场，令帝国首相俾斯麦担心社会主义工人党壮大后会颠覆现有的国家和社会秩序。在捍卫霍亨索伦王朝及稳固新帝国的所谓“历史使命感”驱使下，俾斯麦决定对社会主义工人党采取压制措施并于 1878 年 10 月 19 日借口年初发生的与社会主义工人党毫无关系的刺杀德皇事件，在帝国议会通过了《反对社会民主党企图危害社会治安的法令》（简称《反社会党人非常法》），使社会主义工人党处于非法状态。这项法案的有效期限本来只有两年半，但后来在国会中 4 次被延长，直到 1890 年才结束。

在长达 12 年的《反社会党人非常法》时期，所有社会主义的政党、组织和团体都被禁止，共有 893 位各党的各级领导人被驱逐出境，超过 300 个工人组织被解散，超过 1300 种期刊、图书被禁止，1500 人入狱，所判徒刑累计长达 850 年。[①] 这一切给德国社会主义工人党及其党员造成了极大伤害，但德国社会主义工人党党人并未屈服，而是采用合法斗争与秘密斗争相结合的手段进行各种形式的反抗。1880 年 8 月，德国社会主义工人党在瑞士维登秘密召开党代表大会，宣布将以“一切手段”坚持斗争。值得注意的是，《反社会党人非常法》一方面使德国社会主义工人党在理论上更激

① Hans Matthöfer, *Soziale Frage*, *Sozialistengesetz und Sozialreform im 19. Jahrhundert*, p. 25.

进，另一方面却使该党在实践上向议会改良道路发展。由于《反社会党人非常法》在查禁社会主义工人党组织的同时允许社会主义工人党党人参加议会选举，允许其议会党团和议员在国会开展工作，所以社会主义工人党人积极利用议会合法讲坛展开活动，在议会选举中得票数也不断攀升。1890年，在帝国议会选举中德国社会主义工人党获得19.8%的选票，即在经历了12年迫害之后，社会主义工人党不但没有一蹶不振，反而变得更加强大，党员人数增加，选区扩大。1891年10月，在爱尔福特党代会上，德国社会主义工人党改名为德国社会民主党。在1912年的选举中，社民党以34.8%的支持率成为议会第一大政党。①

在《反社会党人非常法》期间，马克思主义话语主导了德国社会主义工人党，该党的革命性和对马克思主义的信仰都达到了空前绝后的水平。马克思、恩格斯曾对德国社会主义工人党给予很多关注。该党创始人李卜克内西和倍倍尔都是坚定的马克思主义者。当然，在德国社会民主工党建立的时候，大多数党员并没读过马克思和恩格斯的著作，是日常生活的窘迫、阶级压迫和社会不公促使他们团结起来，加入德国社会民主工党。全德工人联合会和德国社会民主工党合并时，李卜克内西主持起草了党的纲领——《哥达纲领》。为实现德国工人阶级政党的统一，李卜克内西和倍倍尔在《哥达纲领》中对拉萨尔派做出理论上的让步和妥协。马克思、恩格斯随即提出尖锐的批评意见，马克思撰写了《哥达纲领批判》，第一次指出共产主义划分为两个发展阶段，论述了这两个阶段的基本特征和分配原则，并提出从资本主义向共产主义的过渡时期的理论。在这一时期，专制国家对德国社会主义工人党的压制和迫害愈来愈强，促使该党在理论上愈加激进，愈来愈多的德国社会主义工人党党员接受了马克思主义。这一时期的德国社会主义工人党实际上是深受马克思主义影响的政党。

德国社民党制定第二部纲领即1891年《爱尔福特纲领》时，恩格斯曾给予大量理论指导。这部纲领包括理论和实际政策两个部分，分别由卡尔·考茨基和爱德华·伯恩施坦执笔撰写。由考茨基执笔的理论部分彻底摆脱了拉萨尔改良主义的影响，提出对社会制度实行彻底变革的革命目标，

① 〔德〕弗兰茨·瓦尔特：《德国社会民主党：从无产阶级到新中间》，张文红译，重庆出版集团，2008，第3页。

论述了资本主义灭亡的必然性和无产阶级的历史使命，完全坚持了马克思主义的观点；而由伯恩施坦执笔的实际政策部分虽然提出普选制、言论集会结社自由、8 小时工作制等一系列改善现状的具体要求，但同时也肯定了争取改良的合法斗争的必要性。此后，德国工人运动的发展趋势是逐渐放弃阶级斗争尤其是暴力的阶级斗争，转而走向议会民主制。

德国社民党直到 1959 年《哥德斯堡纲领》才放弃了马克思主义话语体系，不再把马克思主义视为党的指导思想，转而主张世界观的开放性和多元化。不过马克思主义的影响一直存在。在两德统一前夕的 1989 年，德国社民党《柏林纲领》重新肯定了该党的马克思主义渊源：“具有各种不同基本信念和信仰的人在德国社会民主党中进行合作。他们的协调一致是以共同的基本价值和相同的政治目标为基础的。欧洲的民主社会主义思想渊源来自于基督教、人道主义哲学、启蒙主义思想、马克思的历史和社会学说以及工人运动的经验。”① 之后，德国社民党在 2007 年《汉堡纲领》中，再度重申了社民党的马克思主义渊源：“自 1959 年《哥德斯堡纲领》以来，它认为自己是左翼人民党，它根植于犹太教和基督教、人道主义和启蒙运动、马克思主义的社会分析和工人运动的经验。”②

德国西南边境特里尔市布吕肯街 10 号是马克思的出生地，后来这里曾被改为铁器店。德国社民党在 1928 年以近 10 万帝国马克的价格从私人手中买下这座房子。纳粹上台后，房屋被占领，内部文物惨遭洗劫，直到二战后才归还给社民党。在 1947 年 5 月 5 日马克思诞辰 129 周年纪念日，这里被辟为对外开放的马克思纪念馆，至今仍由亲德国社民党的弗里德里希·艾伯特基金会持有和运行。1981 年，艾伯特基金会又在特里尔建立了马克思故居研究中心，主要从事马克思、恩格斯著作的搜集整理及版本研究。目前，艾伯特基金会还是参与编辑出版《马克思恩格斯全集》历史考证版（MEGA2）的成员之一。

德国社民党具有很强的环境适应能力。该党在俾斯麦的《反社会党人非常法》（1878 ~ 1890 年）时期和希特勒统治时期（1933 ~ 1945 年）两度被禁，众多党员惨遭迫害。在《反社会党人非常法》时期，德国社民党虽

① 《德国社会民主党纲领汇编》，张世鹏译，殷叙彝校，北京大学出版社，2005，第 93 页。

② 《德国社会民主党基本纲领（汉堡纲领）》，张文红译，殷叙彝校，《当代世界社会主义问题》2007 年第 4 期。

然被取缔，但该党党员仍能以个人身份参与国会及地方议会选举。因此，社民党党员充分利用议会合法讲坛积极展开活动，在国会及地方议会中仍维持了社民党党团合法的活动空间。此外，德国社民党还建立起各种形式的社团组织，如体育俱乐部、音乐俱乐部、郊游俱乐部等文体活动组织。这些社团组织虽表面上与政治无关，却可以称得上是一项伟大的组织成就。

纳粹统治时期，德国社民党再次被禁，但该党依然保持着强大的凝聚力和战斗力，在极端艰难困苦的二战时期始终顽强地坚持从事地下抵抗运动，成为德国唯一经历了二战而没有中断历史的政党。战争结束之初，在德国其他政党纷纷忙于重建、改建时，社民党却能够立即恢复活动，在全国及各州的党组织机构还没有重建和恢复的时候，很多基层支部的党员就已经开始挨家挨户地收取党费了。许多党员取出自己珍藏起来的红旗，着手开展支部活动并动情地唱起熟悉的歌曲。短短几个月时间，社民党就重建了全国的党组织机构，党员人数不仅没有减少，在一些地区甚至比魏玛共和国时期还增加了许多。

二　解放者：尚未完成的任务

自由、公正、团结互助是德国社民党的基本价值，从该党成立之日起就未曾改变过。如今，位于柏林的德国社民党总部维利·勃兰特大厦内依然悬挂着写有“自由、公正、团结互助”字样的红色党旗。德国社民党将民主、自由的解放思想同社会解放的思想结合起来，为建立和维护德国的民主制度做出了巨大贡献。从建党之初的反抗专制独裁、反对经济剥削和政治压迫，到二战期间反对纳粹主义和军国主义，一直到今天反对新自由主义，德国社民党始终致力于争取更多和平与自由、更多公正与民主。德国社民党骄傲地认为，自己在德国历史发展的关键时刻，每每站在正确的一边，至少是毫不动摇地坚持民主。

德国社民党是唯一勇于投票反对纳粹《授权法》的议会党团。1933 年 3 月 23 日，帝国议会讨论纳粹制定的、旨在建立独裁政权的《授权法》。当时左翼议员因国会纵火案受到迫害，导致 81 名德国共产党议员全部缺席，德国社民党也有 26 名议员缺席。在纳粹党人威胁下，保守的中央党议员游说社民党人说："同意吧！没看见吗？要不然会有生命危险或者被驱逐。"最终社民党议员反抗了所有的压迫和暴政，没有因之前一周内有几个社民党议员被捕并被送进集中营而气馁。他们仍然坚定地投了反对票。投票前，社民党议会党团主席奥托·韦尔斯在克罗尔歌剧院的国会讲坛正义凛然地宣布："我们的自由和性命可以被剥夺，但是尊严不可丢!"① 今天这句话被镌刻在社民党总部的墙上。尽管德国社民党 94 张反对票未能阻止《授权法》通过，但这一行动本身就捍卫并彰显了德国社民党秉持的自由、民主理念。

德国社民党也善于和解。曾任联邦德国总理的社民党人维利·勃兰特本人在二战时期曾投身反抗纳粹的斗争，他本人无须为纳粹罪行负责，但他却为了整个民族的历史责任，于 1970 年 12 月 7 日跪倒在华沙犹太隔离区起义纪念碑前，定格了令整个世界为之动容的一幕。一个总理跪下了，一个民族站起来。勃兰特的惊世一跪为德国赢得了负责任国家的声誉。此外，勃兰特在 20 世纪 70 年代倡导的新东方政策对东西方关系的缓和发挥了重要作用。

德国社民党始终把自己称作"小人物"的政党，坚持站在"小人物"一边，为"小人物"服务。该党许多领导人都是从"小人物"成长起来的，这些曾经的"小人物"为众多的"小人物"做出了大贡献。党的创始人倍倍尔因家境贫苦，十几岁就去做旋工学徒；奥托·韦尔斯曾是裱糊匠学徒；勃兰特出身卑微；第一位在魏玛共和国议会发表演讲的玛丽·朱查兹曾是女仆和裁缝；格哈德·施罗德也来自贫寒家庭。2013 年社民党成立 150 周年时，德国有许多媒体不无嘲讽地称社民党为"老大妈"，但这也恰恰从另一个侧面反映了德国社民党眷顾"小人物"的拳拳之心并以为"小人物"谋利益为己任。

缩短工作时间、获得 8 小时工作日的权利是国际工人运动的重要成就之一。19 世纪后半叶，工人常常每周工作 7 天，每天工作 12 ~ 16 小时。为争取 8 小时工作日，各国工人经历了艰难历程，进行了长时间的不懈斗争。在工人斗争的基础上，1866 年 9 月在日内瓦召开的"国际工人代表大会"通

① "Rede von Otto Wels am 23. März 1933," http://www.spd.de/linkableblob/5698/data/.

过决议："限制工作日是一个先决条件，没有这个条件，一切进一步谋求工人解放的尝试都将遭到失败……我们建议通过立法手续把工作日限制为八小时。"[①] 19 世纪末，第二国际时期工人运动的一个重要诉求仍是争取 8 小时工作日。在德国，社民党和工会是领导工人斗争的主力，使得工作时间逐渐降到每周 60 小时和每周 48 小时；20 世纪 50 年代，经过社民党和工会的共同努力，为工人争取到每周 5 天工作日、40 小时工作时间；到了 80 年代，某些行业甚至将工作时间缩短到每周 35 小时。

德国社民党和工会还推动了企业共同决定的立法进程。从 20 世纪 20 年代起，德国逐步建立了较为完善的共同决定的法律体系，保障了工人参与企业管理的权利。二战后，在德国社民党执政时期，共同决定的立法进程快速发展，基本建立了现代的职工共同决定法律体系，成为世界的样板。此外，解雇保护、带薪休假、母亲保护、劳动保护、失业保护等，在很大程度上都是德国社民党和工会共同斗争的成果。德国社民党和德国工会联合会虽相互独立，但有广泛的共同目标和行动上相互支持。德国社民党最好的选举结果就是通过工会实现的：1972 年大选时，工人选票占社民党总得票数的 70%，勃兰特因而被称作"工人的总理"。

从第二帝国时期开始德国社民党就认识到教育的重要性，但直到二战后的阿登纳时代，德国工人接受高等教育的机会都微乎其微。德国社民党在 20 世纪六七十年代倡导教育改革，实现了教育公正。众多德国工人家庭的子女能够上大学，获得接受高等教育的机会，使其社会地位得以提升，最终脱离工人阶级的环境，进入主流社会，成为所谓新中间阶层的主体。其改变了德国的社会结构和社民党自身的结构，传统的阶级界限变得日益模糊。

德国社民党对妇女解放运动也做出了重大贡献。倍倍尔 1879 年的《妇女与社会主义》一书系统论述了妇女解放的思想。这本书在 30 年间再版 53 次，被翻译成十几种文字，在世界范围内广泛传播，对妇女解放运动产生了深远影响。到 1910 年，德国社民党女性党员人数达到 8.3 万人，1919 年 37 位德国社民党女议员进入帝国议会。二战后妇女解放运动持续发展，德

① 《马克思恩格斯文集》第 5 卷，人民出版社，2009，第 348 页。

国社民党于 1977 年成立了妇女工作委员会，并在 1988 年做出规定：社民党领导机构中女性比例不低于 40%。目前，德国社民党内的女政治家也日益增多，最近两任党的总书记都是女性：前任总书记、现任德国大联合政府劳动和社会部部长安德丽娅·纳勒斯和现任总书记雅丝敏·法依米。

德国社民党所取得的成就曾令某些社会学家认为社民党的历史任务已经完成了，如著名学者拉尔夫·达伦多夫曾在 20 世纪末宣布社会民主主义时代结束了。但实际情况是，社会公正的目标还远未达到。在新自由主义泛滥之后，德国社会重新出现了贫富差距拉大、社会阶层分化的现象。瓦尔特·伍伦韦伯在《反社会的人》一书中将德国社会描述成三个平行的社会：承担了大部分社会责任的是中产阶级；占据社会主要财富的富裕阶层不再是社会精英；领取救济金的社会底层开始往下一代遗传，而且不再怀有提高社会地位的上进心。这样的社会还远称不上是一个理想的公正社会。此外，文化和宗教信仰等各种差异造成的社会歧视现象也呈愈加严重的态势。这一切都构成对社会民主主义的现实挑战。因此，德国社民党作为解放者今后要走的路依然漫长。

三 改革者：永远不变的精神

德国社民党成立之初，德国还是以农业为主的社会，工业发展刚刚起步。而按照社会学家的说法，当今德国社会已从工业社会过渡到知识社会了。德国社民党的历史纵贯前工业社会至后工业社会，其间的历史发展天翻地覆，社会冲突的形式和内容不断发生变化，社民党的群众基础也在不断迁移。德国社民党起源于社会运动。成立之初，德国社民党的主体不是产业工人，而是城市手工业者。因为 19 世纪中期德国产业工人大都来自农业地区，缺乏组织传统和经验、团结互助的能力以及创建工人组织的指导思想。而诸如排字工人、皮匠、旋工、木工等城市手工业者却拥有上百年行业协会传统，依靠组织能力、较好的教育程度和传播能力成为德国社民党的先驱。工业的发展使城市手工业者社会地位晋升的希望破灭，在对传统的期望和对现实的失望的紧张关系中酝酿出新的抗议运动，并吸引了知识分子加入。手工业者和知识分子的联盟主导了 1863 ~ 1933 年的德国社会民主党。直到一战后，大批从战场返回的士兵留在了城市，产业工人的队伍逐渐壮大，并成为社民党的主体。

二战结束后德国社民党面临着社会结构发生变化的新挑战。在 1949 年 8 月战后联邦德国第一次大选中，社会民主党仅获得 29.2% 的选票，131 个议席；而联盟党则获得 31% 的选票，139 个议席，并掌握了组阁权。此后的几次大选中，联盟党得票率不断攀升，在 1957 年甚至获得 50.2% 的绝对多数票。同时社民党的党员数量也开始急剧下降，从 1947 年的 87.5 万人降至 1958 年 62.4 万人。[①] 数次选举失败使社民党认识到：德国的社会条件已发生巨大变化，如不及时调整党的纲领和政策，就难以重新执政。党的领袖库尔特·舒马赫认为，德国社民党必须扩展其社会基础，要向中间阶层推进；最终目的是议会民主制，党派多样化。

1957 年选举失败后社民党内开展了大讨论。重点是抛弃意识形态“包袱”，特别是清除马克思主义的词句和对社会主义历史必然性的信仰；改变党的性质，使之向一切社会阶层特别是中间阶层开放，以适应战后社会结构的变化。1959 年通过的《哥德斯堡纲领》就是这场讨论的最终结果，其公开声明：“社会民主党已经从一个工人阶级的政党变成了一个人民政党”；“民主社会主义植根于西欧的基督教伦理、人道主义和古典哲学”；社会民主党“是由具有不同信仰和思想的人组成的一个共同体”；“自由、公正和团结互助”是社会主义的“基本价值”；“社会主义是一个持久任务——为实现自由和公正而斗争，保卫自由和公正，而且本身也要经受自由和公正的考验”；实现这项任务的途径是“在同其他民主政党进行权利平等的竞赛中获得多数人民的支持”。[②]

《哥德斯堡纲领》奠定了德国社民党新时期的基本路线，也因此赢得了更多选民的支持，于 1966 年参加了大联合政府，并于 1969 年开始作为主角执政。1969 年联邦议会选举之后，德国社民党和自由民主党组成联合政府，勃兰特出任战后第一个社民党的联邦总理。《哥德斯堡纲领》使德国社民党

① 〔德〕弗兰茨·瓦尔特：《德国社会民主党：从无产阶级到新中间》，重庆出版集团，2008，第 6 页。

② 张世鹏编译《德国社会民主党纲领汇编》，北京大学出版社，2005，第 70、72、84 页。

从一个反对现体制的政党变成一个体制内政党。社民党党员人数逐渐增加，1973 年达到近 100 万人。党员构成也发生改变，工人比例下降，职员和公职人员上升。1960 年入党的新党员中，工人占 55.7%，职员和公务员占 21.2%；到 1969 年，工人只占 39.6%，职员和公务员却提升到 33.6%；到 1972 年，工人比例下跌到 34%，大学生却占到 15.9%。这些变化表明中间阶层开始逐渐成为社民党的主体。①

大约在 20 世纪 70 年代，传统的工人运动结束了，作为无产阶级代表的社民党时代也结束了。在这 10 年里，社民党逐渐远离了下层民众。社民党的大部分干部不再是工人居住区政治生活、业余生活和社区生活的组织者。社民党曾经的典型社会环境解体了。传统产业工人人数持续减少，中产阶级人数急剧上升，占据了社会结构的主流位置。1982 年，独立经营者、公务员、职员占就业人口的 66.1%，其中新中产阶级（职员和公务员）占 49.3%，超过了工人的 43.9%。②

20 世纪 90 年代以来，新科技革命、经济全球化和欧洲一体化进程迅猛发展，对西欧社会的劳动组织方式、社会经济结构和人们的生活方式、价值观念产生了强烈冲击。传统工人的数量急剧减少，所占比例已不足人口的 5%。工人阶级在社会上所占比重的降低直接影响到社民党的政治基础，使社民党在选举中处于不利境地。为满足中间阶层分享政治权力的愿望，社民党采取了权力下放和自治管理原则，强调以新的方式从政，实行“团结与开放”的政策，容纳所有派别和人士，团结各种政治力量，特别是以中间阶层为代表的中间势力，以形成新的阶级基础。

施罗德 1998 年提出的“新中间”思想就是从社会新变化出发，进一步向中间阶层渗透，向全体选民最大限度地开放，寻求扩大生存基础。社民党 1998 年竞选纲领中强调，要邀请一切社会力量与之合作，要依靠从雇员到企业家，从手工业者、自由职业者到工程师、科技人员，从工会员工到所有中间阶层的一切人。主张建立“在社会和文化上更加复杂、更加多元化的公民联盟”。施罗德的“新中间”道路使社民党连续赢得 1998 年和

① 金重远：《战后西欧社会党》，上海人民出版社，1997，第 99 页。

② 王存福：《20 世纪 70 年代以来德国社会结构变迁与社会民主党由“纲领党”到“选举党”的转型》，《德国研究》2014 年第 1 期。

2002 年联邦选举。德国社会福利国家制度的建设是社民党最伟大的成就之一，但过度的福利制度造成了国家的经济负担，经济增长迟缓，失业率高居不下。为此社民党不得不进行痛苦的抉择。

2003 年 3 月 14 日，社民党总理施罗德在议会宣布了“2010 议程”改革方案，其目标是在中短期内加强德国的经济实力、创造就业岗位并使福利体制现代化。改革措施涉及从减税到劳动力市场改革，直到社会保障体制等各个领域；涉及德国社会大多数人的利益，堪称德国战后历史上规模最大、程度最深的一场改革。其中最具争议的内容是“哈茨 IV”改革方案，该方案将失业保险和社会救助统一起来，结束了以往的双重保险结构，大大提高了社会效率。改革前，失业者可以领到原工资 63% 的救济金，最多可以领 4 年。改革后，失业者领取失业保险金的时间缩短为 1 年，之后只能领取每月约 350 欧元的基本保险。失业者领取保险金后必须接受任何被指派的合法工作，如果拒绝，保险金就可能被扣减。

但改革政策的实施却始终伴随着困难和阻力，社民党也经历了一连串的打击，党内出现了严重分歧。社民党左派反对在用工制度和社会福利方面的改革，认为这将损害广大工人的利益；作为社民党最重要合作伙伴的工会，也因这场改革而同社民党产生了尖锐的矛盾，认为社民党背离了其传统价值，对这场改革持公开的拒绝态度。最终，这股抵抗改革的力量从政治层面开展活动，于 2005 年 1 月 22 日在哥廷根成立了一个“站在社民党左侧”的左翼政党“选举替代—劳动与社会公正”。社民党前主席奥斯卡·拉封丹于 2005 年 6 月宣布退出社民党，加入“选举替代”党。2007 年 6 月，德国左翼党——民社党和“选举替代”在柏林合并，成立了德国“左翼党”。“2010 议程”虽引发了众多争议，但 10 年后的今天，呈现于世的是德国经济增长、就业率上升、国际竞争力提高、失业率不断下降（2012 年德国失业率仅为 5.9%，在欧洲位于倒数第四位，仅高于奥地利、荷兰和卢森堡。“2010 议程”在降低失业率方面无疑是成功的）。

2005 年联邦议会选举终结了始于 1998 年的社民党和绿党“红绿联合”政府，开始了社民党与联盟党大联合政府时期。在 2009 年联邦大选中，德国社民党遭遇战后最惨痛失败，失去执政党地位。2013 年联邦大选后社民党再次与联盟党组成大联合政府。2013 年 11 月 27 日，德国社民党和联盟党签订了联合执政协议，12 月 14 日社民党党员以 75.96% 支持率批准了这一协议，12 月 17 日社民党重新执政。

20 多年来德国社民党其实一直在进行着现代化进程，试图努力跟上时代的发展，提出与时代相适应的奋斗目标。虽然在日常政治中，德国社民党的工作似乎是围绕各级选举而进行，但实际上该党的最高目标不是执政，而是推动社会进步。在 150 多年历史中，德国社民党只有 30 多年是执政党，而有 120 年处于反对派地位，其中还有 25 年遭受俾斯麦和希特勒的国家迫害。但德国社民党并不惧怕这种命运，事实上，社民党在作为反对派期间为工人阶级争取的利益并不亚于其执政期间。社民党在执政期间更关心国家的利益，在作为反对派期间更关心自身的建设。社民党的数次纲领修订，大都是在作为反对派期间完成的。

德国社民党目前面临着多重挑战：第一，自身定位和身份认同危机。德国社民党在理论和政策等方面进行的一系列调整和变革，在力图适应国际国内形势变化的同时，也产生了自身定位和身份认同危机。党的左侧有来自左翼党和绿党的挑战，传统选民不断流失；而右侧又有联盟党的挤压，许多问题的话语权被联盟党主导。社民党若要在当前复杂的政党体系中发挥更大作用，就应进一步明确自身定位。第二，方向危机。突出表现是理想与现实的冲突。自由、公正、团结互助是社民党的基本价值，但制定具体执政政策时却往往需要妥协。社民党作为左翼人民党的发展方向并不明确，直到今天，社民党还能感受到施罗德改革政策的余痛，这场改革对于德国的竞争力至关重要，但却导致了许多长期基础选民的流失和背离。第三，党员老龄化的挑战。21 世纪的几次联邦大选中，德国社民党的支持者主要由 60 岁以上的老人构成。在 2009 年大选中，18 ~ 24 岁的女性选民中，仅有 18% 的人投票支持德国社民党。因此，德国社民党不仅要争取更多社会阶层的支持，更要争取年青一代选民的支持。社民党要从组织上、选题上、沟通方式上进行改进，重新争取年青一代选民。第四，领袖危机。150 多年来，德国社民党内既有倍倍尔、李卜克内西这样果敢坚毅的革命者，也有伯恩施坦、考茨基、罗莎·卢森堡、鲁道夫·希法亭等众多具有理论原创力的思想家，还有战后涌现出的勃兰特、赫尔穆特·施密特、施罗德等一批出色的政治家。而现在的社民党领袖大都是二战后出生，没有经历过残酷的政治斗争，缺乏领袖人物所特有的人格魅力，特别是坚强的意志和号召力。

尽管面临诸多困难和挑战，但社民党现在仍是德国大联合政府的执政党之一：占据着6个重要的内阁部长职位，包括外交部、经济和能源部、劳动和社会保障部、司法部以及环保和建设部等；16个联邦州中，社民党在13个州参与执政；30个人口最多的城市中有22个是社民党人担任市长。因此，德国社民党自豪地宣称："我们正在执政。"[①]在与联盟党签订的联合执政协议中，德国社民党提出了一系列新的维护"小人物"利益的主张，包括：工作年限达到45年之后可以在63岁，而不是到67岁退休；在全德国实行每小时8欧元最低工资；制止房租上涨；发展生态能源；提高监事会妇女比例；提高父母津贴；简化双重国籍；等等。在这个意义上，是否有理由希望德国社民党一如既往地为"小人物"争取更多的利益？

① "Die SPD Regiert. Das Land kommt voran," http：//www. spd. de/regierung/.

联邦德国新东方政策与民主德国衰亡：意义与研究现状

陈 弢*

“当有人回顾已经过去的80年代的民主德国外交政策时，一定会将其看成是一段成功的历史。民主德国早就回答了这个疑问，那就是它不仅是一个有着自身利益的国家，而且还能设法去实现这种利益。”① 以上这段话出自西方研究民主德国问题的著名专家普拉特，时间是1989年。与普拉特一样，在当时大多数学者和外界的眼中，德意志民主共和国（简称“民主德国”）不仅与德意志联邦共和国（简称“联邦德国”）于1973年同时加入联合国，与世界大多数国家建立了外交关系，作为经济发展水平居于世界前十的国家，它还是社会主义发展模式的代表和橱窗，吸引了越来越多的人的重视和称赞。

然而，几乎与此同时（1989年5月），尽管民主德国政府再三劝阻，匈牙利还是开放了与奥地利的边界，大批民主德国公民随即经此逃往西方。那些留在国内的人们，则进行了一浪高过一浪的示威游行。10月18日，执政长达18年的民主德国党和国家最高领导人昂纳克被统一社会党中央免去了职务。11月9日，柏林墙正式开放，在之后几天之内，申请出境许可的民主德国公民高达数百万人次。12月1日，民主德国修改宪法，删除了“受工人阶级及其马列主义政党领导”等内容。1990年2月4日，统一社会

---

* 陈弢，同济大学德国问题研究所助理教授，历史学博士。

① Platevon Bernard, “Die Auβevpolitik und internationale Einordnung der DDR,” in Werner Weidenfeld & Hartmut Zimmerman (Hrsg.), *Deutschland – Handbuch. Eine doppelte Bilanz*, 1949 – 1989, München, 1989, S. 589.

党（简称“统社党”）改名为德国民主社会主义党，参加议会选举，并在选举中惨败。存在40年的民主德国一党执政模式崩溃。10月联邦德国以西统东、完成统一，民主德国不复存在。

对于民主德国突如其来的崩溃，正如普拉特的分析一样，几乎没有西方学者对其进行过准确预测。[①]由于只能使用民主德国政府出版的官方或半官方出版物以及报刊等进行研究，西方学者对民主德国建国以来的历史及当时状况普遍有种雾里看花的感觉。1989年柏林墙的倒塌和次年发生的两德统一后民主德国档案材料的开放，再加上相关当事人仍然在世，从而使得进行口述史研究和出版回忆录成为可能。这一切因素都给民主德国及其外交史的研究者提供了重写历史的机会。正如负责整理民主德国统社党历史的联邦基金会主席赖纳·埃佩尔曼指出的：90年代，德国历史中没有哪个阶段像民主德国史那样迎来了如此多的关注目光。在非常短的时间里，就有上千个有关民主德国史的研究项目在全世界各地启动。这些项目的统一特点是：利用新解密的大量民主德国档案，去消除民主德国史中的盲点，并重新评估前人研究的结论和相关理论问题。[②]

那么应怎样理解1989年民主德国的突然崩溃呢？很多德国学者将民主德国的突然崩溃视作几大因素交互影响、共同作用所导致。其中重要因素之一是由于统治权威及合法性的快速消融，民主德国党政部门根本无法动用武力手段。德国著名社会史学者韦勒指出：“如果马列主义教条仍然能够作为指导历史进步的创新精神的话，统社党也许就不会成为愤怒的民众的牺牲品了。”[③] 令学术界尤其感兴趣的是，在新东方政策进程中，民主德国以及东欧国家在外部获得的外交承认和合法性认同提升与其内部日益不稳定局势的关系。按照洪堡大学民主德国史研究专家马丁·萨布罗教授的话

---

① 当时法国学者对民主德国不会快速崩溃的论述参见 Pfeil, Ulrich, *Die anderen deutsch – franzosichen Beziehungen, Die DDR und Frankreich, 1949 – 1990*, Köln, 2004, S. 40 – 41；当时联邦德国学者对民主德国将长期存在下去的论述，主要参见 Frenzke, Dietrich & Uschakow, Alexander (Hrsg.), *Die Oststaaten, das sowjetische Bündnissystem und die KSZE vor und nach Helsinki*, Köln, 1985。

② Peter Barker & John Wieczorek (ed.) Vademecum, *Research in Great Britain and Ireland on the GDR, The Division of Germany and Post – Unification Germany*, Berlin, 2008, p. 9.

③ Hans Wehler, *Deutsche Gesellschaftsgeschichte, Fünfter Band, Bundesrepublik und DDR, 1949 – 1990*, München, 2008, S. 321 – 324.

来说，“民主德国政权自我崩溃的决定性因素也许在于以下这个矛盾体中，那就是长期以来表面上看上去坚不可摧的统治与令人惊讶的对权力的侵蚀并存。（民主德国政权）那依靠强力维持的内部秩序的不稳定，同其作为社会主义阵营的一员融入国际体系中一并发生”①。

一 新东方政策与民主德国的崩溃

东方政策（Ostpolitik）传统上是指联邦德国（西德）对东欧国家的政策。战后，在两个德国和东方阵营出现的背景下，为大多数国家所承认的联邦德国政府不承认民主德国存在的合法性，同时以哈尔斯坦主义来围困民主德国。这随即导致了联邦德国和苏联东欧阵营关系的恶化与停滞不前，以及该阵营国家和联邦德国之间长期互不承认（1955 年建交的苏联除外）。因此，联邦德国东方政策的症结主要集中在四个方面：第一，是否承认民主德国，德国重新统一和联邦德国的单独代表权要求（Alleinvertretungsanspruch）问题。第二，奥德—尼斯和边界问题。第三，东、西柏林问题。第四，如何对待 1938 年慕尼黑协定问题。这四个问题直接影响到联邦德国和苏东关系。

新东方政策（Neue Ostpolitik）正是由联邦德国社会民主党提出的，为了消除战后联邦德国这一外交症结的政策。它之所以“新”，主要表现在为以上四个问题的解决提供了新的解决方案。② 1963 年 7 月 15 日，时任西柏林市长勃兰特

---

① Martin Sabrow（Hrsg.），*Weg in den Untergang. Der innere Zerfall der DDR*，Göttingen，1999，S. 104.

② 目前，学界对于新东方政策的起始时间大致有四种看法：第一，认为新东方政策从 1961 年 8 月 13 日修建柏林墙后就开始了。参见 Timothy Ash，*In Europe's Name*：*Germany and the Divided Continent*，London，1994。第二，认为 1966 年 3 月，艾哈德政府的和平照会是新东方政策开始的标志。参见 Helga Haftendorn，“The NATO Crisis of 1966 - 1967：Confronting Germany with a Conflict of Priotities，” in Helga Haftendorn，George Soutou，Stephen Szabo，Samuel Wells Jr.（ed.）*The Strategic Triangle*：*France*，*Germany*，*and the United States in the Shaping of the New Europe*，Washington，2006。第三，认为大联合政府时期新东方政策的主要议程就设计好了，参见 Julia von Dannenberg，*The Foundation of Ostpolitik*：*The Making of the Moscow Treaty between West Germany and the USSR*，New York，2008。第四，将勃兰特正式上任联邦总理之后的 1969 年作为新东方政策研究的起始年份。参见 Mary Sarrotte，*Dealing with the Devil*，*East Germany*，*Detente*，*and Ostpolitik*，*1969 - 1973*，University of North Carolina Press，2001。

的助理巴尔[①]在慕尼黑附近图青（Tutzing）发表的讲话中正式提出“以接近促演变”（Wandel durch Annäherung）。这一概念也被有的自由主义学者称作通过稳定（stabilization）实现解放（liberalization）。[②] 由此开启了被视作新东方政策起点和开端的西柏林市政府与民主德国政权最初的“小步子”接触。1969 年勃兰特当选联邦德国总理，正式将新东方政策作为联邦德国政府对苏东国家的指导政策，再到 70 年代同包括民主德国和苏联在内的诸多苏东国家签订条约，承认战后欧洲现状，1971 年有关柏林问题的四大国协定[③]，并由 1976 年欧安会赫尔辛基会议最后文件在全欧范围内进一步确定这一新的欧洲国际秩序，以及在欧安会后续会议中继续进行东西方缓和、最终苏东体系崩溃、两德统一为止，都被当前的研究者当作整个“新东方政策进程”进行考察。

德国学者依据新解密开放的档案进行的最新研究揭示，新东方政策有着看似彼此矛盾的双重目标。第一个目标是通过扩大政治、经济、文化等各方面与民主德国的交往，来使柏林墙修建后的民主德国民众有更多机会接触西方，并削弱其制度。第二个目标是设计一个新的欧洲安全体系，以保证所有与两德统一有关国家的安全利益。在实际操作过程中，就体现为承认战后形成的欧洲边界，以及承认民主德国政府的合法性，并接受其渴望成为国际体系正常一员的诉求，彻底放弃围困民主德国的哈尔斯坦主义。这也是第一个目标能够实现的重要条件。它的设计者认为，只有如此，才能在民主德国消亡后，确保德国的最终统一。[④]

---

① 当时巴尔的正式职务是西柏林新闻信息办公室主任，以及西柏林市政府的发言人。

② Timothy Garton Ash，*Im Namen Europas. Deutschland und der geteilte Kontinent*，München，1993.

③ 该协定由美、英、苏、法四大国在 1971 年 9 月 3 日签署，1972 年 6 月 3 日正式生效。根据该协定，西柏林的居民可以在出示有关证明之后随时前往东柏林探望亲人和朋友。因此协定事实上是规范东、西柏林之间的交往，减少民主德国可能对交通进行的干预，为西方人员和意识形态进入民主德国提供了重要的保证。

④ 出于这一政策的双重目标，勃兰特和巴尔在联邦德国政府内部也对该计划守口如瓶。目前已开放的德国档案中，很难找到有关这一计划尤其是对其双重目标论述的详细证据。但也许出于相互协调的必要，在德国的西方盟友尤其是美国和法国的档案文件中却可以找到相当多有关这一计划如何推介到东欧，以及东欧会如何反应的材料。参见 Oliver Bange，*Ostpolitik – the Hidden Agenda*（open paper delivered at the London School of Economics，Feb，26th，2003）。有关勃兰特及巴尔等人对新东方政策及其政策目标和实践先后顺序的详尽考虑分析，参见 Oliver Bange&Gottfried Niedhardt，*Helsinki* 1975 *and the Transformation of Europe*，Berghahn Books，2008，pp. 23 – 52，以及 Bange 博士在曼海姆大学的任职论文：*Ostpolitik und Detente*：*Die Anfang Jahre 1966 – 1969*，Habilitation an der Universität Mannheim，2004。

新东方政策的双重性质也使其在外界眼中充满了矛盾色彩。一方面，由于其公开提倡通过接近促进演变，对于东欧阵营，尤其是首当其冲的民主德国政府来说，无论在公开声明还是在内部文件中，民主德国政府都将勃兰特的社会民主党及其新东方政策指责为“裹着毯子的侵略”。[①] 因此，民主德国政府一直通过其国家安全部门（斯塔西，Stasi）并制定具体政策进行防范。另一方面，由于新东方政策及其开启的欧安会进程承认了战后欧洲的边界和苏联的势力范围，以及东欧各国政府和民主德国政权的合法性，这在西方世界公众中，尤其是从铁幕背后逃亡的民众中产生了非常不好的印象，批判这一政策缺乏“道义”。直到今天，仍有许多德国历史学者和各领域专家批判新东方政策的基本构思，不承认其在民主德国乃至东欧国家转型过程中所起的作用。[②]

在冷战结束前到20世纪90年代，大多数研究都认为勃兰特的新东方政策以及由其直接导致的欧安会进程对民主德国乃至东欧世界1989年发生的转变没有直接关系。对这个问题最有代表性的论述出自老一辈德国学者彼得·本德尔。早在1986年，他的《新东方政策，从建墙到莫斯科条约》一书就已出版发行。而十年后的1996年，在这本书的第四版（将其分析一直延续到德国统一）里，本德尔仍坚持认为“（德国）统一不是新东方政策的直接目标”。本德尔指出，民主德国政权的崩溃在于其自身没有处理好与苏联的关系和东欧共产主义整体的崩溃。[③]

本德尔的论述表面上很有说服力，然而随着两德以及美欧各国档案文献的解密，否定“统一”是新东方政策的目标越来越困难。而从现有的民

---

① 参见 Stefan Wolle, *Die heile Welt der Diktatur*, *Alltag und Herrschaft in der DDR*, 1971 - 1989 Bonn, 1999, S. 57 - 62。

② 以研究前民主德国国安部门（斯塔西）而闻名德国史学界的学者延斯（Jens Gieseke）在和笔者的谈话中就持这种观点。同样，民主德国史研究学者克劳斯·施罗德（Klaus Schroeder）教授也认为新东方政策高估了社会主义制度的积极方面，而忽视了专制的恐怖。参见 Klaus Schroeder,（Hrsg）, *Geshichte und Transformation des SED - Staates*: *Beiträge und Analysen*, *Berlin*, 1994。

③ Peter Bender, *Die neue Ostpolitik und ihre Folgen*, *vom Mauerbau bis zur Vereinigung*, Deutscher Taschenbuch Verlag, 1996, S. 263 - 270. 其他对新东方政策及其影响持消极批判看法的学者及论著主要参见 Philip Zelikow & Condorizza Rice, *Germany Unified and Europe Transformed*, *A Study in Statecraft*, Havard University Press, 1998。

主德国和东欧档案及相关研究来看，民主德国之所以在80年代和苏联的关系渐行渐远，一个重要因素正是难舍70年代建立起来的东西方缓和机制及其进程。同样，对于其他东欧国家的崩溃，当前的研究也越发重视新东方政策及其直接导致的欧安会进程在其中的重要作用。①

通过解密的美国、联邦德国及西方国家的档案材料，从西方角度来研究新东方政策是2000年之后才开始的。这方面最早的研究成果是德国学者费舍尔2001年出版的《社会民主党的新东方政策，1969～1989》一书，以及由威尔逊中心研究员贝恩德·沙佛（Bernd Schaefer）等人根据2002年为纪念两德条约签订30周年在华盛顿召开的学术会议而在2004年出版的《美国的缓和与德国的新东方政策，1969～1972》一书。②

二　民主德国对新东方政策的应对

联邦德国新东方政策的开创者之一、被称为“小基辛格”的巴尔曾指出，在民主德国既没出现瓦文萨也没有出现哈维尔的情况下，新东方政策为民主德国变革指出了一条理性的道路。那就是以赫尔辛基文件及框架建构，为自由提供了空间。通过这种方式，民权活动家越来越敢于开展自己的行动。③ 美国学者丹尼尔·托马斯指出在赫尔辛基条款之下民主德国没有

---

① 有关这方面最新的研究参见 Sarah Snyder, *Human Rights Activism and the End of the Cold War: A Transnational History of the Helsinki Network*（Cambridge University Press, 2011）。尽管该书没有使用民主德国档案材料，也缺乏对欧安会进程与民主德国关系的详细描述，但无疑是目前研究东欧其他国家崩溃的必读之作。一本更早的主要用二手材料写成的著作：Daniel Thomas, *International Norms, Human Rights, And the Demise of Communism*, Princetion University Press, 2001。

② 最近几年有关从西方同盟视角出发研究新东方政策的成果大大超过了2000年以前的研究。包括：Frank Fischer , *Im deutschen Interesse - Die Ostpolitik der SPD von 1969 bis 1989*, Husum, 2001; Bernd Schaefer & David Geyer, *American Detente and German Ostpolitik, 1969 - 1972*, German Historical Institute, Bulletin, 2004; Andreas Grau, *Gegen den Strom - Die Reaktion der CDU/CSU, Opposition auf die Ost und Deutschlandpolitik der sozial - liberalen Koalition, 1969 - 1973*, Düsseldorf, 2005; Bernd Schaefer, *Ostpolitik, 1969 - 1974: European and Global Response*, Cambridge University Press, 2009; Werner Lippert, *The Economic Diplomacy of Ostpolitik: Origins of NATO's Energy Dilemma*, New York, 2011。

③ Egon Bahr, *Zu meiner Zeit*, Berlin, 1999, S. 576.

出现类似捷克和波兰等国的抗议浪潮，但这并不能说明新东方政策和欧安会进程对民主德国不起作用。相反，在赫尔辛基条款的背景下，民主德国民众是以脚投票，以各种方式离开民主德国。[①] 要更深入地理解联邦德国新东方政策的影响，必须从其主要对象国民主德国的角度进行研究。

到目前为止，德国和西方史学界已经不再拘泥于新东方政策的目标到底是什么等问题，而是开始利用解密的德国、东欧、苏联的多边档案文献来研究其对东欧的具体影响，以及民主德国在内的苏共阵营国家对新东方政策的应对。就民主德国而言，对其与新东方政策进程关系的研究可以分为两个阶段。

第一个阶段是1990年民主德国档案开放前的研究。这类研究大都充斥着对民主德国外交政策灵活性以及其外交乃至内部控制“成就”的称赞。目前可以找到的较早一本有关新东方政策与民主德国的著作，是以研究德苏关系闻名的德国学者格哈德·韦蒂希（Gerhard Wettig）1975年《苏联、民主德国与德国问题（1965～1972)》一书，该书强调了民主德国在缓和过程中外交的灵活性。[②]

美国学者詹姆斯·麦克亚当斯1985年《民主德国与缓和》一书同样认为，对民主德国来说，同西方缓和所带来的对其国际地位的承认以及经贸援助，反而大大有利于维持其政权的合法性，“而这是通过建筑高墙封锁自己的人民办不到的”。因此，麦克亚当斯认为，尽管由于和西方尤其是联邦德国的接近造成了民主德国和苏联的裂痕，但民主德国政权也不会退出这一过程，那将“困难且代价高昂”。民主德国政权已经表明，即使“最弱小的国家也会在其最困难的时候使事情往自己有利的方向发展”，“民主德国政权能够在必要之时，尤其在其政权受到挑战时强迫他的人民做出牺牲，并做出强硬抉择”[③]。

另一位美国学者索达诺1990年出版的《莫斯科、德国和西方：从赫鲁

① Daniel Thomas, *International Norms*, *Human Rights*, *and the Demise of Communism*, Princetion University Press, 2001.

② Gerhard Wettig, *Community and Conflict in the Socialist Camp*: *the Soviet Union*, *East Germany and the German Problem*, *1965 - 1972*, Hurst, 1975. 韦蒂希教授2013年又出版了两本有关民主德国史的专著，分别是 *Chruschtschows Westpolitik*, *1955 bis 1964*, *Band 3*: *Kulmination der Berlin Krise*（*Herbst 1960 bis Herbst 1962*）, München, 2011 以及 *Sowjetische Deutschland - Poltitik*, *1953 bis 1958*, *Korrekturen an Stalins Erbe*, *Chruschtschows Aufstieg und der Weg zum Berlin - Ultimatum*, München, 2011。

③ James Mcadams, *East Germany and Detente*: *Building Authority after Wall*, Cambridge University Press, 1985, pp. 197 - 200.

晓夫到戈尔巴乔夫》一书对这个问题的研究显然起到了承前启后的作用。该书出版之时，正直西方学者对民主德国及东欧政权突然土崩瓦解感到疑惑不解之时，在感叹民主德国政权“几乎瞬间垮掉”，而且其“一直都在东西方政治中捍卫着自身的核心利益，即继续维持统治”的同时，索达诺也第一次提出了他认为的民主德国政权以如此形式垮台的原因：除了经济恶化和国安部门的严厉控制等国内因素和来自苏联的改革压力之外，还有在与西方接触的情况下，联邦德国经济的长期性优势和由于1975年赫尔辛基协议中的人权条款所带来的民主德国内部统治合法性问题。因此，“民主德国的国内稳定和国际声誉掩盖了其政治经济上的极端虚弱”①。

第二个阶段开始于1990年。1990年后民主德国档案材料的解密，给了研究民主德国史学者良好机会，使他们能够利用宝贵的从未想象能够公开的档案材料，去重建有关民主德国乃至整个战后德国史的历史叙述。90年代末，有外交史学者专门对当时有关民主德国的研究现状进行了调查：在当时正在进行的759项有关民主德国史的研究中，只有18项研究与外交史有关，另有16项还是有关民主德国的德国政策（Deutschlandpolitik）的研究。② 德国史学界对民主德国外交史研究的忽视，使得以曼海姆大学奥利弗·邦格教授为代表的一批年轻学者呼吁加强民主德国外交史研究。③ 2000年以后，利用原始档案材料对民主德国外交史进行的研究才开始为德国学者（以及、英、美、法等国学者）所重视，相关的论述开始迅速涌现。④

---

① Michael Sodaro, *Moscow*, *Germany*, *and the West*, *from Khrushchev to Gorbachev*, Cornell University Press, 1990, pp. 1 -7, 264.

② Benno - Eide Siebs, *Die Auβevpolitik der DDR*, *Strategie und Grenze 1976 - 1989*, Ferdinand Schoningh, 1999, S. 21 -22.

③ Bange, Oliver, "Die Auβevpolitik der DDR - Pladoyer für ein neues Forschungsfeld," in: Freidrich Boll (Hrsg.), *Archiv für Sozialgeschichte*, *Jg.* 44, Bonn, 2004, S. 492 -500.

④ 其中代表性的论著有 Hope Harrison, *Driving the Soviets up the Wall*, *1953 -1961*, Princeton University Press, 2003; Mary Sarrotte, *Dealing with the Devil*, *East Germany*, *Detente*, *and Ostpolitik*, *1969 -1973*, University of North Carolina Press, 2001; Ulrich Pfeil, *Die anderen deutsch - französichen Beziehungen*, *Die DDR und Frankreich*, *1949 -1990*, Köln, 2004; 以及一些宏观描述民主德国外交史整个过程的著作：Benno - Eide Siebs, *Die Auβevpolitik der DDR*, *Strategie und Grenze 1976-1989*, Paderborn, Ferdinand Schoningh, 1999; Ingrid Muth, *Die DDR - Auβevpolitik 1949-1972*, *Inhalte*, *Strukturen*, *Mechanismen*, Berlin, 2000; Scholtyseck, Joachim, *Die Auβevpolitik der DDR*, München, 2003; Wentker, Hermann, *Auβevpolitik in engen Grenzen*, *Die DDR in Internationalen System*, München, 2007。

德国学者恩格尔曼和埃尔克 1993 年的《接近与分离：1956～1969 年的两德关系》一书是柏林墙倒塌后研究民主德国政策的代表作之一，尽管只涉及两德关系问题，而且也未分析 1969 年之后两德关系的演变。这本书的开创性体现在其第一次用“接近与分离”来形容民主德国与新东方政策的关系，同时也是目前可以找到的最早利用民主德国中央党部档案材料来研究其对外政策的著作。①

现任美国南加州大学教授的玛丽·萨罗特 2001 年出版了《与魔鬼对话：民主德国、缓和和东方政策（1969～1973）》一书。在民主德国档案的支撑下，萨罗特教授对从勃兰特任联邦德国总理后直到 1973 年两德共同加入联合国期间，勃兰特政府接触民主德国动议的提出、民主德国和莫斯科的应对，以及国际局势对新东方政策的影响做出了详尽的描述。萨罗特认为，与 1961 年柏林墙修建时不同，1969～1973 年之间民主德国对新东方政策的应对毫无疑问是受到了苏联的直接指挥和控制。她认为，民主德国政府参加和联邦德国的谈判是为了取得联邦德国和西方的经济援助，并且通过西方国家对其的承认，增强自身统治的合法性。“但这样的做法无疑使其陷入了意识形态盲区，试图通过和资本主义国家对话来加强自己，（只是）暴露了自身的虚弱。”再者，作为和西方达成协议的交换条件，民主德国政府不得不忍受其公民和西方世界增强交往的可能性。正是因此，作为国安部门的斯塔西的力量在 70 年代明显加强了，民主德国政权加强了对其人民的控制。这样，本意是改善民主德国人民生活状况的新东方政策反倒强化了民主德国人民受到的监视控制。②

萨罗特研究的不足主要有两处：一是以宏大的外交政策为主题的研究，并未对新东方政策对民主德国国内生活的影响进行探讨。二是她没有探讨斯塔西在东西方形势变化和两德谈判中所起的作用，也没有详细分析她在书中一再提到的中国因素在两德谈判中的影响。1970 年 9 月，经过 3 年多的中断后，中国重新派遣大使赴东柏林上任，旨在争取民主德国，分化德

---

① Roger Engelmann & Paul Erker, *Annäherung und Abgrenzung: Aspekte deutsch - deutscher Beziehungen, 1956 - 1969*, München, 1993.

② Mary Sarrotte, *Dealing with the Devil, East Germany, Detente, and Ostpolitik, 1969 - 1973*, University of North Carolina Press, 2001.

苏关系。同时中国也批判新东方政策是“西德军国主义”不可告人目的的产物。但中国也没有放弃争取联邦德国，积极和联邦德国接触，尤其要防止联邦德国和苏联走得太近。从已解密的民主德国档案来看，这一时期民主德国驻华使馆和民主德国对华政策的一个重点就是限制联邦德国在远东推进新东方政策。[①] 因此，这一时期中国因素远不止萨罗特所谓的加速苏联谈判的作用。

2008年以后，有三家德国研究机构陆续成立了新东方政策及其对东欧阵营影响的研究团队。分别是曼海姆大学奥利弗·邦格教授领导的团队、前民主德国国家安全部档案中心研究员道格拉斯·塞维奇和沃尔特·苏斯领导的研究小组，以及由莱比锡大学教授、柏林当代史研究中心主任赫尔曼·温特克领导的团队。三家研究各有侧重。相对而言，曼海姆大学更加重视研究联邦德国和西方同盟内部以及华约各国与新东方政策进程的关系。而民主德国国家安全档案中心则试图通过对民主德国国安部门（斯塔西）的档案解读，来研究斯塔西对新东方政策进程中民主德国的影响，以及斯塔西和东欧其他国家秘密警察联合对抗新东方政策进程的影响。[②]柏林当代史研究中心和莱比锡大学则倾向于单独对欧安会进程及其在东欧的影响进行研究，同时也注重考察民主德国在这个过程中同包括中国在内的欧洲以外世界的关系及其相互影响。

三　相关研究的特点和不足之处

综上所述，与90年代之后形成的冷战国际史研究潮流一致，目前包括德国学者在内的西方学者对新东方政策的研究中，已经将研究的重心从对联邦德国和西方同盟因素的考察，转到了对民主德国和苏东因素以及应对的考察，并以此来解读和研究民主德国在20世纪80年代末的衰亡。相关的

① 国际学界有关这个问题的最新论述，参见拙文《中国与联邦德国关系正常化过程中的民主德国因素》，《当代中国史研究》2013年第6期。

② 参见民主德国国安部档案馆网站：http：//www. bstu. bund. de/DE/Wissen/Forschung/Forschungsprojekte/Forschungsprojekte_ node. html；jsessionid = EE83ED21147CDEFABD4F19BA70224761. 2_ cid136。

研究已从过去对新东方政策中两德关系及大国关系的变换，转移到对新东方政策导致的民主德国社会、经济、文化等变换的考察上来，其研究视角开始考虑新东方政策所开启的欧安会进程、由新东方政策所扩大的社会经济层面上的交流，以及东欧秘密警察联合网络对欧安会进程及这个背景下东西方社会、文化交流扩大的应对措施及其影响。

从目前国际学界就此问题的研究来看，尚存在以下三个不足之处：

第一，以多边档案为基础的国际史研究仍显稀少。出于冷战时期民主德国与其他苏东国家以及亚非国家特殊的关系，对此问题的研究需要研究者具有极强的外语能力（至少需要掌握俄、英、德、法、波、捷、匈等语言），以及对多国档案的运用与解读能力。正是如此，大多数研究目前只能集中在一个小点上进行。即使在西方学界，目前能与冷战史其他研究领域中近来频繁出现的极具国际史和多边档案视野的研究论著相比的、一流的、能全方面研究民主德国与新东方政策关系问题的学术著作仍在酝酿之中。

第二，缺乏更宽广的国际视野。从研究涉及的地域来看，德国和西方学界对民主德国应对新东方政策的研究，主要集中在两德关系，民主德国与苏联、波兰、捷克等苏东国家的关系，民主德国与英、法等西欧国家的关系乃至民主德国与美国的关系上；而对民主德国在应对新东方政策中与中国等东亚国家的关系缺乏探讨；也忽视了同一进程中的中国因素和民主德国对中国与联邦德国接近的应对。这很大程度上是由于德国学界对民主德国在欧洲之外活动研究的普遍不重视，以及对象国语言、档案开放等因素。[①] 此外，对于民主德国在应对新东方政策进程中与朝鲜、越南、蒙古及柬埔寨等东亚、东南亚国家的关系，以及两个德国在这个过程中对这些国家的争夺，都是尚待研究的领域。

第三，对新东方政策的矛盾性研究尚需加深。近年来有关新东方政策的大多研究都认为新东方政策充满了矛盾性。有学者在20世纪80年代就以“新东方政策的第二个阶段”为题写文章指出了这种矛盾性。[②] 而在德国社

① 迄今为止，利用一手档案文献研究民主德国在欧洲之外地区活动的著作仍非常少，而且主要是研究其在非洲与联邦德国的争夺，有关其在亚洲及其他地区的研究则更为少见。

② Ronald Asmus, *The SPD's Second Ostpolitik and Eastern Europe*, 1986, 27 - 3 - 171, Radio Free Europe.

民党那里，则用民主德国政权的垮台和两德统一的结果来称赞“富有远见”的新东方政策。[①] 人类的历史发展充满了偶然性，必然性也是通过偶然性所体现出来的。更加客观深入、不带任何政党观点和歌颂色彩对这段时期的新东方政策以及民主德国对其应对进行研究，可以加深我们对联邦德国新东方政策及民主德国衰亡问题的认识。

① 参见社民党档案馆官网：http：//www. fes. de/archiv/adsd_ neu/inhalt/stichwort/wandel. htm。

浅析德国的全球治理观与其争常之路

李晓海*

一　德国的全球治理观

从国家层面来看，德国在西方国家中拥有自己独特的发展道路和政治文化，两次世界大战的历史包袱以及战后长期分裂的政治现实又促使这个国家不得不长期保持经济巨人和政治侏儒的形象，在外交和军事等领域保持克制文化和低调作风。战后联邦德国政治文化中民主自由的价值观和反战、文明力量、多极格局、多边主义、建立国际法和规制、反对单边行动的思想都构成了德国参与全球治理的显著特点。德国现任驻华大使柯慕贤在接受《环球时报》独家专访时曾表示：德国对外政策的一个重要特征是连续性。德国各党派的共识和外交政策的基石是多边主义、尊重国际法和人权、强大统一的欧洲以及积极的和平与安全政策。从德国的对外政策中，可以看出德国全球治理观的一些主要理念。

第一，德国是欧洲一体化的火车头，支持向欧盟让渡更多主权，坚定推进欧洲一体化进程的发展和深入。一些学者认为，欧盟是全球治理的典范，它在《马斯特里赫特条约》签订后就逐渐走上了一条从政府统

* 李晓海，北京外国语大学德语系博士研究生。

治到没有政府治理之路。[①] 研究欧盟治理的德国学者贝阿特·科勒－科赫（Beate Kohler－Koch）认为，欧盟是一个特殊的政体，它远远超出了国际组织的体制，但又不符合联邦国家的思想。欧洲一体化也通过扩展超越主权民族国家边界的政治范围和构建一种不会替代民族国家的政治体制使得我们得以超越民族国家。该体制最典型的特征就是没有通过政府进行治理。[②] 德国学者迪尔克·梅斯纳在《政治和社会》杂志 1999 年第 1 期发表的《全球化、全球治理和发展政策》一文中指出："德国不仅受到全球化的影响，而且它本身就是一支具有创造力的重要'国际力量'。欧盟更是如此。它由于其经济力量、共同货币区的建立、内部大市场的规模以及技术潜力，可在高效的全球治理结构的形成过程中起主导作用。欧盟是全世界最先进的区域性一体化工程，积累了许多超国家的经验。"[③] 德国作为欧盟的"火车头"，不断推进欧洲一体化的深入，为全球治理提供了独特的参考对象。

第二，德国作为文明力量，一贯强调国际关系的非军事化、非暴力化，赞成国际关系的制度化和机制化。在处理全球性问题方面，德国非常强调国际机制、国际组织和国际法规的作用，十分重视国际制度下的多边机制和地区机制的建立，以此推动国际和地区间的对话和合作，实现德国国家利益。德国积极参与联合国、世界贸易组织、世界银行、国际货币基金组织等，在欧安组织、欧盟以及八国首脑会晤机制和 20 国机制方面都发挥了积极的作用。

第三，德国秉承多边主义，强调国际社会交往中的合作共赢。随着新兴市场国家的崛起，如何一方面在国际体系中维持既有结构、保持既有决策方式，另一方面有效应对新兴国家，已成为全球治理的核心。[④] 海利根达姆进程无疑是德国在这一方面的一个国际制度创新。2007 年 6 月，八国集团首脑会议在德国海利根达姆举行。八国领导人一致同意德国提出的加强

---

① 孙宽平、滕世华：《全球化与全球治理》，湖南人民出版社，2003，第 18 页。

② 〔德〕贝阿特·科勒－科赫等编《欧盟治理的转型》，伦敦罗特莱奇出版公司，1999，第 2 页。

③ 转引自沈文红编写《德国学者谈全球化和全球治理》，《国外理论动态》2000 年第 5 期。

④ 〔加拿大〕安德鲁·F. 库珀等：《全球治理中的新兴国家——来自海利根达姆进程的经验》，上海人民出版社，2009，第 1 页。

与新兴发展中国家合作的倡议。这一倡议又被称为“海利根达姆进程”。其目的是把八国集团和发展中大国的对话以新的形式固定下来，在对话会议后继续就不同主题协商谈判，以寻求共同的解决方案。根据“海利根达姆进程”，八国集团将同中国、巴西、印度、墨西哥和南非五国在两年内就知识产权保护、投资自由化、发展及气候变化和有效利用能源等四个方面进行对话，并取得切实成果。① 德国在“海利根达姆进程”中的主要目标是希望在一些重要的全球性问题上为传统大国与新兴大国提供一个协调彼此认知和利益的论坛。中期看来，这也能强化德国在全球议程设置中的影响力。然而，最根本最长期的目标还是推动全球治理变革。虽然“海利根达姆进程”短短数年就随着领导人层面的二十国集团的出现而被边缘化，最后无果而终，但是它的提出和建立都体现出德国秉承多边主义，强调合作共赢，尤其是愿意与新兴大国展开积极合作推进全球治理发展的意愿与决心。

第四，德国在全球贸易治理、环境治理等领域推广高标准，以求发挥主导作用。② 德国力图在欧盟框架内将其共同的环境治理政策、严格的食品安全政策等标准应用于全球治理的具体领域当中。在经济领域倡导在全球范围内建立公平、公开、透明的贸易体系，倡导保持贸易自由化。在环境治理领域，德国在幕后大力推动欧盟发挥领导作用，在国际环境政策领域转型成为毋庸置疑的领袖。德国和欧盟都致力于将其内部环境治理的统一高标准推广到全球环境治理中，进一步巩固其在该领域的治理主导权。同时这种行为也可以提高欧盟和德国的整体国际声望，增强在其他治理领域的话语权与说服力。

第五，在众多的全球治理机制中，德国一贯将联合国视为全球治理的核心。联合国安理会是全球安全治理方面最权威、最具合法性的机制。随着安理会议题的不断扩大，从传统的国际和平和安全领域发展延伸至全球治理的所有重要方面，如气候变化、能源开发、人权问题、打击恐怖主义等，成为安理会常任理事国对于德国来说也成为其加强国际影响力、更加有效地参与全球治理的必然要求。

---

① http://news.xinhuanet.com/ziliao/2009-07/10/content_11684263.htm.

② 杨娜：《欧盟的全球治理战略》，《南开学报》2012 年第 3 期。

二　全球治理中的联合国及其改革

在全球治理中，除了国家这一行为体外，政府间组织、非政府组织、非国家行为体、跨国联盟等各种行为体都参与到治理进程之中。其中国际组织尤其是政府间组织起着重要作用。联合国作为最重要的政府间组织在全球治理中的作用更是举足轻重。

联合国促进了全球治理主体网络的建立与完善，协调了各国政府、国际组织与非正式的全球公民社会之间的关系。不论在国际安全领域、世界经济领域还是在环境保护领域，联合国都不断促进全球性问题的解决。例如敦促发达国家向发展中国家提供经济援助，并履行发达国家官方发展援助应占其国民生产总值0.7%的援助标准；签署关于气候变化和生物多样性公约，促进国家在环境保护方面的合作。同时联合国还致力于鼓励和促进非政府组织参与到其各项活动中，在涉及全球生活的各项领域与积极活动的非政府组织建立密切的工作联系。如2003年在联合国秘书长安南的提议下成立的联合国与民间社会关系知名人士小组，以审查联合国与非政府组织之间的关系，并就如何改进这一关系向秘书长提出建议。除此之外，联合国与各种正式的国际组织的合作也是推动全球治理的重要实践。

全球治理的实现需要一系列的国际规制、法律原则和规则制度。联合国作为最有权威的国际组织在制定全球治理规制方面起到重要作用，确立了一系列国际法原则，如和平解决国际争端、避免危及国际和平安全和正义、不得使用威胁或武力、不得侵害任何国家的领土完整或政治独立等。1948年联合国通过了《世界人权宣言》，1966年12月通过了两项有关人权的国际公约，并在此基础上制定了一系列广泛的人权文书。在国际经济领域联合国大会也设立了联合国国际贸易法委员会，致力于起草相关领域的统一法律规范。

联合国在管理和解决全球性问题上一直发挥着中心作用，最主要体现在对于环境问题的管理与治理、对消除贫困和促进发展问题的努力，以及对恐怖主义的打击等。

联合国作为最重要的政府间国际组织。对全球治理的有效实现有着无比重要的影响。然而由于联合国本质上属于多边主义治理模式，并不是一个对世界事务进行广泛管理的超国家机构，而是为主权国家服务的政府间组织，在面对一些新的全球性挑战时，如制止国内冲突及国际恐怖主义时，其身份和代表性都遭到挑战和质疑，显示出边缘化和无力感。联合国治理的机制性困境，如强制性手段缺失、管理混乱、效率低下、执行不力等，也造成联合国在全球治理中往往力不从心、进退两难。联合国的改革长时间受到大国制约，一些国家企图将联合国变成为自己政策服务的工具，根据自身利益需要阻挠对其不利的改革，大大损害了联合国的全球治理效力。以联合国安理会改革为例，随着东西方冲突的结束和两极格局的解体，世界政治局势发生根本性变化，联合国成员的数量也由最初的 51 个大幅增加到如今的 193 个。然而安理会的组成并没有反映出联合国成员数量和构成的巨大变化，也没有反映出国际政治的巨大变化。在此背景下，改革安理会已成为联合国广大成员的普遍要求和共识。安理会要改革虽然是广大成员共同的呼声，但不同成员基于其自身利益考虑提出了不同的甚至对立的改革方案，使得安理会改革进展缓慢，始终停留在非实质性阶段。这其中有既得利益者尤其是国际体系主导国家的反对，也有地区竞争者的杯葛；有它们策略上的失误，更有这些国家以往的国际行为给国际社会造成的信任赤字。[①] 安理会是联合国中实权最大的决策机构，常任理事国数量的增加带来的不仅仅是简单的量的变化，而是权力结构的改变，是权力的再分配，这直接涉及大国的权力和利益，几个常任理事国作为既得利益者，都希望保持自己的地位不变，特权不被“稀释”。这是安理会改革屡屡失败的最主要原因。

三　德国对联合国安理会改革的主张及入常前景

德国在战后一直奉行多边主义外交政策，虽然将自身核心行动根植于

① 刘宗义：《印度的全球治理观与安理会常任理事国之梦》，《南亚研究季刊》2013 年第 3 期。

欧盟和北约的框架之中，但联合国一直被其视为实现有效多边外交政策的最重要舞台。冷战的结束使得联合国安理会在解决国际问题和全球治理上的地位上升，然而联合国的代表性和有效性不足以及联合国的结构和运行机制不符合当今国际格局的现实屡屡遭到批评。联合国尤其是安理会的改革成为关注的焦点。

在安理会改革方面，德国的联合国政策也随其影响力和实力的提升而不断发生改变。两德统一后，德国出于历史原因以及考虑到周边国家可能产生的疑虑，并未提出成为安理会常任理事国的要求，而是争取一个欧盟共同常任理事国席位，主席在英国、法国和德国之间进行轮换。伴随着经济实力的增强和正常化诉求的出现与发展，1992 年时任联邦德国外交部长克劳斯·金克尔在联合国大会讲话中首次提出德国谋求获得联合国安理会常任理事国席位。此后德国又抓住 2003～2004 年伊拉克战争带来的新一轮联合国改革时机，与日本、印度和巴西组成四国集团，捆绑入常。然而此次尝试因遭到常任理事国和其他国家和国家集团的反对，以及四国集团本身的内部分裂等而以失败告终。此后德国并未放弃“争常”的努力，但也表示出愿意在特定条件下接受一种过渡性方案，即成为较长期的非常任理事国，最终目的是日后成为安理会常任理事国。

德国二十余年的“争常”努力至今尚未成功的原因有很多。国际格局多极化的进程可看作德国“争常”失败的大背景。欧盟作为多极化中的一极无疑拥有成为联合国常任理事国的实力与资格，然而目前看来英、法不会放弃其常任理事国席位转而与德国共同谋求一个欧洲共同席位。想要单独成为常任理事国的德国从规模上来说只是中等国家，因而从实力上看也欠缺像印度一样成为世界多极化中一极的潜力。德国成为安理会常任理事国的进程与欧洲一体化的理念尤其是欧洲共同外交与安全政策的深化产生冲突，是德国“争常”道路受阻的另一原因。[①] 德国“入常”的阻力很大一部分来自于欧盟内部，如全力阻止其“入常”的意大利。目前德国的“入常”之路只能迂回进行：一边推动过渡性方案的实现，即增加较长任期的非常任理事国；一边积极争取谋求欧洲共同席位，而这也将使德国在欧

① 郑春荣：《德国联合国争常与欧洲一体化》，《国际论坛》2012 年第 6 期。

洲共同外交和安全政策的深化过程中起到一定的推动作用，有助于提高其国际影响。

四　德国“入常”之路与德国的全球治理观

德国的“入常”之路虽阻力重重，但也并非全无有利因素。德国秉承的文明力量、多极格局、多边主义、建立国际法和规制、反对单边行动的思想都与全球治理的要求与理念相辅相成。可以说德国既有推动世界改革、推进全球治理的意愿；又有经济实力和技术力量作为支撑，在全球治理的一些领域（如全球金融治理、全球气候治理）担任领导角色。同时德国较为雄厚的经济和技术实力与愿意承担国际责任和为联合国做贡献的强烈意愿也构成了德国“入常”的有利因素。与此同时，欧洲一体化的进程在某种程度上也可视为全球治理体系的一个组成部分，德国作为欧洲一体化最强有力的推动者应继续推进实现具有约束力的国际规制和有效的国际合作，积极与新兴国家进行合作，为解决全球性政治、经济、生态和安全问题，维持良好的国际政治经济秩序起到自己的应有作用。

经济社会篇

2014 年德国经济继续增长

时　雨[*]

德国经济继 2013 年增长 0.7% 之后，2014 年第一季度保持持续稳定的增长态势，消费和投资明显增强。德国联邦统计局公布的初步数据显示，德国第一季度经调整后国内生产总值增长 0.8%，超过此前路透社 0.7% 的预期。统计局专家表示，这是三年来德国经济最为有力的增长。2013 年第四季度德国经济增长仅为 0.4%。

因此，德国政府和主要经济研究机构上调了 2014 年经济增长预期。2 月份德国联邦政府预计 2014 年德国经济将增长 1.8%，比先前预期高 0.1 个百分点。柏林世界经济研究所和莱茵威斯特法伦经济研究所则分别预期德国经济 2014 年和 2015 年会增长 1.9%～2.0% 或 2.2%。

一　内外因素齐备　拉动经济增长

多方普遍看好 2014 年德国经济的主要原因，从内部环境来看主要表现在以下几方面。

一是 2013～2014 年冬春气候较以往温和，未对就业市场产生季节性影响，就业市场稳定。德国政府预计 2014 年德国就业人口将增加 24 万，达到 4210 万人，创历史新高。柏林世界经济研究所认为，到 2015 年德国失业人

* 时雨，经济日报国际部原副主任。

数将降至283万，工人收入将增加2.45%，预计通货膨胀率2014年、2015年两年将保持在0.7%的低位，而低失业率和低通胀率有利于扩大消费。[①]

二是消费成为拉动德国经济增长的主要动力。2013年私人消费和政府消费分别增加0.9%和1.1%。在经济前景趋好的形势下，2013年德国企业破产数量降至1996年以来最低点，2014年第一季度公布的数字是6156家，同比减少6.8%，为连续四年来企业破产家数最少。[②] 多家研究机构发布的数据显示，德国消费者、投资者和企业主对经济前景普遍看好，相关信心指数保持在多年来最高水平。总部位于纽伦堡的德国市场研究机构捷孚凯集团（GfK）2014年6月25日报告显示，7月份消费者信心指数升至8.9，达到2006年12月以来的最高值。报告指出，这表明德国消费者对经济前景更加乐观。[③]

三是企业投资意愿增强。随着德国消费需求增强和欧元区形势好转，企业投资面临的不确定性减弱，欧元区宽松货币政策也使得企业融资更加容易。2014年德国投资有望复苏，机器设备与建筑业投资将分别增加3.3%和3.6%，[④] 是近三年来的新高，成为经济增长的另一支柱。德国政府预计，2014年企业对机器设备的投资将增长4%。Ifo经济研究所的预测是，2014年企业对设备和厂房等固定资产投资有望达到7.4%，2015年将继续增长10%。该研究所还表示，德国不存在房地产泡沫，消费者物价指数增幅2014年应保持在1.1%，2015年上升至1.7%。[⑤]

从外部环境来看，当前美欧经济复苏初露曙光，欧洲重债国也逐步摆脱经济衰退困扰。柏林经济研究所预计，世界经济增速2014年、2015年两年有望分别达到3.8%和4%。伴随全球经济复苏，德国出口有望迎来新的增长。德国政府预计，在投资恢复增长的情况下，2014年德国出口增幅将提高至4.1%，而进口将增加5%，贸易顺差可能降低。预计出口有望首次突破2万亿欧元（约合2.78万亿美元）大关。[⑥]

---

① http：//www.chinabgao.com，最后访问日期：2014年3月18日。

② http：//www.destatis.de，最后访问日期：2014年5月10日。

③ GfK，2014年6月25日。

④ tagesschau.de，2014年5月24日。

⑤ Ifo.de，2014年6月26日。

⑥ http：//www.chinabgao.com，最后访问日期：2014年3月18日。

二 政府主动作为 助力企业扩张

当然，所有这一切都与新一届联邦政府的主动作为是分不开的。它继承社会契约传统，充分运用市场机制，协同企业家与雇员之间合作应对巨大的经济挑战，为企业在创新、发展和竞争中发挥巨大效能提供了适宜的条件。

在德国讨论了将近 20 年的最低工资制，2014 年 7 月 3 日终于获得联邦议会讨论通过。这样，从 2015 年 1 月 1 日起，除个别行业，以及不满 18 岁的年轻人和长期失业者重新工作的头半年时间之外，雇主支付雇员的工资将不得低于每小时 8. 5 欧元。因此一举，全德将有 370 万低收入劳工能够享受最低工资。而且最低工资制还规定，从 2016 年起，每隔两年由“最低工资委员会”审理制定新的最低工资标准。其结果必然会大大拉动内需的增长幅度。[①]

德国副总理兼经济部长加布里尔 2014 年 6 月 18 日在出席“企业创始者大会”时表示，德国将为初创企业创造更多融资机会。加布里尔指出，很多年轻企业由于缺乏资本支持而前途不明，这对德国来说是很可怕的：“我们剥夺了自己的创新力，长此以往，我们将无法承受由此带来的后果。”加布里尔积极推动德意志证交所开辟“2. 0 市场”板块，以为富有创新力并且增长强劲的年轻企业进入资本市场扫清障碍，帮助其解决后续融资难等问题。[②] 与此相关，德国联邦经济与能源部宣布更新了《德国投资补助项目地图》，这一新地图从 2014 年 7 月 1 日起开始生效。地图显示了“共同任务”项目（GRW）中所定义的地区，项目以改善地区经济结构为目的，旨在提高区域经济实力。鉴于德国经济整体实力的增强，新地图将提供更多的激励政策。以德国东部为例，除柏林和莱比锡外，其他地区到 2017 年底均可得到至少 15% 的投资补助。在靠近波兰边境的德国东部地区，整个阶段的最高投资补助可达 20% 。中小企业还可以获得额外的优惠补贴，中型企业

---

① 中国新闻网，最后访问日期：2014 年 7 月 4 日。

② http：//www. handelsblatt. com，最后访问日期：2014 年 6 月 18 日。

可额外获得10%，而小型企业可额外获得20%。根据补助标准，一个在波兰边境的小型企业最多能获得40%的整体投资补助。此外，该地图还显示了在德国地区获准提供投资的资金比率，以及对不同领域提供补助的比例。补助将首先由欧盟批准，之后再返回到联邦和州政府一层进一步批准。这样的机制将促进新的投资进入德国经济结构较弱的地区，从而实现均衡该国经济条件和基础设施标准的长期目标。①

能源是制约企业发展的瓶颈。据德国《明镜在线》报道，尽管德国可再生能源法改革具体措施还未完善，但德国经济部长兼副总理加布里尔认为，以提高能效、竞争力和供给安全为目标的能源转型需要全新的政策支持，为此提出十点方案为下一阶段能源改革确定进程。至今以此为目的的能源改革主要集中于技术创新、降低价格和加速基础设施建设，目前已取得初步成效：德国有1/4的电力来自可再生新能源。今后要让越来越多的生态能源能够与现有的电力供应系统匹配，确保供给安全和可支付的能力，且更加有利于环境保护。《明镜在线》报道中将加布里尔的方案归纳如下：一是提高能效。2014年制定提高能效的战略，重点是建筑物的能源现代化。2015年出台《统一的房屋战略》。二是建立高效兼容的能源供应机制，解决如何确保现有煤炭和燃气电力系统在新能源冲击下可持续和营利性发展，并于2016年出台相关法律。加布里尔表示，解决这一问题的最佳途径是欧盟成员国跨境合作。三是建立新能源补贴的模式。现阶段新技术不具备竞争力的情况下可获政府补贴。未来企业应为其项目实施提供更多的解决方案。四是新能源改革要兼顾欧盟2030年气候和能源框架协议和排放贸易改革。报道还称，2014年6月底德国总理府也公布了未来几个月及几年内逐步落实相关能源政策的具体进程。②

三　存在问题不少　化解尚需时日

外贸是德国经济发展的主体，虽然总的世界形势趋向和平，但局部地

① 《经济日报》2014年4月22日，第4版。

② Spiegel Online，2014年7月1日。

区并不太平，如巴以冲突、伊拉克内战、乌克兰危机等，加之一些国家经济情况方见起色，天灾人祸又复连连，这都让德国连带地受到了池鱼之殃。拿欧美因乌克兰问题对俄制裁来说，据德国《焦点在线》报道，许多德国企业苦不堪言。工商联合会外贸部门主管特莱尔（Volker Treier）指出："对俄罗斯的制裁波及近 1/4 在国外活跃的德国企业，尤其是那些同时与俄罗斯和美国有经济往来的企业。它们不得不检查自己的生意是否符合制裁规定。"① 随后，德国东方委员会也发出警告，称这种做法在德国至少危及 6200 家企业的经营和 25000 个工作岗位的稳定。②

由此来看，尽管德国经济 2014 年首季增长有力，但客观存在的问题难免拖后腿，阻碍前进的步伐。经济学家预测，德国第二季度经济增长率可能放缓。德国出口、工业产值、订单及零售额均有所下滑。

德国自身同样有着不少矛盾需要解决，这都会对经济产生一定的制约作用。经济合作与发展组织发布的德国经济调查报告，就对德国逐渐扩大的低收入人群比例、养老金制度改革以及以消费者为代价的能源转型政策等问题提出了批评，并敦促德国政府加以应对。报告认为，虽然德国薪酬差距小于大多数成员，但低收入者比例却呈大幅增长趋势。经合组织欢迎德国分步实施最低工资制，但希望德国能采取更多措施，平等对待临时工和全职职工。报告称，德国应降低工资所得税、上调不动产收益税等，以获取用于投资基础设施、教育和补贴低收入家庭的资金。德国联邦银行行长、欧洲央行顾委会成员维德曼（Jens Weidmann）也批评了德国的养老金改革计划，认为提高养老金标准和将退休年龄提前至 63 周岁不会降低劳动力成本，也不会有效减少老年贫困。根据德国劳动部计算，至 2030 年德国财政会因这一改革措施需要多支出至少 1600 亿欧元。③

经合组织还呼吁德国改革金融领域，将地区国有银行私有化，以确保资金充足，降低风险。与此同时，要减少在德国电信和德国邮政中的国有股份。经合组织在报告中提出了四点建议：一是通过财政政策促进"均衡、福利包容型和环境友好型的"长期增长；二是增强金融领域的风险抵御能

① http：//www. focus. de，最后访问日期：2014 年 7 月 21 日。

② tagesschau de，2014 年 7 月 22 日。

③ http：//www. faz. net，最后访问日期：2014 年 7 月 14 日。

力；三是提高服务行业对经济增长的贡献率；四是构建福利包容型的经济增长并改善生活质量不均衡的状态。

对于上述问题及经合组织建议，尚未见德国方面有何应答之策公诸报端。不过，相信一向临变不惊、有着纯熟处理市场体系能力的联邦政府，定能化险为夷，变不利为有利，引领德国经济继续顺势攀升。

德国模式的特征、欧债危机中的表现及其前景*

丁　纯　李君扬**

一　德国社会市场经济模式的特征

德国经济社会发展模式的理论依据是德国奉为圭臬的社会市场经济理论，最早可追溯至20世纪30年代德国新自由主义的理论代表弗莱堡学派的瓦尔特·奥肯和缪勒·阿尔马克等及其战后真正的实践者路特维希·艾哈德，这些先哲在某种意义上成为德国模式的实践者和奠基人。在经济层面，德国模式有别于完全自由竞争和中央管制计划这两种经济模式，在强调以市场经济为主、自由竞争的前提下，政府运用“有形之手”干预经济，但仅限于维持正常经济社会秩序的作用，做“裁判员”而非“运动员”，实施反垄断和反危机举措、主张自由贸易、反保护主义、对外实行经济一体化等。在社会层面，推崇“有良心的资本主义和市场经济”，实行社会伙伴间

* 本文系国家社科基金项目“国际金融危机冲击下欧洲发展模式前景研究”（项目编号：11BGJ023）；中国人民大学欧洲问题研究中心教育部人文社科重点基地课题“经济全球化和欧盟东扩背景下的欧盟市场一体化研究：规制、进展、问题、前景与借鉴”（项目编号：08JJDGJW252）和 Jean Monnet Chair Program “The European Economic Integration and Harmonization of Social Affairs in Era of Globalization”（Nr. 2012－2862）的阶段性成果。本文部分观点和内容曾在《欧洲研究》2014年第2期第15～33页发表。

** 丁纯，复旦大学经济学院教授、欧盟让·莫内教授、复旦大学欧洲问题研究中心主任；李君扬，复旦大学经济学院博士研究生。

的对话，保护各社会伙伴参与经济分配决策的权利，通过达成社会共识来减小实施的阻力。提供社会保障在内的各种缓和社会矛盾的举措，分配决策的形成方向并非仅有增加公平这一单行道，亦可随内外部经济形势的变化而进行适当削减。

（一）经济层面

1. 重视以制造业为基础的实体经济

德国具有重视制造业的历史传统。早在 19 世纪工业化初始阶段，德国就根据自身的自然资源、地理便利和知识结构等禀赋，大力发展采掘、冶炼、机械制造等实业；二战后，德国政府继续扬长避短，夯实制造业基础，同时倡导实用技术，在制造业领域形成了以汽车、机械、化工和电气为代表的四大支柱产业。这四大产业占德国全部制造业产值的 40% 以上，所占全德出口的比重也达到 48.2% （2013 年）[①]，且制造业提供了全德 1/4 以上的工作岗位[②]，占 GDP 的比重超过 30%，分别比美国、英国和法国高出 10.6 个百分点、9.6 个百分点和 11.4 个百分点，比另一制造业大国日本也高出 4.6 个百分点。该比重在 2001 ~ 2012 年间非但没有下降，反而增长了 2 个百分点以上。[③]德国制造业的逆势上扬主要得益于德国对外出口的高速增长，这在服务业占主导地位、服务业比重持续上升的发达国家国民经济中是非常罕见的。

2. 坚持出口导向并注意出口地区的多元化

出口是德国的立国之本。二战以后，德国长期坚持自由贸易政策，并通过颁布《对外经济法》（1961 年）加以贯彻，鼓励企业自主经营，积极参与国际竞争，优胜劣汰，国家只提供制度框架保证和出口信贷等支持，鼓励德国工商大会等贸易促进机构提供辅助服务。与同样推崇贸易立国的日本形成鲜明对比的是，80 年代，德国并没有为救出口、保企业而人为抑制德国马克升值。德国企业因之经受住了全球竞争的考验，反而磨砺出了

---

① 德国联邦统计局：http：//www.destatis.de，其中汽车 17.4%、机械 14.9%、化工 9.6%，在德国制造业中排前三位。

② Statistisches Bundesamt, *Statistisches Jahrbuch 2013*, p. 500.

③ 2001 年制造业和 GDP 数据来自 *Statistisches Bundesamt 2009*, pp. 648 - 649，并经笔者计算比重；2012 年比重数据直接来自 *Statistisches Jahrbuch 2013*, S. 318。

强大的国际竞争力，从而令德国在相当长的时段内保持世界出口冠军的头衔，目前仍位列前三名。

另外，尽管德国出口以欧盟为主要对象，长期以来占比超过50%，但仍一贯重视出口地区的多元化，此举让德国在本次危机中获益匪浅。欧盟国家尤其是外围国家深陷债务危机，被迫实施紧缩政策，造成内需乏力，导致德国对这些国家的出口减少。与此同时，新兴经济体却表现优异，2011年和2012年平均增长率分别高达6.2%和4.9%，而发达国家同期增长率仅为1.7%和1.5%。[①] 经合组织国家GDP占全球的比重，已从2000年的60%下降至目前的51%，20年后将进一步萎缩至40%，[②] 新兴经济体在全球的重要性日益明显。上述此起彼伏的结果就是德国出口在危机中出现了一些地区结构性的变化：对欧盟内国家的出口占德国出口的比重虽然仍居50%以上，但下滑幅度较大（见图1），导致德国通过内部贸易产生的顺差在危机期间减小了约30%，对外围“欧猪国家”的顺差降幅更大；另外，欧盟以外贸易体对德国外贸的拉动作用日渐明显。从德国角度来看，欧盟以外的贸易伙伴的重要性日渐突出，以新兴经济体的代表金砖四国为例，危机中德国对上述四国的外贸逆差则缩小了约2/3，主要是出口增长显著，占德国全部出口的比重从8.5%上升至11.6%，进口比重的上升则较不明显。[③]

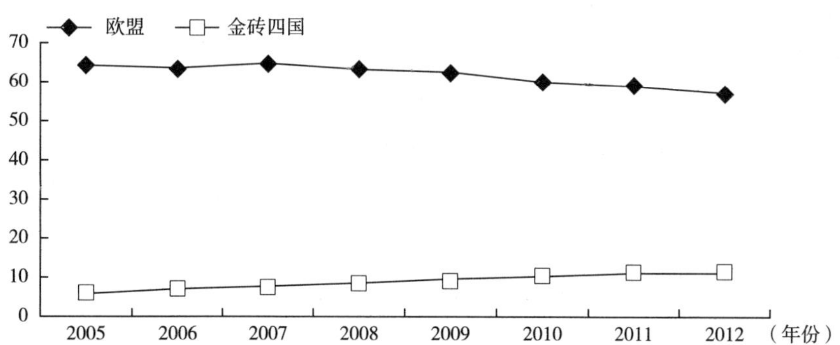

图1 欧债危机前后德国出口至欧盟和金砖四国占总出口的比重（单位：%）

资料来源：Statistisches Bundesamt, *Statistisches Jahrbuch 2009 – 2013.*

① IMF, *World Economic Outlook October 2013: Transitions and Tensions*, 2013, p. 2.

② Deutscher Bundestag, Unterrichtung durch die Bundesregierung: Globalisierung gestalten – Partnerschaften ausbauen – Verantwortung teilen, Drucksache 17/8600, 08. 02. 2012, S. 8.

③ Statistisches Bundesamt, *Statistisches Jahrbuch 2009 – 2013.*

3. **高度重视职业教育和力促产学研相结合**

支撑德国制造业和出口的秘诀就是独具特色的德国双元制职业教育和产学研转化体系。在两至三年双轨制教育模式下，学生在课堂学到的知识与职业训练有机结合，毕业后能立即融入职业生涯，从而为德国制造业源源不断地提供了大量具有专业技能的实用性人才，保证德国在生产工艺和产品制造方面的国际竞争力。①

德国还建立了政府、高校和科研机构、企业三位一体的实用技术研发、转化体系。企业是技术研发的主体，研发支出占全德科研经费的2/3，绝大部分大企业拥有独立研发机构，中小企业则成立联合研究机构以降低研发成本。按欧盟2013年研发排行榜②，当年研发投入超过2260万欧元的企业中，德国以130家企业占欧盟首位，比重达到欧盟上榜企业数的25%。德国的大学主要从事基础研究，但也承接企业委托研发的任务。此外，以马普学会（MPG）、弗劳恩霍夫协会（FhG）、赫尔姆霍茨协会（HGF）和莱布尼茨学会（WGL）为四大骨干的专业科研机构和大众、西门子等公司建立了紧密的合作关系，将研究方向直接定位于企业所需。

4. **积极创新**

积极创新与不断进行产业升级是德国模式保持经济活力的源泉，也是德国政府一贯的政策导向。针对德国经济在20世纪70年代和80年代石油危机后“南起”“北落”的趋势，积极推动了产业结构升级：以电子、机械制造、生物技术等高新科技为引导，在慕尼黑、斯图加特等南部地区缔造了德国版的“硅谷”；而在北部传统经济区则尝试产业结构转型，比如鲁尔区从典型的重化工业区转变为第三产业、信息产业和现代物流产业并重的新兴产业带。自20世纪90年代起，面对全球化的竞争压力，德国这艘“创新之舟”再次起航，大力促进高新产业发展，如2000年通过了《再生能源法》、2004年正式启动“主动创新”战略等。欧洲债务危机爆发后，德国经济虽然表现优异，但德国政府居安思危，在危机中进一步加大了对创新的

---

① 丁纯、苏升：《在金融危机中德国经济一枝独秀的表现、原因和前景》，《德国研究》2011年第4期。

② European Commission Joint Research Centre, *The 2013 EU Industrial R&D Investment SCOREBOARD*, 2013, pp. 32 – 27.

扶持力度。具体措施为：

第一，明确战略规划。德国于2010年7月通过了《德国2020高技术战略》，汇集了德国联邦政府各部门的研究和创新举措，重点关注气候与能源、保健及营养、交通、安全和通信五个领域。主要措施包括：加强教育和培训、吸收国外技术人才、增加对东部地区的支持、财税制度上向创新倾斜、积极开展同欧盟、美国等的研究合作等。2011年4月，德国进一步提出了“工业4.0”战略，并于2013年发表了《保障德国制造业的未来：关于实施“工业4.0”战略的建议》的报告和“工业4.0”标准化路线图。目前，“工业4.0”已经上升为德国的国家战略，成为德国面向2020年高科技战略的十大目标之一。①

第二，培育高新行业。为了培育国内风电市场，德国政府从21世纪初起对风电上网电价给予政策关照，对其他可再生能源也同样积极扶持；2012年5月，修改了《电信法》，促进高速网络的建设；鼓励国际合作，如德国电信以及其他德国企业与科研院校于2012年加入欧盟组织的“METIS 2020”计划，开展5G技术的研究；② 2013年3月，英、德两国亦合作进行类似的研发；至2016年为氢燃料电池的研发提供7亿欧元等。③

第三，扶持创新企业。德国中小企业林立，占德国企业总数的99%以上。中小企业不仅吸收了70%左右的就业，更是德国创新的生力军。它们贴近市场，反应敏锐，约有75%的专利来自于这些企业。④ 为了进一步加强扶持力度，德国政府一方面成立了风险资本投资补助基金，四年内累计投入1.5亿欧元，任何投资于新设立的创新性企业的私人资本，都可以在企业创立三年后从该补助基金获得20%的报销；另一方面，继续执行“中小企业创新计划”（ZIM），仅在2013年就投入了5亿欧元资金，任何500人以下的公司都有资格申请。

第四，增强德国高等教育的创新能力，包括：增加英语课程数量、课程设置更为灵活、基于“精英大学计划”为顶尖大学提供资金资助以促进

① 德国政府下属高科技战略网站：http：//www. hightech - strategie. de/，最后访问日期：2014年7月31日。

② METIS，https：//www. metis2020. com/，最后访问日期：2013年3月5日。

③ Federal Ministry of Economics and Technology，*2013 Annual Economic Report*：*Competitiveness – The Key to Growth and Jobs in Germany and Europe*，2013，p. 61.

④ 德国中小企业联合会：http：//www. bvmw. de/service/sprachen/cn. html，最后访问日期：2013年3月5日。

大学的跨学科研究和国际化水平等；在 2008 年德累斯顿教育峰会上，德国联邦和各州政府就确定了至 2015 年将教育和科研经费占 GDP 的比值提升至 10% 的目标，至 2012 年教育实际支出占 GDP 比重已经达到 6.6%；2012 年 12 月 12 日，德国开始执行《科学自由法》，简化科研管理体制，赋予大学以外的学术机构在延揽人才和科研经费运用方面更多的自主权;[①] 继续开展"EXIST 创业扶持计划"等使得科研成果尽快转化为生产力；等等。

5. 平衡财政

德国具有采取审慎财政政策的传统。根植于秩序自由主义理念的德国社会市场经济，反对在经济衰退过程中实施扩张性财政与货币政策，更偏重于结构调整以增强竞争力。虽在危机前期德国政府亦被迫实施财政刺激政策，包括 2008～2009 年两轮共计 800 多亿欧元的财政刺激计划，以及政府出资救助陷入困境的银行等。然而对比欧洲其他主要国家，德国的救助计划规模较小。当德国的赤字规模在危机首年（2009 年）超过 3%、2010 年又将面临超过 4% 的尴尬时刻，默克尔政府及时调整政策，于 2010 年 6 月宣布了财政稳固计划。按照上述计划，截至 2014 年，德国将削减高达 800 亿欧元的财政支出；同时强调德国将致力于满足德国宪法关于严格预算纪律的要求；并且承诺至 2016 年，德国的结构性赤字不得超过 GDP 的 0.35%。[②] 此外，还规定各联邦州至 2020 年必须实现预算平衡，市政当局不允许因日常支出短缺而借债；社保基金也不被允许对外融资，其资金短缺将通过财政转移或提高缴费率等来弥补。

（二）社会层面

以总体方针而论，谋求社会伙伴之间的共识是德国模式在社会领域的重要特征。政府、雇主联合会、工会等都是平等的社会伙伴，遭遇重大事项需要各社会伙伴通过协商来解决而非单纯通过政府行政命令、资本意志或罢工等来决定。在德国企业中，有相关的《参与决定法》可循。工会不再是破坏性力量，而是促进企业发展的建设性因素，通过和企业方协商达

① BMBF，http：//www.bmbf.de/de/12268.php，最后访问日期：2013 年 3 月 5 日。

② Federal Ministry of Economics and Technology, *2013 Annual Economic Report: Competitiveness – The Key to Growth and Jobs in Germany and Europe*, p. 42.

成协议工资的方式来保护工人利益同时兼顾企业长远发展。在宏观层面，易于使德国在遭遇发展困难时，达成全民改革共识来重获发展动力。两德统一后，德国在全球化竞争压力和老龄化社会压力下，以“三高”（即高工资、高福利和高成本）为特征的福利社会模式遭遇发展瓶颈。有鉴于此，德国上下一心达成共识，抑制工资上涨，改革社会福利和劳力市场制度。施罗德政府执政时期，在“2010 改革议程”框架下施行了一系列以促进劳动力市场灵活性［四部《哈尔茨法》和社会保障体系（养老、医疗等）、投入产出效率］为核心的经济社会改革措施。如以劳动力市场为例，具体改革举措包括①：删除体制壁垒、放松雇用和解雇限制；创造各种低薪的临时性工作；改革失业救济制度，合并失业和贫困救济，并将救济金领取和强制就业相挂钩；等等。通过这一改革，德国以压低劳动力成本为代价（见表 1）获得强大的国家竞争力，支撑起以出口导向为引擎的德国经济的高速发展，同时大幅降低了失业率，得以安然渡过危机。

这一事关危机中德国经济社会优异表现的改革之所以能取得成功，是德国社会多方共识和智慧的结合，缺一不可。科尔、施罗德和默克尔三届政府以超前的忧患意识，广泛征询社会各界建议，努力唤醒德国全社会的改革共识；施罗德等领导人不计个人荣辱，对历史担当的责任感和默克尔不计党派之嫌、从善如流的执政风格；雇员与雇主充分协商、审时度势，尤其是工会愿意牺牲工资和福利等成本的上涨以维护广泛就业和保持德国的成本优势的合作态度；德意志民族言行一致、有令必行的秉性，易于达成共识并利于严格执行。

表 1　2000 ~ 2009 年德国实际月平均工资增长率

单位：%

国家＼年份	2000 ~ 2005	2006	2007	2008	2009
德　国	-0.4	-0.9	-0.6	-0.4	-0.4

资料来源：国际劳工组织：《2010 ~ 2011 年全球工资报告——危机时期的工资政策》，国际劳工组织，2010，第 97 ~ 98 页。

① 丁纯、李君扬：《未雨绸缪的德国社会保障制度改革——金融危机中德国经济一枝独秀的主因》，《当代世界与社会主义》2012 年第 5 期。

此外，德国模式中社会保障体系的建立对缩小贫富差距、平衡社会伙伴之间的关系起到了重要作用。俾斯麦时期创建了全球第一个现代社会保障制度的德国，采用的以社会保险为主体的保障体系被当今绝大多数国家所效仿，被认为兼顾了效率与公平。以养老、医疗、失业、工伤和护理保险五大社会保险体系以及社会救济和社会福利等部分组成的社保体系，支出约占 GDP 的 30%，[①] 为德国社会分配的均衡和经济增长提供了坚实的保障和社会避震器。

（三）欧洲一体化

融入欧洲是德国对外政策的着力点。至今为止德国始终坚持在融入欧洲和推动欧洲一体化框架下发展。其一，欧洲一体化为德国发展提供了政治庇护，使德国走出发动侵略战争和进行种族灭绝的“原罪”阴影，打消了欧洲邻居的疑虑，为德国重新融入欧洲大家庭争取到了极大的政治和经济发展空间。其二，欧盟是德国主要的贸易市场和投资目的地，欧盟人口 5 亿，经济总量为世界第一，内部贸易额约占世界贸易总额的 1/5。近年来，虽然欧盟内部贸易占德国贸易总额的比重不断下降，但 2012 年进口比重为 56.1%，出口比重为 57.0%，仍超过德国外贸的一半，[②] 是德国经济发展的重要依靠。其三，共同货币欧元的诞生给德国经济的发展增加了助推器。德国的先进商品、技术和充裕资本可更方便地进入欧元区国家。放弃马克使用欧元，一方面，对欧元区内的弱势国家如希腊等，德国可在单一货币（欧元）下，依靠其优势的劳动生产率取得实际上的相对汇率贬值，扩大出口（见表 2）；另一方面，对欧元区外的国家而言，相对马克显得弱势的欧元使德国得以享受货币变相贬值的益处，有利于德国向欧元区以外国家出口，这一优势由于危机中欧元汇率的下跌得到更大的发挥。据德国最大保险公司安联集团（Allianz）宏观研究部门估算，美元升值为德国出口的增长贡献了 3% 或 4%，而日元升值贡献为近 1%。[③]

---

① 欧盟统计局：http：//epp. eurostat. ec. europa. eu，最后访问日期：2014 年 3 月 3 日。

② Statistisches Bundesamt, *Statistisches Jahrbuch 2009 - 2013*.

③ *New York Times*, http：//www. nytimes. com/2010/09/03/business/global/03yen. html，最后访问日期：2011 年 7 月 29 日。

表 2 2001～2013 年欧盟部分国家劳动生产率

单位：欧元/小时

国家＼年份	2001	2002	2003	2004	2005	2006	2007	2008	2009	2010	2011	2012	2013
德　国	38.2	38.7	39.1	39.4	39.9	41.3	42.0	42.0	40.9	41.7	42.4	42.6	42.8
欧　盟	28.5	29.0	29.4	29.9	30.3	31.0	31.4	31.3	30.8	31.5	32.0	32.1	32.2
欧元区	33.7	34.1	34.3	34.7	35.0	35.8	36.2	36.2	35.8	36.5	36.9	37.2	37.5

资料来源：欧盟统计局：http：//epp. eurostat. ec. europa. eu，最后访问日期：2014 年 8 月 10 日。

二　德国模式在欧债危机中经济与社会的良好表现

随着 2009 年欧债危机爆发，欧盟尤其是欧元区国家受到重创，成为重灾区；而德国则“鹤立鸡群”，不仅经济领域一枝独秀，而且社会局势相对平稳和谐。究其原因，长期以来逐步形成的德国经济社会发展模式无疑起到了重要作用：注重实体经济的德国在危机所受到的虚拟经济泡沫崩溃之害相对较轻，而偏重虚拟经济或房地产的国家如美国、爱尔兰、西班牙等均深受冲击[①]；重视职业教育和产学研相结合、坚持出口导向和出口区域多元化，以及鼓励创新等因素助力德国在风云变幻的国际市场上游刃有余，因此才可能通过增强出口来推动经济复苏；恪守平衡财政则是避开债务暗礁的法宝；在社会方面坚持公平原则、重视形成普遍社会共识以及改革社会保障体系促进了劳资和谐与贫富差距的缩小；在对外关系方面始终坚持在欧洲一体化框架内发展则对维护欧洲一体化的成果和努力推进欧洲一体化起到了重要作用。

具体而言，德国模式在欧债危机中经济与社会的良好表现体现在以下方面。

（一）经济表现

1. 经济总体表现良好

虽然德国经济遭受欧债危机严重冲击，2009 年实际国内生产总值同比

① 丁纯：《金融危机冲击下的欧洲经济：表现、成因与前景》，《欧洲研究》2010 年第 4 期。

萎缩 5.1%，创统一以来经济发展最差纪录，下跌幅度甚至还略高于欧盟平均跌幅；但此后 2010 年和 2011 年，受惠于德国政府有力的财政刺激政策以及外部需求旺盛等临时性因素，更主要是得益于德国发展模式的长期结构性优势，德国出现强势反弹，经济同比增长率分别达到了 4.0% 和 3.3%，增速约为欧盟的 2 倍；尽管自 2011 年下半年起，受欧债危机传染效应的影响，德国也同其他欧盟国家一起二次探底并于 2013 年下半年开始逐渐复苏，但其经济增速仍分别达到 0.7% 和 0.4%，明显好于欧盟 -0.4% 和 0.1% 的平均增长率（见图 2）。

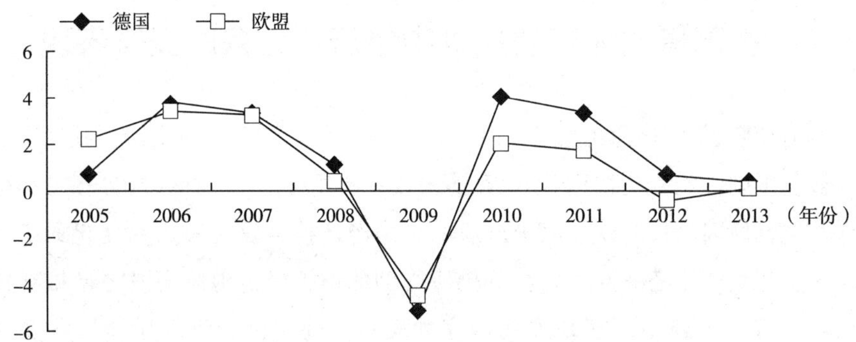

图 2　欧债危机前后德国和欧盟实际 GDP 增长率（单位：%）

资料来源：欧盟统计局：http：//epp. eurostat. ec. europa. eu，最后访问日期：2014 年 8 月 10 日。

2. 劳动力市场创造“就业奇迹”

首先，危机期间，欧盟国家平均失业率持续攀升，2013 年高达 10.8%，25 岁以下青年失业率甚至飙升到 23.3%。与之形成剧烈反差的是，同期德国失业率呈不断下降的趋势，从 2009 年的 7.8% 降至 2013 年的 5.3%，尚不及欧盟平均值的一半，仅为失业问题最严重的希腊和西班牙的 1/5（见图 3）。德国青年失业率 2013 年底也仅有 7.9%，仅为欧盟平均值的 1/3。[①]

其次，从德国劳动力市场本身的历史沿革来看，欧债危机期间德国劳动力市场延续了 2005 年以来就业持续改善的趋势，并于 2013 年创下两德统一以来最低失业率纪录。

① 本段有关失业率的数据来自欧盟统计局：http：//epp. eurostat. ec. europa. eu，最后访问日期：2014 年 8 月 10 日。

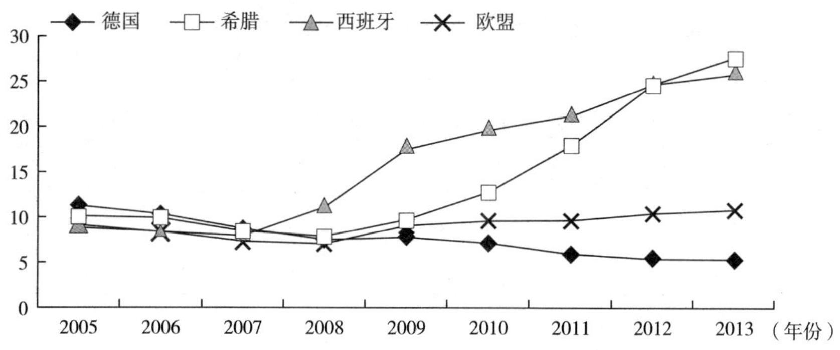

图3　欧债危机前后德国、欧盟、希腊和西班牙的失业率（单位：%）

资料来源：欧盟统计局：http：//epp. eurostat. ec. europa. eu，最后访问日期：2014年8月10日。

最后，德国劳动力市场的就业奇迹还表现在，不仅德国本国就业人数上升，失业率较低；而且开工率足吸引了大批外来劳力：2010年、2011年、2012年三年净流入人口不断攀升，分别达12.8万、27.9万及36.9万。[①] 而2013年德国外来净流入人口超过40万，创20年以来新高。新流入的劳动力和移民主要来自东部新成员国以及来自深陷欧债危机的南欧国家。仅在2012年，由南欧四国流入德国的净流入移民人数就达到7.2万人。按移民来源地看，排名前两位的是波兰和罗马尼亚，分别占总移民人数的17.1%和10.8%，匈牙利为5.1%，意大利为4.2%，西班牙为3.5%，希腊为3.3%。[②] 外来移民的增加扩大了生产潜力，缓解了工资增长压力，对深受老龄化困扰的德国社会保障筹资来说，也起到了改善人口结构和缓解资金缺口的作用。

3. 出口旺盛成为主要增长动力

欧债危机未能撼动出口在德国经济增长中的重要地位。总体上看，德国出口继续呈现高歌猛进态势：第一，德国出口占GDP比重从2009年的33.8%增加到2012年的41.1%；第二，2013年德国外贸顺差达1989亿欧元，创历史新高；第三，自2010年后，出口再次成为引领德国经济复苏的引擎，在驱动经济增长的三驾马车（即出口、投资和私人消费）中，其对德国经济增长平均贡献率远超消费和投资（见表3）。

① 德国联邦统计局：http：//www. destatis. de/，最后访问日期：2014年3月3日。

② Christina Gathmann，Nicolas Keller，Ole Monscheuer，Zuwanderung nach Deutschland – Problem und Chance für den Arbeitsmarkt，Wirtschaftsdienst 2014/3.

表 3　欧债危机前后德国经济增长动力对比

单位：%

类别＼年份	2005	2006	2007	2008	2009	2010	2011	2012	2013
私人消费	0.1	0.9	-0.1	0.4	0.1	0.6	1.3	0.4	0.5
投　资	-0.3	1.5	1.6	0.1	-2.8	1.4	1.1	-0.9	-0.2
出　口	3.0	5.4	3.6	1.3	-6.3	6.4	3.8	1.6	0.4

资料来源：德国联邦统计局：http：//www.destatis.de/，最后访问日期：2014 年 3 月 10 日。

4. 政府赤字和公共债务增长较为温和

欧债危机爆发后，大多数欧盟和欧元区成员都经历了经济衰退并为此实施大量追加的财政刺激措施，财政赤字和公共债务显著恶化。德国尽管在危机初期也采取了财政刺激举措，财政赤字率从 2009 年的 3.1% 上升为 2010 年的 4.2%，超过《稳定与增长公约》规定的 3%；公共债务占 GDP 比重亦从危机前的 74.6% 攀升至 2010 年 82.5% 的水平，[①] 越过 60% 红线。但较其他成员国，德国财政赤字和公共债务比率明显低于欧盟平均水平，更不用说深陷债务危机之中的外围国家（亦称“欧猪国家”）（见表 4）。

表 4　欧债危机前后德国和欧盟公共债务和财政赤字占国内生产总值的比重

单位：%

	财政赤字的 GDP 占比					公共债务的 GDP 占比				
	2009 年	2010 年	2011 年	2012 年	2013 年	2009 年	2010 年	2011 年	2012 年	2013 年
德　国	-3.1	-4.2	-0.8	0.1	0.0	74.6	82.5	80.0	81.0	78.4
欧元区	-6.4	-6.2	-4.2	-3.7	-3.1	80.0	85.5	87.4	90.7	92.6
欧　盟	-6.9	-6.5	-4.4	-3.9	-3.3	74.5	80.0	82.7	85.5	87.4

资料来源：欧盟统计局：http：//epp.eurostat.ec.europa.eu，最后访问日期：2014 年 8 月 10 日。

（二）社会表现

1. 劳资关系较为和谐

尽管欧债危机恶化了各国经济和就业状况，但德国社会形势总体表现

① 本段有关赤字和债务的数据来自欧盟统计局：http：//epp.eurostat.ec.europa.eu，最后访问日期：2014 年 3 月 3 日。

平稳，尤其是劳资关系较为和谐，这从罢工人数和因罢工损失的工时数这两大指标可以得到清晰的验证（见图4），危机爆发后无论是罢工还是因之损失的工时数均有所下降而非上升。

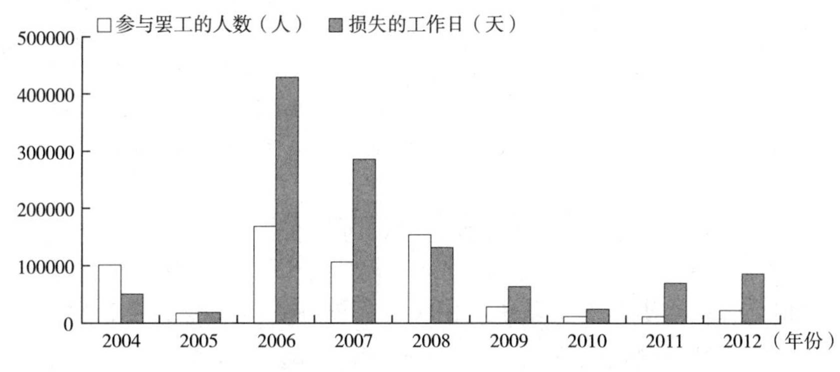

图4 欧债危机前后德国罢工人数与损失的工作日

资料来源：EIRO，http：//www.eurofound.europa.eu/eiro/2013/06/articles/de1306019i.htm，最后访问日期：2014年3月10日。

2. 社会贫富差距缩小，财富分配趋于相对平均

尽管在欧盟和其他发达国家中，德国社会的贫富差距相对较小，但自20世纪90年代开始出现分化苗头，进入21世纪后扩大之势加剧。以低于社会人均可支配收入60%作为贫困的判定标准，21世纪初德国约有13%的贫困人口，2007年上升至20.6%，达到了21世纪以来新高。

然而欧债危机爆发后情势有所变化。贫富分化持续加剧的趋势得以中止，贫困人口占比出现了小幅下降：2012年德国贫困人口占比为19.6%，而2009年为20%。同期欧盟及欧元区总体贫困人口占比在2010年以后持续增加。

自欧债危机爆发以来，德国贫富差距出现了明显收敛的趋势。20%最高收入人群与20%最低收入人群收入比由2009年的4.5缩小到2012年的4.3。而以全面衡量社会收入差距最具有代表性的基尼系数来看，结论也是如此，从2008年的30.2%下降到2012年的28.3%（见表5）。①

① 欧盟统计局：http：//epp.eurostat.ec.europa.eu，最后访问日期：2014年3月3日。

表 5　欧债危机前后德国贫富差距变化

年份 / 项目	2005	2006	2007	2008	2009	2010	2011	2012
贫困人口占比（%）	18.4	20.2	20.6	20.1	20.0	19.7	19.9	19.6
20%最高收入人群与20%最低收入人群收入比	3.8	4.1	4.9	4.8	4.5	4.5	4.5	4.3
德国的基尼系数（%）	26.1	26.8	30.4	30.2	29.1	29.3	29.0	28.3

资料来源：欧盟统计局：http://epp.eurostat.ec.europa.eu，最后访问日期：2014 年 8 月 10 日。

三　德国模式的前景

目前，欧债危机已基本结束，但全球和欧洲经济复苏非常缓慢，民众疑欧情绪上升等问题依然突出；在德国国内，尽管目前良好的经济社会发展势头依然在持续，但有关最低工资规定以及德国在欧盟中角色的激辩也如火如荼。在此背景下，德国经济社会发展模式的前景如何？笔者认为，在危机中大放异彩的德国发展模式总体持续发展的同时也将出现一定转变。

（一）经济方面：德国将在继续维持出口导向型的实体经济基础上略作调整

在后危机时代，德国发展出口导向型实体经济存在着一些有利因素：一方面，危机过后世界经济普遍转好，美日经济向好，尤其是占德国外贸近 50% 的欧盟和欧元区逐渐复苏，“欧猪国家”也开始逐步摆脱危机的拖累。爱尔兰和西班牙分别于 2013 年 12 月和 2014 年 1 月正式告别欧盟的救助计划，重获新生；以中国为首的新兴经济体减速，但下调幅度不大，为德国巩固和拉伸出口提供了持续需求和动力，特别是汽车业的良好出口趋势最为明显。另一方面，德国在欧盟框架下积极推动外贸和投资多元化，和新加坡、韩国等已谈成自贸区协定，同时正和美国开展跨大西洋贸易和投资伙伴协定谈判。一旦谈妥，会对德国出口能力的提升产生很大影响。据德国国际与安全事务研究所的研究报告，[①] 欧美间关税降低 98%、货物和

① German Institute for International and Security Affairs, “Trade Agreement with Side - Effects,” June 2013, pp. 1 - 4.

服务领域非关税壁垒减少 25%、政府采购领域非关税壁垒降低 50%，欧美 GDP 则将分别增长 0.48% 和 0.39%，而且跨大西洋两岸经济的进一步融合可提升欧美与中国、印度等新兴经济体抗衡的竞争优势。不可忽略的是，2013 年美国是德国仅次于法国的第二大出口目的地和最大顺差来源国。[①] 此外，欧盟和日本的洽谈也已开始，与中国则正在洽谈双边投资协定。上述因素显然有利于德国出口多元化。

经历了欧债危机，德国比以往更加意识到创新在维持经济增长中的重要作用，且相比其他欧洲国家更快地付诸行动，这将深化德国模式重视科技创新的特点，也将有利于德国出口获得更强国际竞争力。德国将按照“欧洲 2020 战略”所倡导的灵巧增长目标实施“数字欧洲”等项目，并实施“工业 4.0”战略以夯实德国制造业的基础，强化高端制造业在德国工业中的比重，以应对其他发达国家“再工业化浪潮”和新兴国家制造业崛起的挑战。

然而一系列影响德国出口的不利因素亦需关注：一是工资上升快，劳动力成本趋高。2007 ~2012 年，德国平均工资上涨 10%；2010 ~2013 年欧盟国家实际工资变化排名中，德国是成员国中排名上涨第四的国家（28 国中共有 10 个国家上涨，18 个国家下降）。[②] 据科隆德国经济研究所 2013 年对德国企业家的调查，55% 的企业对中长期经济不看好，其中对工资等劳动力成本上升看法悲观是仅次于能源上涨的原因。[③] 二是劳动生产率的上涨速度明显落后于工资上涨幅度。德国劳动生产率增速分别为 2010 年 3.6%、2011 年 1.6%、2012 年 -0.4% 和 2013 年 -0.1%，与欧盟 28 国平均水平数相比（2.6%、1.3%、0.0% 和 0.3%）明显落后。[④] 三是随着欧盟和欧元区危机的消减，汇率相对走强也会对德国的出口产生一定负面作用。四是德国的巨额顺差带来不小的外部压力，目前顺差占 GDP 的比重超过 7%。而欧盟的宏观经济平衡目标是：成员国顺差门槛不得超过 GDP 的 6%。美国政府

① Statistisches Bundesamt, “Ranking of Germany’s Trading Partners in Foreign Trade 2013,” 2013, p. 2.

② Thorsten Schulten, Europaesicher Tarifbericht des WSI - 2012/2013, WSI Mitteilungen, 2013/8.

③ Christoph Schroeder, Entwicklung und Struktur der Arbeitskosten in Deutschland, Wirtschaftsdienst 2013/9.

④ Thorsten Schulten, Europaesicher Tarifbericht des WSI - 2012/2013, WSI Mitteilungen, 2013/8.

也在首尔 G20 峰会前建议一国顺差和逆差占 GDP 的比重必须在 4% 以内。除此以外，一些国际组织也多次呼吁德国降低出口，如国际货币基金组织在 2012 年 7 月评估报告中认为，德国经济运行虽良好，但需进一步扩大内需，促进国内消费以防将来出口下降而影响经济增长。五是随着《里斯本条约》逐步实施，欧盟委员会在对外经贸领域逐步取代了成员国，获得近乎全部授权，因此对外统一谈判和划一的谈判结果与政策对德国而言并非都是积极的，甚至可能带来束缚。

最后，近期德国经济形势与国家政策的些许变化也似乎印证了德国经济发展模式或将出现一定调整。目前德国经济增长的动力有所变动：虽然出口依然是主力，但经常项目顺差在下降；私人消费尽管增速有限，但在 2012 年开始逐步回升，预计 2015 年将提速为 1.6%。[①] 而且基本不依赖出口的建筑业也现增长，[②] 从侧面证实了内需的逐步增长初露端倪。同时，德国政府积极鼓励实现增长动力转型。2013 年 2 月默克尔在“五贤人”委员会“生日”庆祝会发言中明确提出，[③] 通过刺激内需来化解外部失衡是德国政府目前的政策。联邦政府在 2013 年度《竞争力是德国和欧洲增长与就业的关键》经济报告中也指出，今后德国经济活力将主要依靠内需来推动，包括个人消费的增加和私人住房领域的投资。[④] 为达此目的，德国政府在收入分配方面向劳动者有所倾斜，保证民众的实际收入增长幅度不低于劳动生产率的上升幅度。

（二）社会方面：压缩社会保障开支、稳定社保交费率的举措曾使德国模式得以轻装上阵，起到稳定社会的作用，但目前显然遭遇了一定的瓶颈，需改弦更张

首先，德国上下以德国人特有的忧患意识和严谨执着，进行了包括实

① Anjia Rossen, Konjunktur nimmt Fahrt auf, Wirtschaftsdienst, 2014/3.

② Michael Knipper, Die Erwartungen der Industrie für 2014, Wirtschaftsdienst 2014/1.

③ Merkel, Rede von Bundeskanzlerin Merkel auf einer Festveranstaltung des Sachverständigenrates, 20 Februar 2013, http://www.bundesregierung.de/ContentArchiv/DE/Archiv17/Reden/2013/02/2013-02-20-svr.html，最后访问日期：2014 年 3 月 5 日。

④ Bundesministerium für Wirschaft und Technologie, Jahreswirtschaftsbericht 2013: Wettbewerbsfähigkeit – Schlüssel für Wachstum und Beschäftigung in Deutschland and Europa, S. 73.

施《哈尔茨法》在内的艰苦改革，忍受了近十年的低工资和福利增长。但随着欧债危机爆发，民众尤其是中下层作为此前改革进程中相对的利益损失者，对此前改革带来的福利下降和社会不公等严重质疑和反应强烈，并获得了相当的社会支持。

其次，欧债危机中德国经济的良好表现特别是出口长期顺差却在希腊等债务国难以得到顺利兑现，以及导致欧盟经济和世界经济失衡等在国内外遭遇了广泛质疑。与其压低工资和福利去拼命扩大出口，换得无法兑现的被拖欠债权和萎缩的欧盟内部经济需求，不如趁德国经济表现良好之际，提高工资和福利，拉动内需，减少顺差。对内可以提振内需，对外可以减少顺差招致的压力。在此，米夏埃尔·施莱西特（Michael Schlecht）估计，[①]“如果为普通民众每人增加500欧元的社会保障支出，可额外生成120亿欧元的购买力”。

再次，德国国内以基民盟/基社盟和社会民主党互为最大的两大反对党的党派政治为这种转向提供了合适的政治氛围和规制基础。作为以中下层工薪阶层为主要拥趸基础的社民党利用了民众要求增加工资福利和改变社会不公的民意呼声，以此作为2013年大选的主要竞选口号之一获得成功，入主大联合政府，成为执政伙伴。为兑现竞选承诺，社民党肯定会努力推动其实施。

最后，有关最低工资政策正式落地集中体现了民间这种潜滋暗长的，要求改变10余年来重增长轻福利、重对外轻对内状况的诉求。2013年底，新执政联盟通过的最低工资规定不仅增加了工资成本，还可能开启工资和福利上涨的新阶段（见表6），同时可视为德国社会政策取向从紧缩社保开支等部分开始社会公平纠偏。原本以“高福利”著称的德国社会市场经济模式并不强制建立最低工资制，而是主张劳资协商。但自20世纪90年代起，部分行业开始引入最低工资制，最早在全行业推行的是建筑业（1997年），以后引入的行业逐渐增加，至2013年底已有12个行业采用这一制度。[②] 按照当前大

① Michael Schlecht, Merkel gefährdet Europa, Juni 2013, p. 15, http: //www. michael - schlecht - mdb. de/wp - content/uploads/2009/10/Merkel - gefährdet - Europa. pdf，最后访问日期：2014年3月9日。

② 德国联邦统计局：https: //www. destatis. de/EN/FactsFigures/NationalEconomyEnvironment/EarningsLabourCosts/MinimumWages/MinimumWages. html，最后访问日期：2013年3月5日。

联合政府的动议，面对全部行业每小时8.5欧元最低工资协议将自2015年起生效，但在2017年前过渡期内，只要劳资协商决定，工资仍可低于8.5欧元。2014年4月2日德国联邦议院通过了在全德实施该最低工资的动议。这一变革预示着德国对近10年来德国以经济增长为主旨、以控制社保支出和稳定社保缴费为主的社保改革方向的重大调整，其意义不容低估。

表6 欧债危机前后德国单位劳动成本的增长率

单位：%

年份 国家	2004	2005	2006	2007	2008	2009	2010	2011	2012
德　国	-0.8	-1.1	-2.5	-1.5	2.1	6.7	-1.9	0.9	2.7

资料来源：OECD StatExtracts，http：//stats. oecd. org/index. aspx?，最后访问日期：2014年3月3日。

（三）欧洲政策方面：危机中德国在欧盟中地位的变化带来欧洲一体化政策的挑战

作为德国模式主要支柱之一的欧洲一体化政策在危机后如何变动颇受关注。一方面，德国在危机中积极施救和建章立制，危机后随着其在欧盟中的经济实力上升、贡献增大导致实际发言权的扩大。

1. 积极参与对外围国家的救助和建章立制

笔者归纳，德国在危机应对中的核心宗旨是三条：一是坚持欧元的存在和维护欧元区的完整为最高目标，这符合德国的最高利益，也促成其在危机中的诸多让步。但其惯常的做法是在万不得已做出临时让步时一定以要求对方接受建立新的长期规制为交换，以短换长。二是出于德国自身利益、遏制道德风险的考量要求摒弃无限制救助的观念，通过建章立制强调各成员国财政自律的重要性，主张实施紧缩政策。三是反对片面刺激来短期激活经济，而是放眼于提高长期竞争力的内生增长。

正是以此为宗旨，德国在救助方面克服了危机初期较为消极的态度，积极参与了对希腊、爱尔兰、葡萄牙和西班牙等国的援助，以提供担保的方式承担了与其欧盟最大经济体相适应的救助责任，比如对临时性的欧洲金融稳定工具（EFSF）和永久性的欧洲稳定机制（ESM）的担保额分别达到2110亿欧元和1900亿欧元，皆以27%的比重承担了最大担保责任。[①] 此外，德国央行通过欧央行的TARGET 2资金清算系统，为其他国家央行提供欧元贷款，有效解决了这些国家央行的流动性短缺，在最高峰的2012年8月出借金额达7514.5亿欧元。[②]

德国在危机援救中尤其注意强调建章立制，倡导“紧缩政策”，遏制外围国家的道德风险，充分体现了德国利益和意志。突出表现在：第一，强调财政自律并强势推进实施该领域一体化。德国力促所有成员国普遍实施财政整肃和促进财政与金融一体化，为此建议修改欧盟法律，经多方博弈最终取得阶段性的成果：巩固财政纪律首推2011年12月通过的《六部立法》，进一步强化了《稳定与增长公约》相关规定，添加了操作性更强的制裁措施，最后以25国签署“财政契约”方式，推动其他成员国仿效德国做法将财政平衡写入本国宪法或相关法律。坚决反对引进不分责任的统一“欧元债券”（Euro - bond）。第二，推出了“欧洲学期机制”，通过每年欧盟和各成员国长达6个月反复讨论确保成员国预算稳健。第三，增强欧盟层面金融监管，力主推出包括2011年1月开始运行的以“三局一会”为主要框架的银行、证券、保险的监管机构和风险预警机制以及银行联盟。第四，坚持以接受统一监管为条件，才允许欧洲稳定机制救助银行以及设立银行业联盟，在欧盟范围内确立了德国所倡导的先监管、后救助的原则。第五，促进欧盟成员国长期竞争力的增强，走内生复苏和增长之路而非靠救助苟延残喘。积极倡议制定《竞争力公约》，以此为基础形成欧盟范围内的《欧元区附加公约》，着重强调增强经济竞争力和促进就业的重要性。同时欧盟“欧洲2020战略”中所规定的智能增长、可持续增长和包容性增长目标，可看作德国全面发展战略和理念的具体体现。

2. 德国经济规模占欧盟的比重上升

由于危机中德国经济的出色表现，德国经济规模在欧盟的比重一改危机前不断下降的趋势，从2008年开始逐步上升，2013年达21.0%并超过

---

① EFSF：http：//www. efsf. europa. eu/attachments/faq_ en. pdf，最后访问日期：2013年3月3日。

② 德意志联邦银行网站：http：//www. bundesbank. de/Navigation/DE/Home/home_ node. html，最后访问日期：2013年3月5日。

2005 年的水平。相比之下，法国自 2008 年起其比重虽也上升但幅度较小，因此德法差距从 2005 年的 4.6 个百分点扩大至 2013 年的 5.2 个百分点。[①]

3. **增加对欧盟的财政缴费**

危机期间德国向欧盟财政缴费不断增长，从 2008 年的 188.8 亿欧元，占欧盟总缴费的 20.1%[②]，增至 2012 年的 228.2 亿欧元，占 20.2%；而法国缴费比重在 4 年后维持于 17.5% 不变。[③]

4. **握有大量对欧债权**

在对外债权方面，德国银行在危机中持有大量欧洲国家债权。按世界清算银行数据，[④] 截至 2013 年 9 月底，德国银行系统对欧洲的风险敞口依然有 1.12 万亿美元，为另一个核心国家法国对欧债权的 1.5 倍。

5. **贸易地位的变化**

在欧盟内部贸易中，危机前后变化集中体现为：其一，德国在欧盟内部进口地位上升，对比 2008 年和 2013 年，德国进口比重从 19.4% 显著上升至 21.0%。[⑤] 说明德国作为进口国为拉动欧盟内部贸易需求、促进其他成员国的增长做出了贡献。其二，同期德国对欧盟成员国出口下降了 0.9 个百分点，此消彼长，反映出德国在对欧盟内部贸易上起到恢复平衡的积极作用。

凡此种种，使得德国危机后在欧盟经济治理和对外关系中地位上升，以及在前述经济、社会规则制定和监督实施上德国意志的凸显；在外交上，欧盟更多顾及德国的态度和声音，如对乌克兰危机等。

另一方面，德国必须也只能在欧盟框架内发展。不仅因德国在欧盟框架内的发展对其意义重大，更重要的是权衡损益，德国无论从经济、政治还是社会诸方面均无法脱离欧洲一体化，至少客观上并不具备这种能力。此外危机期间出现的一些新的临时性因素也会明显影响德国模式在欧盟内部的影响力。如德国在危机期间过分强调财政紧缩，招致一些欧盟国家民

---

① 欧盟统计局：http：//epp. eurostat. ec. europa. eu，最后访问日期：2014 年 8 月 10 日。

② European Commission, *EU Budget 2008 Financial Report*, 2009, p. 68.

③ European Commission：http：//ec. europa. eu/budget/financialreport/revenue/index _ en. html，最后访问日期：2014 年 3 月 10 日。

④ BIS：http：//www. bis. org/statistics/consstats. htm，最后访问日期：2014 年 3 月 10 日。

⑤ 欧盟统计局：http：//epp. eurostat. ec. europa. eu，最后访问日期：2014 年 8 月 10 日。以下出口数据来源相同。

众对德国产生一定恶感，因承担了大部分紧缩政策的痛苦而对德国“吝啬”的施援感到不满，继而形成外部部分反德呼声。这种呼声将在一定程度上制约德国在欧盟内外发挥影响力和主导局势的能力。另外，随着危机逐渐远去，外围国家对德国的救助依赖会有所减轻，自然会与在危机中表现不佳、渐失影响力的法国等一起，对德国主导的紧缩政策发起挑战。

显然，较之危机前，危机后德国与欧盟的关系应是德国在欧盟中的主导和发言权会上升，但仍然在欧盟框架下与其他成员国合作、平衡进行。法德轴心的作用可能会略有下降，英德等关系会略有上升。无论是德国内部还是外部均没做好德国承担欧盟的全部权利和义务的打算和可能。

总之，德国模式在欧债危机中促成了其经济社会表现在欧盟国家中的一枝独秀，使得德国在欧盟中的经济实力和话语权有所增强。同时，德国模式本身也遭遇了一系列挑战，笔者认为：德国在长期发展中形成的德国模式的核心不会发生根本变化，以社会市场经济理论为基石的制度框架和理念深入人心，已成执政之本；经济领域中重视制造业，依托出口的经济发展重心和坚持平衡财政和创新推动的增长方式不会变化；社会领域里通过各个社会伙伴平等对话、取得共识、维护关系和谐稳定的福利社会仍将是德国社会发展的基础；而在欧盟机制内行动、以欧洲一体化为德国行动的载体的边界不会被突破。但随着欧债危机期间和其后外围条件的嬗变和内部的逐步应变，德国经济增长动力上会出现一定程度的转变，转向追求以出口引领为主、兼顾内需、突出创新作用、平衡发展的综合增长路径；但囿于德国的比较优势，制造业和出口导向仍是主流；社会领域则会在尊重广大民意的基础上产生从一定程度转向追求社会公正和增加工资福利，而这和前十年崇尚遏制福利过度疯长一样是民意的体现，但以德国人的审慎和两党联合执政的形式，应该不会走得太远。由于德国在危机拯救中的中流砥柱作用和危机后经济上如日中天、法国等欧盟成员国地位的衰落态势，德国在欧洲经济一体化进程和政策、规制制定中的地位无疑会得到增强，但这种渐长的自信和主导欧盟的冲动每每会受到与之相应增长的负担欧盟经济、政治责任的拖累和众邻的惊恐导致的制约，不会急速膨胀。

德国社会市场经济模式及战后经济政策变迁

胡　琨*

欧债危机爆发以来，德国经济逆势增长，一枝独秀，其优异表现令人刮目相看。该国数年前还苦苦挣扎在经济衰退的边缘，并被冠以“欧洲病夫”的“雅号”。德国经济的兴衰轮回，并不是偶然所致，而是与其以“竞争秩序”为核心的社会市场经济模式的实践有着千丝万缕的关联。

一　德国社会市场经济模式的内涵

“社会市场经济”最初见于阿尔弗雷德·米勒－阿尔玛克1947年出版的《经济统制与市场经济》（*Wirtschaftslenkung und Marktwirtschaft*）一书，这一理念的思想基础是新自由主义（Neoliberalismus）。

（一）社会(学)新自由主义

新自由主义源于经济自由主义者对自由放任经济和国家干预主义所导致的问题的反思，最早可追溯至19世纪下半叶关于社会政策的讨论。1932年，亚历山大·吕斯托夫在德国“社会政策”年会上提出“自由干预主义”（Liberaler Interventionismus），被普遍视为新自由主义创立的标志。

吕斯托夫不赞同亚当·斯密式自由主义和自由放任经济，但也反对无

* 胡琨，中国社会科学院欧洲研究所经济研究室助理研究员，博士。

序和过多的国家干预，尤其是计划经济。他主张在强大国家支持下建立和维护一种广泛的、兼顾市场经济和民主的社会秩序（Gesellschaftsordnung）。受基督教教义的影响，“人”被置于这一自由秩序的中心，因此不仅要通过经济政策落实“竞争原则”这一市场经济根本协调机制，以实现经济增长，确保物质需求得到满足；还要实施被其称为“活力政策”（Vitalpolitik）的社会政策，以满足人更重要的文化、教育、家庭、伦理和宗教等需求，使人享有充分自由，以合乎“人类尊严”的方式存在。因此，在这一秩序中，经济与社会目标并重：市场经济不会导致社会目标必然实现，只是实现社会目标的工具；而社会目标虽是终极关怀，但却只有市场经济才可为其提供物质基础和制度保障。因此，全面的社会政策虽必不可少，但不应与市场经济有所冲突，而须遵循绩效原则（Leistungsprinzip）和辅助性原则（Subsidiaritaetsprinzip）[①]，使之“朝着市场规则方向前进”，“加快而不是阻碍市场自然进程”。[②] 类似的观点也出现于威廉·勒普克的相关表述中。[③] 因吕斯托夫和勒普克的社会秩序理论带有明显的马克斯·韦伯所开创的经济文化社会学痕迹，故也被称为“社会（学）新自由主义”。

（二）弗莱堡学派

与吕斯托夫与勒普克从反思自由放任经济出发点不同，以瓦尔特·欧肯、弗兰兹·伯姆及雷欧哈德·米克施为首的弗莱堡学派，则更多是在捍卫市场经济、对抗国家干预的基础上建构新自由主义理念。出于对市场经济本身即可保障个人自由和提高经济效益的信念，弗莱堡学派对国家干预有着极强的警惕意识，认为国家干预经济过程会从根本上危及经济绩效和人类尊严；但同时又认为没有规制的市场会危及市场本身，因此国家须建立一个“上帝所要的”、有运作能力的、合乎理性或人和事物自然本质的经

① 社会政策不应损害个体在自我负责的基础上参与市场竞争以改善自身处境的热情和积极性而损害竞争。

② Alexander Rüstow, “Freie Wirtschaft – Starker Staat. Die Staatspolitischen Voraussetzungen des wirtschaftlichen Liberalismus,” *Schriften des Vereins für Sozialpolitik*, Bd. 187, 1932, S. 62 – 69.

③ Wilhelm Röpke, “Staatinterventionismus,” in *Handwörterbuch der Staatswissenschaften*, 4. Aufl., Ergänzungsband, Jena, 1929, S. 186 ff; Wilhelm Röpke, *Die Lehre von der Wirtschaft*, 12. Aufl., Bern und Stuttgart: Verlag Paul Haupt, 1979, S. 320 ff。

济社会秩序，即所谓“经济的秩序”（Ordnung der Wirtschaft）或“奥尔多秩序”（Ordo），来保障市场经济的有效运行。而建立在绩效竞争（Leistungswettbewerb）与消费者主权（Konsumentensouveraenitaet）基础之上的完全竞争可实现这一目标。就此而言，可确保市场完全竞争的“经济秩序”（Wirtschaftsordnung），即竞争秩序，是“经济的秩序”。

因此，弗莱堡学派在区分经济秩序和经济过程的基础上，主张国家应避免直接干预经济过程（过程政策，Prozesspolitik），而须专注于落实竞争秩序这一经济秩序（秩序政策，Ordnungspolitik），以实现社会财富的增长和个人自由。弗莱堡学派同样关注社会问题，也不反对实施必要的社会政策，但认为社会问题更多是竞争不完全（尤其是垄断）所致，只要确保竞争秩序，市场经济就可以使社会问题迎刃而解。就此而言，秩序政策本身便被视为最好的社会政策，完全竞争的市场经济不是实现社会目标的工具，而是本身就具有社会性。

（三）实用主义取向的社会市场经济

虽然与弗莱堡学派相比，社会（学）新自由主义要求对经济过程进行必要的干预和实施更广泛的社会政策，但两者都主张国家负有优先创建与维护一个确保市场完全竞争的经济社会秩序，即竞争秩序的责任，以实现个人自由与经济绩效，故被统称为秩序自由主义（Ordo - Liberalismus）。然而，秩序自由主义者坚持市场经济的基本立场，要在社会主义理念盛行、对市场经济充满疑虑的战后德国得到广泛认可与接受，无疑面临巨大挑战。

在此背景下，秉承社会（学）新自由主义理念的米勒 - 阿尔玛克创造性地提出“社会市场经济”概念，即“社会”（sozial）的市场经济。米勒 - 阿尔玛克认为，就服务于共同利益、满足社会正义和个人自由的诉求来说，市场经济被证明是相当有用的工具；但出于社会（学）新自由主义立场，他不认同弗莱堡学派秩序政策便可自动实现经济绩效与社会和谐的观点，而主张有必要通过一定的过程政策和社会政策来实现经济社会目标，即寻求建立一种市场经济为基础，兼顾个人自由、经济增长和社会安全的“共容性”（irenisch）社会秩序。同时，他也跳出了社会（学）新自由主义理想化理念的禁锢，主张经济社会秩序不是既定与一成不变的，而是应在坚持市场自由和社会平衡原则相结合的前提下，与不断变化的社会环境相适应。因此，米勒-阿尔玛克一方面借助引入“社会”这个定语和相应的过程政策与社会政策主张，来应对战后浓厚社会主义观念的挑战；另一方面，面对战后物质严重短缺的状况，他克制甚至隐藏了自己要求实施广泛社会政策的诉求，而更专注于建立和维护竞争秩序，以满足迫在眉睫的经济增长需要。

在这种实用主义取向的影响下，社会市场经济从一开始就是一个建立在市场经济基础之上，各种理念［包括社会（学）新自由主义、弗莱堡学派、社会主义、基督教社会教义和新教伦理等］“共容”，并不断演化、开放的经济制度。① 在这个框架下，不同立场持有者可各取所需，并从各自理念出发理解和塑造这一制度，特别是“社会”这一定语，可被多样甚至完全对立地解读。就此而言，“社会”与“市场”这一看似矛盾的词语组合却相当符合当时的社会环境。② 因此，这一概念被艾哈德借用后，很快被德国社会所普遍接受；但同时社会市场经济作为一种具体的经济社会模式，其实践也因此持续处于各种力量博弈的张力之中，从而会在不同历史时期呈现出不同甚至背离其初始理念的表现形态。③

然而，社会市场经济理念并没有偏离秩序自由主义的根本立场，其根本出发点仍是“只有一种市场竞争秩序才有可能提高人民福祉和导向社会公正”。因此，尽管与米勒-阿尔玛克把市场经济视为实现社会目标的工具不同，艾哈德在理念上更接近弗莱堡学派，认为“经济政策越卓有成效，社会政策救助就越没有必要”，“获取和确保各项福利最有效的手段就是竞

---

① Ludwig - Erhard - Stiftung E. V. Bonn, *Symposion VIII. Soziale Marktwirtschaft im Vierten Jahrzehn Ihrer Bewährung*, Stuttgart: Gustav Fischer Verlag, 1981, S. 11 - 15.

② 当时几乎所有人都在谈社会市场经济，但对其都知之甚少，1953 年阿伦斯巴赫研究所（Allensbach Institut）曾经做过一个问卷调查，56% 的受访者不清楚何谓社会市场经济，而 27% 的人持完全错误的认识，只有 12% 的人明确其内涵，可参见 Theodor Eschenburg, *Jahre der Besatzung 1945 - 1949*, Sttutgart: Deutsche Verlags - Anstalt GmbH, 1983, S. 439 - 441。

③ 即使是米勒-阿尔玛克本人，虽然将竞争政策、价格政策、外贸政策、货币和信贷政策、景气政策以及社会政策等影响经济过程的政策罗列出来，除了强调这些措施须与市场相适应外，对于如何施行这些政策，以及这些政策之间的相关性，也没有进行过细致的论述。所以，从一开始，社会市场经济就不是一个严密和既定的方案，可参见 Alfred Müller - Armack, *Katalog Marktkonformer Sozialmassnahmen zur Ausgestaltung der Sozialmarktwirtschaft*, Münster: FATM, 1951。

争”，即竞争秩序本身就具有社会性；但是他“通过竞争实现富裕”（Wohlstand durch Wettbewerb）与“人人享有富裕”（Wohlstand fuer alle）的秩序自由主义立场却是与米勒－阿尔玛克一致的。在他们看来，社会市场经济不是市场经济和中央统制经济之间的第三条道路，也不是提供完全保障的福利国家（Versorgungs－und Wohlfahrtsstaat），而是一种注重社会的特殊类型市场经济，是“根据市场经济规则运行，但辅以社会补充和保障……通过实施与市场规律相适应的社会政策，来有意识地将社会目标纳入”的经济制度。在这一制度中，借助竞争秩序实现的经济增长是社会福利的基础，增长政策优先于分配政策。[①]

因此，在这一理念指导下，经济政策须遵循经济理性与社会关怀相结合的原则，面对不同社会环境挑战，优先建立和维护市场完全竞争的经济秩序，辅之以必要的过程政策和社会政策，以提高经济绩效和实现个人自由；同时，任何过程政策与社会政策都应遵循绩效原则与辅助性原则，使之朝着适应而不是破坏竞争秩序的方向推进。简而言之，是否坚持市场竞争秩序这一核心主张，是考察德国战后经济政策实践是否遵循社会市场经济理念的关键标准。

二 德国战后经济政策变迁

（一）社会市场经济的实践：竞争秩序主导的经济政策（1948～1966）

建立和维护竞争秩序是社会市场经济理念落实的关键。要达成这一目标，国家须确保对所有市场参与者都适用的诸多市场经济立宪与规制原则（konstituierende und regulierende Prinzipien）能够实现，包括币值稳定、保障完全竞争、开放的市场、私有产权、立约自由、自我负责和承担义务、经济政策的连续性与稳定性。因此，在基本权利、立约与结社自由、自由择

① Alfred Müller－Armack，“Die Wirtschaftsordnungen，Sozial gesehen，” *ORDO* 1，1948，S. 194.

业、私有产权、法治国家和社会国家规则、联邦制国家结构等一系列与上述原则相关的条款写入《基本法》后，以确保竞争秩序为目的的经济政策主要任务则是保障币值稳定和完全竞争。因为通货膨胀和各类因素（市场或国家）所导致的竞争限制是竞争秩序最严重的威胁。

1948 年 3 月 1 日，德意志各州银行成立，履行美英双占区中央银行货币政策职能，双占区中央银行体系得以重建。在此基础上，在艾哈德参与下，双占区军事当局颁布四部币值改革法及一系列配套细则，于 1948 年 6 月 20 日实施货币改革：一方面通过引入德国马克，回收多余的货币；另一方面，对德意志各州银行货币发行设定严格程序与界限，以保障德国马克币值稳定。与此同时，艾哈德领导双占区经济管理署在社会市场经济口号下，推动统制经济向市场经济转变，陆续出台《货币改革后管制原则与价格政策法》等一系列法律及指令，实施终结商品配给制、取消工资与价格冻结、废除各项经营管制、反垄断、减税退税、紧缩财政、私有化、推行外贸自由化和稳定汇率等措施①，以将行政命令对经济的直接干预减少至最低限度，促进从生产到消费各个环节的自由竞争。② 1957 年，《联邦银行法》与《反限制竞争法》出台，稳定币值与完全竞争被制度化，社会市场经济模式的核心——竞争秩序在联邦德国得以巩固。

《联邦银行法》赋予联邦银行保障货币的职责，在“布雷顿森林体系”的固定汇率制度下，这一职责包括稳定德国马克对外币值（汇率）和对内币值（价格）。在贸易自由化及重商主义政策的推动下，德国战后出口强劲，1951～1961 年持续出现高额贸易顺差，导致 20 世纪 50 年代中期开始，德国货币政策遭遇两难境地，即无法同时确保德国马克的内外币值稳定。面对这一困境，这一时期的联邦银行与联邦政府将国内价格稳定视为优先目标，及时让德国马克汇率升值；同时借助于紧缩的货币与财政政策，使得德国马克对内币值基本保持稳定。

与此同时，在米勒－阿尔玛克看来，与经济政策同样重要的社会政策

① 参见德国联邦档案局（Das Bundesarchiv）官方网站：http：//www. bundesarchiv. de/foxpublic/6799B6270A06221200000000A24A9296/frame. jsp？auswahl = k －3&detail = k －3. html&oben = k －3_ oben. html，最后访问日期：2013 年 12 月 23 日。

② Ludwig Erhard，*Wohlstand für Alle*，Düesseldorf：ECON，1957，S. 7 －34.

也被逐步推行，如向战争受害者提供救济，大力兴建住房，设定最低工作条件，重建养老、失业、工伤与医疗等各类社会保险，发放子女补贴金和社会救助等。

作为一个具有实用主义倾向的“共容”与开放的经济制度，社会市场经济在实践过程中不可避免地须向现实环境妥协，例如《反限制竞争法》中大量的例外规定、相当广泛的传统社会保障体系、动态养老金改革和强大的工会力量等。但总体来说，在这一时期，德国价格稳定，竞争得到促进，过程政策与社会政策也基本遵循绩效原则与辅助性原则，竞争秩序达到其发展巅峰，加上马歇尔计划、朝鲜战争、战后重建等各种有利因素，德国经济在1948年之后逐渐进入一个经济飞速增长时期。

（二）社会市场经济的异化：全面调控主导的经济政策（1966～1982）

过程政策被米勒－阿尔玛克视为市场经济稳定运行的必要补充。但深受弗莱堡学派影响的艾哈德对此充满疑虑，长期的经济繁荣令他相信，在确保竞争秩序的基础上，只需采取货币、信贷及汇率政策等“轻度的景气政策”，就可不受经济周期困扰，实现经济持续增长和充分就业。[①] 然而，随着战后重建工作的结束以及对外经济关系的不断深入，经济波动开始加剧。艾哈德无法及时适应这种变化，其克制的过程政策最终无法阻挡德国经济于1966/1967年陷入衰退，失业率大增，他本人也因此下台，联盟党与社民党组成大联合政府。[②]

新任经济部长、社民党人卡尔·席勒信奉民主社会主义与凯恩斯主义，在“总体调控”（Globalsteuerung）理念指导下，借助反周期财政政策和合作性经济政策使德国经济与就业形势迅速好转。[③] 这一成功对于社会市场经

① Ludwig Erhard, *Wohlstand für Alle*, Düsseldorf：ECON, 1957, S. 8－10.

② 1966年社民党与联盟党组成执政联盟，1969～1982年作为最大执政党与自民党组成执政联盟。

③ 席勒同样重视维护市场竞争秩序，其景气政策的出发点仍以不损害竞争秩序为准则，即“尽可能竞争，必要时计划”。社民党经济政策理念向市场经济的转型其功不可没。1972年，席勒因反对过度的景气政策而辞职。可参见 Karl Schiller, *Der Ökonom und die Gesellschaft：Das Freiheitliche und das Soziale Element in der Modernen Wirtschaftspolitik. Vorträge und Aufsätze*, Stuttgart：Gustav Fischer, 1964, S. 15 ff。

济的实践影响深远：一方面，使人们体认到国家在借助竞争秩序实现经济增长之外，也有必要通过一定的过程政策和社会政策，确保竞争秩序所处经济大环境的稳定，以从根本上保障竞争秩序。在这一背景下，《促进经济稳定与增长法》于1967年出台。从此，在社会市场经济的框架内，稳定被赋予与增长同等重要的地位。另一方面，则加强了社民党政府调控经济的信心，而《促进经济稳定与增长法》又没有对过程政策的范围和强度做出明确规定，导致在扩张性财政政策支持下过程政策逐渐被滥用，财政赤字激增、国家不断加强对经济活动的干预、在政治精英与选民的诉求下社会福利持续扩张、更广泛的集体责任如企业共同决策权被引入。这些变化使绩效原则和辅助性原则受到侵蚀，完全竞争日益无法得到保障。

此外，尽管价格稳定作为宏观经济目标被写入《促进经济稳定与增长法》，但1970年前后，美元危机不断加剧，德国马克不断受到国际投机资本冲击，在固定汇率制度下，德国货币政策进退失据。最终，德国外汇市场被迫于1973年3月1日关闭，“布雷顿森林体系”走向终结，联邦银行从此无须再承担汇率干预义务而重新获得货币供应量的控制权。[①] 但重新获得货币政策自主权的联邦银行，在《联邦银行法》“有义务支持联邦政府一般经济政策”条款的约束下，货币政策受社民党政府景气政策的强烈影响而摇摆不定，加上不断扩张的财政政策、石油危机和不合时宜的工资增长政策等因素，通货膨胀率一路走高。

在这一时期，价格稳定与完全竞争都无法确保，竞争秩序受到损害，受凯恩斯主义影响的社民党政府经济政策逐渐偏离社会市场经济理念，甚至这一理念本身也已被贴上“过时”的标签。在石油危机和结构转型等因素的共同作用下，德国经济增长乏力、通胀高企、失业率不断攀升。

（三）社会市场经济的复兴：回归竞争秩序的经济政策（1982年至今）

这一形势下，赫尔穆特·科尔领导联盟党于1982年重新执政。面对全球化的挑战，为增强德国的竞争力，科尔宣布回归社会市场经济基本原则。

① 虽然欧洲货币体系的干预义务始终存在，但在很长时间内对于联邦银行自主性的危害远没有与美元挂钩那样大。

科尔政府在“从更多国家到更多市场”的口号下重建竞争秩序，一方面赋予价格稳定以优先地位，另一方面通过削减财政赤字、减税和税制改革、缩减社会福利支出、推行私有化、减少市场管制和推动欧洲一体化等措施促进市场竞争。在这一系列政策影响下，德国经济在20世纪80年代重新焕发活力：物价稳定、出口与经济总量增长强劲、就业岗位大幅增加，为两德统一打下了坚实的物质基础，社会市场经济本身也被作为共同的经济秩序写入1990年两德签署的《国家条约》。

然而，作为一种“共容”的经济秩序，社会市场经济回归之路须考虑当时的社会环境，不可能一蹴而就。两德统一前后，僵化的工资政策、各类市场管制、入不敷出的社会保障体系、庞大的补贴仍阻碍着市场竞争与经济增长，急待进一步改革。但两德统一暂时中断了这一进程。为在短期内重建德国东部经济社会秩序，国家进行了强有力的干预，大量的转移支付需求导致财政赤字与社会福利支出再次扩张。

随着德国东部制度建设渐入尾声，科尔政府于1993年再次启动20世纪80年代未竟的改革，以促进竞争。但社民党自1991年起就占据联邦参议院多数席位，使科尔政府政策活动空间受到极大制约。同时，为应对人口结构老龄化，法定护理保险于1995年被引入，社会福利再次扩展。这些因素加上全球化挑战和两德统一产生的巨大负担，德国经济发展陷入停滞，导致社民党于1998年再次上台。

社民党总理施罗德与本党传统经济政策理念切割，提倡走介于新自由主义与传统社会民主主义之间的“新中间”路线，其“支持市场经济，但非市场社会”的信条本身就是社会市场经济理念的清晰表述，故其上台后总体上延续了科尔政府的改革思路。由于财政政策失败和改革迟滞等原因，施罗德执政后期德国经济再度低迷，但他在极大阻力之下于2003年以“我们将削减国家职能”为号召推出德国战后力度最大的，包括减税、削减补贴、劳动力市场灵活化和社会保障体系现代化等措施的改革方案“2010议程”（Agenda，2010），在回归社会市场经济之路上迈出了决定性的一步。[①]

---

① Karl – Heinz Paqué，“Hat die deutsche Einheit die Soziale Marktwirtschaft verändert?” in Werner Plumpe und Joachim Scholtyseck（Hrsg.），*Der Staat und die Ordnung der Wirtschaft. Vom Kaiserreich bis zur Berliner Republik*，Stuttgart：Steiner，2012，S. 203.

施罗德政府的改革，标志着德国两大主要政党的经济政策纲领大体上已无二致，故其改革措施多被随后执政的联盟党默克尔政府所继承和发扬。2003年以来，德国物价稳定，市场财政赤字与社会福利支出不断缩减。面对2007年以来的各类危机冲击，德国经济能迅速走出困境，科尔以来历任政府坚持回归以“竞争秩序”为核心的社会市场经济模式功不可没。

三　结论与展望

在各种因素作用下，一种注重社会的特殊类型市场经济，即“根据市场经济规则运行，但辅以社会补充和保障——通过实施与市场规律相适应的社会政策，来有意识地将社会目标纳入”的经济制度即社会市场经济模式战后在联邦德国确立。作为一种实用的经济政策理念，社会市场经济并不是既定和一成不变的，而须在经济理性与社会关怀相结合的原则下与不断变化的社会环境相适应，是一个各种社会目标“共容”、不断演化和开放的经济社会秩序。因此，这一模式的经济政策实践从一开始就处于各种力量博弈的极大张力之下，在不同历史时期会呈现出不同甚至异化的表现形态。

尽管如此，经济政策不应偏离“只有一种市场竞争秩序才有可能提高人民福祉和导向社会公正”这一社会市场经济核心主张，即国家应优先建立和维护市场完全竞争的经济秩序，辅之以必要的过程政策和社会政策。但任何过程政策与社会政策都应遵循绩效原则与辅助性原则，使之朝着适应而不是破坏竞争秩序的方向推进。简而言之，在这一模式中，借助竞争秩序实现的经济增长是社会福利的基础，增长政策优先于分配政策。

在社会市场经济的诸多框架条件被写入《基本法》后，德国经济政策的主要任务便是确保价格稳定与完全竞争，以建立与维护竞争秩序。德国战后的经济政策实践表明：一方面，在借助竞争秩序实现经济增长之外，须通过必要的过程政策和社会政策确保竞争秩序所处经济环境的稳定，以从根本上保障竞争秩序；另一方面，过度的国家干预与社会保障违背绩效原则与辅助性原则，会损害竞争秩序和经济活力。因此，保障竞争秩序包括完善竞争秩序和确保其所处经济环境稳定双重含义，社会市场经济模式下的经济政策最终演变为围绕竞争秩序，在“必要”与“过度”之间的权衡。20 世纪 70 年代，总体调控下过度的国家干预严重损害了德国的竞争秩序，德国经济陷入增长困境；为应对愈演愈烈的全球化挑战，80 年代以降，德国致力于减少国家对经济活动的干预与削减社会福利支出，回归以竞争秩序为核心的社会市场经济，经济竞争力因此逐渐恢复，在欧债危机冲击下表现不俗。但是，如何确保这一回归本身不会“过度”，导致必要的过程政策与社会政策缺失，从而影响竞争秩序所处经济环境的稳定，进而从根本上损害竞争秩序，却是德国新的大联合政府今后须面对的问题。

欧洲央行在应对欧债危机中的作用：政策、成效与反思

黄燕芬　辛洪波*

一　引言

2009年欧债危机爆发，原本从2008年国际金融危机中逐步复苏的欧洲经济再次遭遇重创，主要表现在两个方面。

一是金融体系脆弱，尤其是出现银行业危机。主权债务危机恶化放大欧元区银行风险敞口，导致流动性不足。“欧猪五国”的政府债券主要由德国、法国等欧元区核心国银行持有，随着“欧猪五国”债务状况恶化及违约风险上升，由债务危机引起的银行风险敞口迅速增大。根据国际货币基金组织2011年9月发布的《全球金融稳定报告》，欧债危机给欧洲银行业造成高达3000亿欧元的信用风险，欧元区银行业风险从边缘国家扩大至核心国。债务危机引起的银行风险敞口增大，加大了对银行资本金的要求，甚至使得银行面临资本重组的风险。银行业风险加大的结果就是对手交易减少，市场流动性不足。2011年7月开始，反映市场流动性状况的3个月LIBOR－OIS利差不断扩大。

---

* 黄燕芬，中国人民大学欧洲问题研究中心研究员、公共管理学院教授、博士生导师；辛洪波，中国人民大学公共管理学院博士研究生。

二是经济低迷，失业率攀升。主权债务危机直接导致欧元区经济陷入低迷，甚至衰退。2011 年欧元区国家的 GDP 实际增长率为 1.4%，低于 2010 年的 1.9%。由于受到债务危机深化和财政紧缩政策的双重影响，“欧猪五国”的经济增长速度远低于德国，希腊和葡萄牙出现负增长，欧元区内部经济增长的结构性矛盾进一步增大。主权债务危机恶化产生的另一个严重问题是失业率居高不下。2011 年欧元区 17 国失业率超过 10%，爱尔兰、希腊、西班牙、葡萄牙的失业率更是远超欧元区平均水平，其中西班牙 2012 年 1 月的失业率高达 23.3%。

在这样的经济金融形势下，债务危机如果得不到有效控制，短期而言，欧洲金融市场很可能会爆发金融危机；中长期而言，欧元区经济将不可避免地陷入衰退，甚至有可能造成“失去的十年”。为了稳定欧洲金融市场、防止经济深度下滑，欧洲央行开始调整货币政策目标和货币政策工具，并逐步走向抵御债务危机活动的前台。

二　欧洲央行应对欧债危机的主要措施

2008 年金融危机爆发后，主要经济体中央银行均推出一系列的非常规货币政策，以维护金融市场安全和经济稳定。非常规货币政策指中央银行实施的货币政策措施具有一些有别于其在通常情形下实施的常规货币政策的特征，是中央银行在通常情况下不会实施的非常措施。欧债危机爆发之后，为了维护金融市场稳定、防止经济过度下滑，欧洲中央银行实施了多项非常规货币政策。

（一）将欧元区主导利率维持在超低水平

将基准利率保持在超低水平甚至确定下限为 0，属于常规货币政策的非常规化操作，是金融危机后各国央行普遍采用的货币政策。为控制通货膨胀，欧洲央行于 2011 年 4 月 13 日和 7 月 13 日两次上调主导利率，但被称为是“置债务危机国家死活于不顾”的保守行为。现任欧洲央行行长德拉吉上台后，立即对利率政策进行调整，相继在 2011 年 11 月 9 日、12 月 14

日，2012 年 7 月 11 日以及 2013 年 5 月 8 日、11 月 13 日（11 月 7 日公布，13 日开始实行）五次下调主导利率，并最终降至历史低点——0.25%。

当然，欧洲中央银行在影响政策利率预期方面所采取的沟通策略与美联储存在明显差异：欧洲中央银行的策略仍旧是利用经济与货币分析“两大支柱”，对经济和通胀前景提出具有说服力的分析和判断，以影响市场对政策利率的预期，欧洲中央银行自身不作任何承诺。从政策效果看，欧洲央行通过下调主导利率，对于增加市场流动性以及降低主权债务危机国家的融资成本和债务偿还压力是有积极影响的。

（二）长期再融资操作（LTRO）

2008 年、2009 年，欧洲央行多次提供 3 个月期、6 个月期和 1 年期的流动性供给计划。为缓解银行业的流动性压力，2011 年 10 月，欧洲央行重启 12 个月长期再融资操作（Long Term Refinance Operation）。随着债务危机恶化及银行流动性趋紧，12 月 21 日，欧洲央行推出 3 年期再融资操作计划，并调低了欧元区银行借贷的抵押和保证金要求，向 523 家欧元区银行提供了总额为 4890 亿欧元 3 年期的低息贷款。此次再融资操作计划在规模和期限上都是空前的。

由于第一次 3 年期再融资操作计划对缓解银行流动性危机、稳定金融市场起到积极作用，欧洲央行于 2012 年 2 月 29 日推出了第二轮 3 年期长期再融资操作，并放宽了 7 个国家（奥地利、塞浦路斯、法国、爱尔兰、意大利、葡萄牙和西班牙）合格抵押品级别（如房贷和其他贷款等也可以作为抵押品），使更多的中小型银行可以用质量较低的资产作为抵押品。此次欧洲央行向 800 家银行提供了总额为 5295 亿欧元的 3 年期低息贷款，规模再创新高。

欧洲央行推出的两次总规模超过 1 万亿欧元的 3 年期再融资操作计划，被称为“欧版量化宽松计划”，除缓解银行业流动性不足、引导更多资金支持实体经济的显性目标之外，其隐性目标是在不违反欧盟“不救助条款”的前提下，通过鼓励各国商业银行在二级市场购买债务国债券，达到缓解债务国压力和稳定金融市场的目的。虽然欧洲央行的长期再融资操作与美联储、英格兰银行通过增加货币发行量直接购买债券的操作方式存在形式区别，但其目标是相同的。大规模的流动性供给，阶段性地缓解了市场的流动性不足问题，但也为欧元区通货膨胀埋下了隐患。

（三）证券市场计划（SMP）

2010 年 5 月 14 日，欧洲央行推出证券市场计划（Securities Markets Programme，SMP），允许欧洲央行根据有关规定直接从一级市场、二级市场购买债券。在 2011 年 8 月之前，SMP 规模增长平缓，8 月份开始快速增长，截至 2012 年 3 月 5 日，欧洲央行持有的债券规模达到 2195 亿欧元（见图 1）。由于连续推出两轮 3 年期再融资操作计划，2012 年 2 月、3 月欧洲央行暂停扩大 SMP 规模。

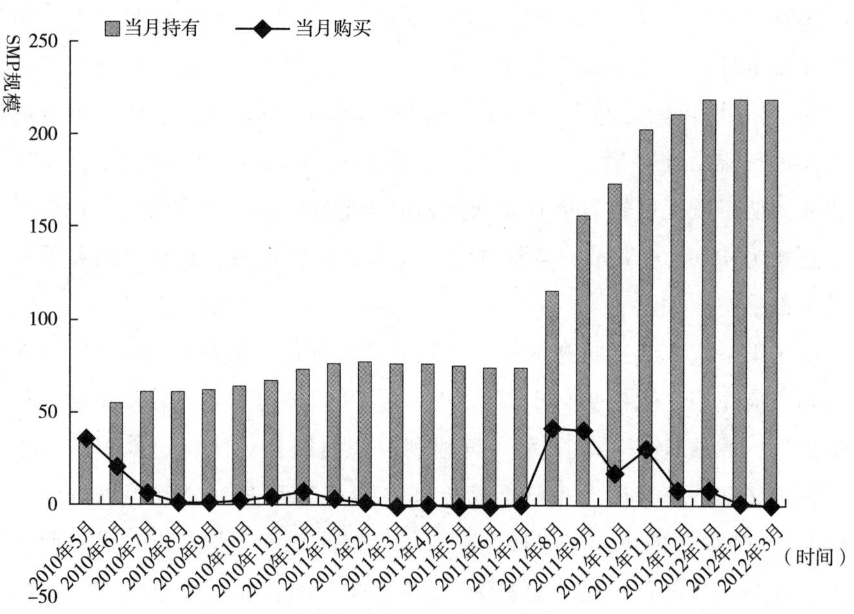

图 1　欧洲央行各月购买、持有的债券规模（单位：百万欧元）

资料来源：ECB。

（四）直接货币交易计划（OMT）

为进一步稳定欧洲金融市场，有效降低主权债务危机国家的债务偿还压力，欧洲央行于 2012 年 9 月 6 日推出了直接货币交易计划（Outright Monetary Transactions，OMT），并暂停证券市场计划。直接货币交易计划，是指当欧元区成员的债务危机达到一定程度时，在满足一定条件的前提下，欧洲央行可以在二级市场无限量地购买欧元区成员发行的政府债券。根据欧洲央行理事会公布的在二级主权债券市场直接交易的技术细节，直接货币交易计划具有以下几个特点。

一是购债规模无上限。随着欧债危机的恶化，欧洲央行逐步表现出“不惜一切代价保护欧元区”的态度和决心。2012 年 8 月宣布将以购买欧元区重债国国债的方式帮助其降低国债收益率，并在 9 月 6 日公布了具体的货币政策工具——直接货币交易计划。根据该计划，欧洲央行可以无限制地在二级市场购买欧元区成员国的政府债券，因此也被外界称为无限量债券购买计划。

二是在二级市场操作。根据欧洲央行的解释，直接货币交易计划是在二级市场进行操作，即从投资者手中购买欧元区成员的政府债券，而不是从成员手中直接购买，这也是欧洲央行认为直接货币交易计划不会成为主权债务危机国家变相融资工具的主要依据。另外，直接货币交易计划是针对 1～3 年期的短期政府债券，而非长期债券。

三是启动条件较严格。为了避免产生“道德风险”以及控制直接货币交易计划给欧洲央行自身带来的金融风险，欧洲央行对于启动直接货币交易计划制定了较为严格的限制条件。欧洲央行规定“直接货币交易计划的一个必要条件是严格遵循与欧洲金融稳定基金/欧洲稳定基金（EFSF/ESM）某个适当计划相关联的条件”，即只有在成员与 EFSF/ESM 达成救助协议之后，欧洲央行才会针对该国启动直接货币交易计划。换言之，如果成员国未与 EFSF/ESM 达成救助协议，将没有资格获得直接货币交易计划。

直接货币交易计划公布之后，引起了德国的强烈反对，德国央行行长魏德曼就明确表示反对欧洲央行的购债计划。从直接货币交易计划的具体实施来看，由于该计划设置了严格的启动条件，尽管欧洲央行行长德拉吉、国际货币基金组织（IMF）总裁拉加德等一再呼吁主权债务危机国家向欧洲央行申请直接货币交易计划，但截至 2013 年 10 月，仍然没有欧元区成员提出申请。

虽然直接货币交易计划出台至今仍未被启动，但对缓解主权债务危机国家的偿债压力和稳定欧洲金融市场产生了积极影响。笔者认为，直接货币交易计划实际上相当于一种承诺，即欧洲央行会承担起主权债务危机国家的“最后贷款人”角色，并“不惜一切代价保护欧元区”。欧洲央行的这种承诺会影响金融市场各个主体的预期，增强市场信心，并有助于降低主权债务危机国家的国债收益率，如西班牙和意大利在欧洲央行公布直接货币交易计划之后发行的国债收益率均明显下降。

（五）资产负债表策略（Balance Sheet Policy）

金融危机爆发后，资产负债表成为各国中央银行非常重要的货币政策工具，通过扩大资产负债表规模和调整资产负债表项目结构，来实现为市场提供流动性等目标。

在资产负债表规模方面，2011 年之后欧洲央行的资产负债表规模始终处于上升态势。截至 2012 年 3 月 2 日，欧洲央行资产负债表规模突破 3 万亿欧元，达到 3.02 万亿欧元（见图 2），短短一年之内增长了 56.8%，是 2008 年 3 月份的 2.19 倍，与 GDP 比值超过同期的美联储和日本央行。

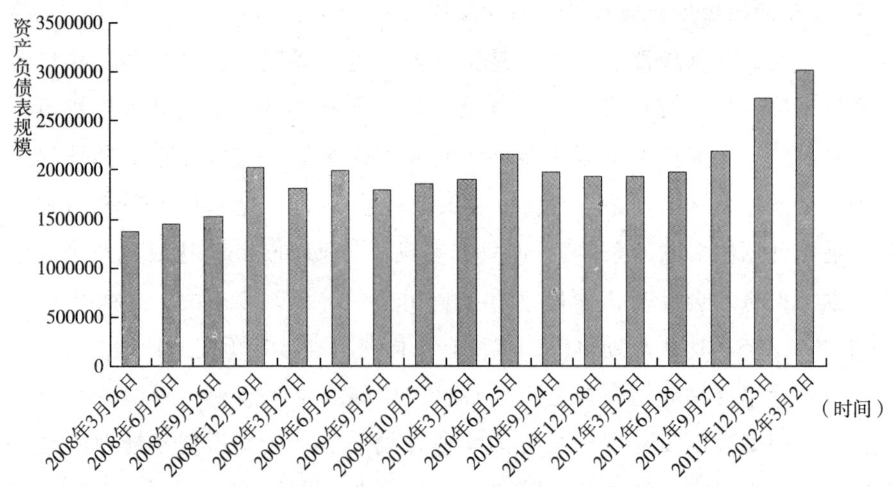

图 2　2008 年以来欧洲央行资产负债表规模（单位：百万欧元）

资料来源：ECB。

欧洲央行的资产负债表结构也发生明显变化。两轮 3 年期长期再融资操作的推出，导致资产表中的“对欧元区金融机构的欧元贷款”规模急剧膨胀，增加了 4049.43 亿欧元。其中“长期再融资操作”扩张至 11000.76 亿欧元，净增长4557.62亿欧元。资产表中另一个令人关注的项目是“为货币政策目的持有的证券”，两年间增长2405.32亿欧元，在总资产中所占比重由2.30%升至9.40%。负债表中最值得关注的“欧元区信贷机构欧元负债”规模扩大，净增加7350.27亿欧元，所占比重由21.84%升至38.00%。其中“存款便利”（欧洲央行为对手金融机构设立的隔夜存款便利）增加6068.84亿欧元，所占比重由11.29%升至27.15%；反映欧洲央行购买欧元区政府债券规模的“定期存款”达到2195亿欧元。

三　欧洲央行应对欧债危机的政策成效

欧洲央行采取的一系列非常规货币政策对深陷债务危机的欧元区社会经济产生了较为显著的积极作用。在经济影响方面，维护了欧元区金融市场稳定，同时避免经济出现深度下滑；在社会影响方面，有利于主权债务危机国家的社会经济稳定，并避免主权债务危机国家退出欧元区而导致欧洲一体化进程受阻。在所有的政策成效中，欧洲央行的非常规货币政策对维护金融市场稳定的作用是最为明显的，也是最为直接的。

（一）维护金融市场稳定

欧洲央行实施的维持超低利率、长期再融资操作、证券市场计划以及资产负债表策略等非常规货币政策，对于金融市场产生了显著的积极影响，消除了金融市场恐慌，并重塑市场信心。我们可以从以下两个方面大体判断欧洲央行非常规货币政策对金融市场的积极影响。

一是通过释放流动性缓解了市场流动性不足问题。从衡量欧洲银行间的流动性指标EURIBOR－OIS利差看（见图3），在欧债危机爆发之后，金融市场的流动性不足问题凸显，EURIBOR－OIS利差迅速扩大，在2011年11月至2012年1月之间甚至超过1；但在欧洲央行实施长期再融资计划和证券市场计划之后，欧洲银行间流动性快速增加，市场的流动性压力迅速下降，EURIBOR－OIS利差开始下行，在2012年9月之后已经稳定在0.2以下，金融市场逐步趋于稳定。另外，欧洲央行通过证券市场计划，在二

图 3 欧洲银行间的流动性指标 EURIBOR – OIS 利差走势

资料来源：Bloomberg。

级市场直接收购主权债务危机国家的主权债券，也减轻了欧洲银行不良资产率上升的压力。

二是降低了主权债务危机国家的融资成本。欧洲央行实施的非常规货币政策对缓解主权债务危机国家的融资压力和债务偿还压力也产生了积极影响。从反映主权国家融资成本的国债收益率指标看，在欧洲央行实施非常规货币政策之后，葡萄牙、意大利、希腊、西班牙等主权债务危机国家的 10 年期国债收益率逐步下降，与德国 10 年期国债收益率的利差逐步缩小（见图 4）。这说明，欧洲央行的非常规货币政策对缓解债务危机国家的债务偿还压力、降低债务危机国家的融资成本产生了显著的积极影响。

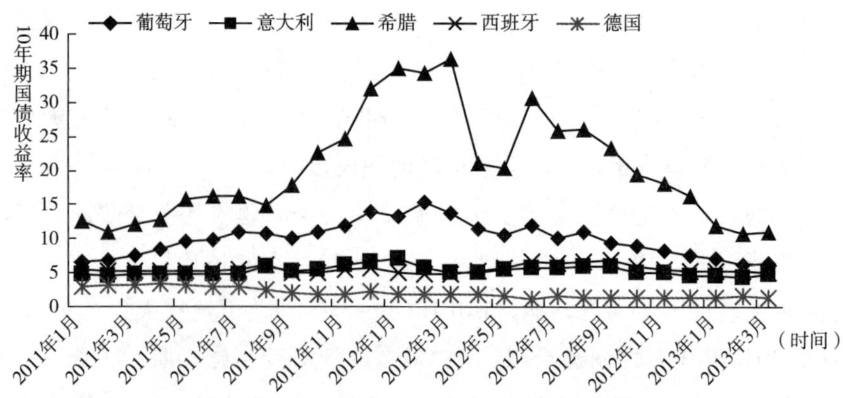

图 4 主权债务危机国家 10 年期国债收益率走势（单位：%）

资料来源：Bloomberg。

（二）有利于主权债务危机国家的社会经济稳定

债务危机爆发之后，以“欧猪五国”为代表的主权债务危机国家面临着严重的经济衰退，并产生了一系列的社会经济问题。在欧洲央行实施大规模的非常规货币政策之前，试图化解债务危机的手段主要为财政手段，如债务国内部实施的财政紧缩政策、欧盟和 IMF 等国际组织提供的“纾困计划”等。同时，外部提供的“纾困计划”均以债务危机国家控制债务规模、实施财政紧缩政策为条件。上述政策措施并未有效缓解主权债务危机国家的债务压力，反而由于财政紧缩带来的福利项目削减和失业率上升，引起这些国家民众的强烈不满，大规模游行示威事件频发，希腊和意大利总理更是因此下台。

为了有效应对债务危机，欧洲央行的货币政策不得不出现重大转变：实施非常规货币政策，通过向金融市场大规模地注入流动性，较为有效地缓解了主权债务危机国家的偿债压力，稳定了金融市场。从 2012 年下半年以来债务危机国家的金融市场以及社会经济形势看，整体上逐步趋于平稳。因此，欧洲央行实施的非常规货币政策，对于稳定主权债务危机国家的金融市场和社会经济形势，起到了较为明显的积极作用。

（三）防止欧元区经济深度下滑

欧债危机爆发之后，欧洲各国尤其是主权债务危机国家的经济不可避免地开始下滑，希腊等国面临的经济形势较 2008 年国际金融危机时期更为严峻。虽然 2012 年和 2013 年（2013 年为欧盟统计局的预测数）欧元区整体经济仍处于负增长阶段，经济复苏缓慢，但根据欧盟统计局预测，2014 年欧元区经济将步入复苏阶段，实现实际 GDP 的正增长（见图 5）。

笔者认为，在遏制经济深度下滑趋势、实现经济缓慢复苏的过程中，欧洲央行实施的非常规货币政策起到了一定的积极作用。如果欧洲央行不实施大规模的非常规货币政策，整个欧洲金融市场有可能爆发较为严重的金融危机，这对实体经济会产生极大冲击，并加快欧洲各国经济下滑的速度和幅度。而欧洲央行的非常规货币政策较为有效地维护了欧洲金融市场

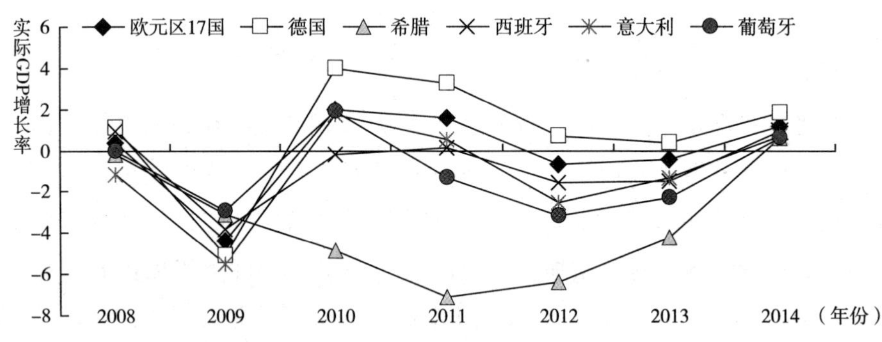

图 5　欧元区实际 GDP 增长率（单位：%）

资料来源：欧盟统计局（Eurostat）。

的稳定，为未来实体经济的复苏创造了良好的金融市场环境。

（四）避免欧元区解体，保住欧洲一体化成果

欧洲一体化是欧洲各国的共同理想，以德国和法国为核心的欧洲各国为此做出了长期的努力，而欧元和欧洲央行则是欧洲一体化的标志性成果。欧债危机爆发之后，欧盟和欧洲央行一直在政治、经济层面寻求解决之道。在欧洲央行货币政策转变、承担起“最后贷款人”角色之前，主权债务危机及其对金融市场的不良影响并没有得到有效遏制。由于不堪财政紧缩所带来的国内压力，希腊等主权债务危机国家债务违约以及退出欧元区的可能性不断上升；同时，部分财政状况和经济形势良好的国家为了不分摊化解债务危机所产生的经济成本，也滋生了退出欧元区的念头。一旦主权债务危机国家出现债务违约或者部分国家退出欧元区，很可能会产生“多米诺骨牌”效应，有些悲观者甚至认为会导致欧元区解体，从而使欧洲各国长期为之努力的欧洲一体化进程受阻，甚至倒退。

欧洲央行为主权债务危机国家承担“最后贷款人”角色，可以避免部分国家退出欧元区及其产生的若干负面影响。如退出欧元区国家的主权债券价格损失会蔓延至稳定国家，并导致这些国家银行资产缩水（如法国和德国的银行就持有相当规模的希腊主权债券）；资本从欧元区撤离会从整体上导致欧元贬值等。更为重要的是，欧洲中央银行可以保持欧元区的完整性，避免欧元区解体。

四 对欧债危机时期欧洲央行货币政策的反思

欧洲央行实施的非常规货币政策，在产生一系列积极影响的同时，也可能带来新的经济金融风险。而欧洲央行货币政策的重大转变，更加值得我们从理论和政策层面进行反思。

（一）欧洲央行应对欧债危机是以损害自身的独立性为代价

欧洲央行曾被认为是世界上独立性最强的中央银行，突出表现为货币政策目标的高度独立。欧洲央行自建立以来，一直以保持物价稳定为首要政策目标。根据《欧共体组建条约》第 105 条和《欧洲中央银行体系和欧洲中央银行条例》第 2 条，欧洲中央银行体系的首要目标是保持物价稳定，在不影响物价稳定的前提下，欧洲中央银行体系应当全面支持欧洲共同体的经济政策，实现《条约》第 2 条规定的欧洲共同体的所有目标；在 2007 年欧盟各国签署、2009 年正式生效的《里斯本条约》中，也明确规定欧洲中央银行体系的首要目标是保持物价稳定。为了更准确地界定这一目标，欧洲中央银行的主管理事会 1998 年从量的角度做出如下规定："物价稳定应该是欧元区消费价格调整指数（HICP）年均增长低于 2%。"

欧债危机爆发之后，尤其是德拉吉就任欧洲央行行长之后，欧洲央行的货币政策目标出现明显转变，即从维持物价稳定转变为维护金融市场和经济稳定。在货币政策工具上也随之发生重大变化，并承担起主权债务危机国家的"最后贷款人"角色，长期坚守的货币政策独立性逐步削弱。在欧洲央行实施的非常规货币政策中，证券市场计划和直接货币交易计划是最能说明欧洲央行独立性下降的。欧盟条约第 123 款规定，欧洲央行不得向其成员国政府提供融资支持。由于证券市场计划是直接干预债券市场，具有向债务国提供融资帮助的嫌疑，因此被称为是最违反"不救助条款"的非常规货币政策，也标志着欧洲央行实际承担起"最后贷款人"角色。欧洲央行独立性下降所产生的长期影响令人担忧：有损于欧洲央行货币政策的有效性，在短期内难以重塑其政策信誉，并可能产生新的经济金融风险。

（二）欧洲央行货币政策可能会产生新的经济金融风险

从欧洲央行实施的非常规货币政策看，有可能会产生新的经济金融风险，主要表现在两个方面：

一是金融市场的道德风险。欧洲央行货币政策的变化会导致银行部门和政府部门的道德风险，即银行部门和政府部门会押宝于欧洲央行提供流动性支持。银行部门会将大量的有毒债券转移至欧洲央行的资产负债表，降低欧洲央行资产负债表质量。而欧洲央行通过二级市场直接购买主权债务危机国家的主权债券，会降低主权债券的收益率和主权债务危机国家的融资成本，使得缺乏财政准则的政府部门获得间接补贴。另外，如果未来一国的主权债券收益率上升，该国就会认为欧洲央行在主权债券市场的行为是功能失调（Dysfunctional，欧洲央行为证明其通过“证券市场计划”干预主权债券市场的合法性所使用的一个词）的，并施压欧洲央行干预该国的主权债券，从而进一步降低欧洲央行的独立性。上述两种负面激励会提高欧元区银行和政府部门的风险偏好与支出，并在未来产生新的金融危机。

二是通货膨胀风险。欧洲央行成立之后一直恪守“保持物价稳定为首要目标”的原则，在对抗通货膨胀和通货紧缩方面卓有成效。1999～2011年欧元区各年的消费价格调整指数（HICP）均在2%上下浮动（2008年、2009年受金融危机影响，欧洲央行货币政策反差较大，HICP起伏明显），12年整体均值为2.02%，符合欧洲央行保持中长期物价稳定的目标（见图6）。作为欧元区货币当局，欧洲央行也因此建立起良好的信誉。

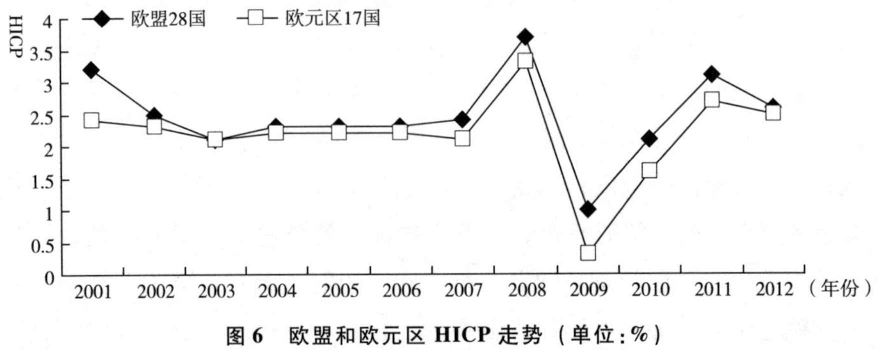

图6　欧盟和欧元区HICP走势（单位：%）

资料来源：ECB。

在欧洲央行大规模实施非常规货币政策之后，市场流动性激增，并引起轻度的通货膨胀压力。2011 年和 2012 年，欧盟 28 国和欧元区 17 国的 HICP 平均值均超过 2.5%，略高于欧洲央行一贯坚持的在 2% 上下浮动的目标。另外，根据基德兰德（Kydland）和普雷斯科特（Prescott）提出的“时间不一致性理论”，未来欧盟和欧元区各国的通货膨胀率仍存在走高的风险。

（三）欧洲央行货币政策不能根治欧元区经济的结构性失衡问题

欧债危机爆发的原因较为复杂，表明上述部分国家负债率过高导致金融市场系统性风险积聚，其根本原因是欧盟和欧元区经济的结构性失衡。经济的结构性失衡既表现在国家之间的经济增长失衡，也表现在国家内部的经济结构失衡。另外，缺乏统一的财政联盟等制度设计上的缺陷，也是导致欧债危机爆发的重要原因。因此，笔者认为，欧债危机爆发的根源在于实体经济失衡以及欧洲一体化进程中的制度设计缺陷。

欧洲央行实施的大规模非常规货币政策，对于稳定金融市场、防止经济过度下滑起到了积极作用。但是，欧洲央行货币政策的作用更多地体现在金融市场，即虚拟经济领域，对实体经济领域的积极影响较小。例如，根据欧洲央行的统计，欧洲央行通过长期再融资操作释放的流动性，主要流向了金融市场，而实体经济获得的资金所占比例较低。因此，欧洲央行的非常规货币政策从政策效果来看是为维护金融市场稳定所采取的应急之策，并不能从根本上解决欧盟和欧元区经济的结构性失衡问题，也不能弥补欧盟在制度设计上的固有缺陷。欧洲经济要从债务危机的泥潭中彻底实现复苏，依然面临着诸多挑战。

德国政府联合执政协议中的数字化战略

李大雪*

2013年12月16日，德国黑红两党签署了题为“建构德国未来”的联合执政协议。[①] 该协议中共有119处提到了数字、数字化以及与之相关的复合词汇，从而使关于数字化战略的设计成为最大的亮点之一。联合政府为什么会如此全面地部署数字化战略？它具体包含哪些内容？德国的数字化战略又可能遇到哪些问题？本文拟对这些问题进行简要分析。

一 背景介绍

尽管德国最近几年的经济社会发展表现不俗：经济连续五年增长、就业稳定、国家和居民收入持续增加，尤其是在欧债危机中一枝独秀，不过并非可以高枕无忧。新兴经济体的快速发展、国际竞争日趋激烈、人口结构的变化（尤其是专业技术人才的匮乏）和自然资源的短缺都对德国的发展提出了新的挑战。此外，新的变化悄然临近，尤其是数字化将给日常生活、经济和职业市场带来新的、深刻的变化。为了保障经济持续发展、国民的生活质量不断提升以及德国在欧洲的领头羊地位不至

---

* 李大雪，四川外国语大学德国系主任、教授。

① 联合执政协议的文本参见 *Koalitionsvertrag: Deutschlands Zukunft gestalten*, http://www.bundesregierung.de/Content/DE/StatischeSeiten/Breg/koalitionsvertrag-inhaltsverzeichnis.html。

于受到严重挑战，德国政府必须未雨绸缪，制定前瞻性的战略，数字化战略正是其中之一。通过数字化战略，德国可以为未来的发展奠定正确的方向，抓住机遇，长期保持创新和竞争能力，努力实现真正的数字化社会。

二　主要内容

新一届政府的施政纲领对数字化战略进行了全面部署，内容丰富、措施具体、保障有力。该战略大体分为以下几个方面：

（一）基础设施建设

数字化首先必须有基础设施的保障。在这方面，联合执政协议确定了三项主要任务：一是宽带建设，德国政府的目标是在2018年之前建立覆盖全国的宽带，带宽至少为50兆，尤其要缩小大城市和农村地区的差距，制定激励和优惠措施，吸引各方面的投资。二是无线局域网建设，德国拟在所有的城市建立无线局域网，让所有人都可以自由接入。制定和修改相应的法律规范，明确网络提供商和用户的责任。三是维护网络的开放和自由、保障网络的中立性。采取技术和法律措施让数据提供商、搜索引擎和私人用户都能不受歧视地使用网络，使所有人都能参与、自由发表意见，保障网络的创新和自由竞争。

（二）经济领域的数字化

为了保障德国作为欧洲经济强国的地位，新一届政府尤其强调必须抓住数字化给经济领域带来的机遇，实现国民经济的进一步现代化。联合执政协议着重提到以下几个方面：第一，继续大力发展与数字化直接相关的信息通信产业，加强研究和开发，为数字化经济打下坚实的技术基础和提供优良的条件；第二，促进德国核心经济部门如汽车和机械制造、物流和医疗行业的数字化改造，改善外部框架条件，使其在国际竞争中保持优势地位；第三，推动传统工业的升级换代，不仅要继续推进

“工业 4.0”① 未来工程项目，下一步还要加快服务业的数字化，实现“智能服务”，重点要实现智能交通、智能电网、智能健康和智能安全，使其在世界市场占领一席之地；第四，激励创业，提高德国对于国际风投资金的吸引力。

（三）教育科研领域的数字化

媒体能力是数字化社会的关键技能之一。提高年轻人的媒体运用能力是数字化战略的重要内容。在教育领域，联邦政府将促使年轻人更加安全和负责任地使用网络。为此，要加强幼儿园和中小学中的媒体运用能力项目，通过“儿童网络”计划，让儿童科学地使用网络，避开不良影响。同时，在社会媒体中要重点保护儿童和青年的信息安全。此外，政府还鼓励合理地开发电子游戏，设立德国电脑游戏奖，促进电脑游戏产业的发展。新一届政府还将继续支持科研机构和高校将自己的数据库、杂志和文件与国内、国际联网。联邦政府计划建立公立的网络学院，整合跨学科力量，从政治、法律和伦理方面对网络进行研究。

（四）生活和工作的数字化

数字化让人们的生活更加丰富、便捷。人们可以通过数字化引入更加灵活的工作时间模式，协调家庭与事业的关系。联邦政府拟继续推进公共事业中的远程办公，扩大在线招聘的范围，推行远程医疗服务、电子医疗卡，通过短信、电子邮件或者手机应用软件对事故、危险和灾难进行预报。

德国拥有众多的文化遗产，联邦政府拟将这些文化遗产进行数字化，以便永久保存，让子孙后代也能从中受益。此外，还将加快建设数字图书馆，在文化和科学遗产的数字化开发中，联邦政府将承担主要责任，各州和乡镇协调行动。

---

① “工业 4.0”是德国首先提出的概念，指制造业的智能化，主要途径是物联网。参见中国社会科学院经济所《宏观经济与政策跟踪》课题组《德国“工业 4.0”及其影响》，http：//ie. cass. cn/window/jjzs. asp？ id = 1137。

（五）管理和司法数字化

数字化的成果也应惠及管理和司法。联合政府拟建立更加亲民的“电子德国”，通过“2020 电子管理”项目制定管理电子化的全国标准，通过电子政府简化市民办理各种手续的流程，逐步采用电子身份证。联合执政协议特别提到德国将建立统一的政府服务号码 115，并使至少 100 种常用的政府服务实现网上统一服务。此外，还将加强基础设施和网络安全建设，梳理现行零散的网络立法，起草《网络法典》。建立公开数据的统一标准，致力于加入国际公开政府伙伴联盟。

在司法管理方面，联合政府致力于实现亲民高效的民事诉讼，大力推进电子交流形式在司法中的使用，在司法管理系统和法院系统内全面引入电子文件处理。司法机构应采取措施，进一步加大信息处理的程度，提高程序的效率。

（六）网络安全

网络安全是数字化战略成败的关键。新一届政府希望在网络自由和网络安全之间建立和维持一种平衡。一方面，联合政府原则上保护在网络中使用匿名、假名和数据节约技术；另一方面，要打击网络犯罪，根据数字化时代的要求修改刑法，填补法律漏洞，将零散的法律规定系统化。

联合政府的另一项重要任务是制定《信息技术安全法》，为信息技术安全拟定最低标准，并与欧盟的相关规定进行协调。德国将继续进行《欧盟数据保护基本法》谈判，促其尽快出台。在数据保护方面，联合政府协议明确提出，德国的标准可以高于欧盟标准，但绝不能比它更低。

在经费保障方面，联合政府拟将信息技术预算的 10% 用于系统安全。同时，为了维护技术主权，支持公民使用国产信息安全技术。

三　简要评述

数字化革命将给技术、社会和文化带来深刻的变化，各国都非常重视。

中国共产党在十八大报告中也提出新型工业化、信息化、城镇化和农业现代化，其中对信息化的总体构想是建设新一代信息基础设施，发展现代信息技术产业体系，健全信息安全保障体系，推进信息网络技术广泛运用。另外，还有 18 处表述提及信息化、信息网络、信息技术和信息安全。相比较而言，德国政府联合执政协议中对数字化战略的部署更加宏大、全面和具体。尽管在实施过程中可能会遭遇很多问题。例如，经济部、内政部和交通部都在参与，但哪个部门主要负责统一协调，目前仍未明确。[①] 与此相对的是，鉴于数字化战略的重要性，德国联邦议会已经成立了专门的委员会处理相关事务。[②] 此外，根据联合执政协议，数字化基础设施的建设主要依赖通信企业投资，联邦和地方政府主要出政策，但至今还没有任何迹象表明相关企业的积极性已被充分调动起来。尤其在农村地区，投入和收益的差距巨大，这或多或少都会影响企业的投资计划。浩大的数字化战略工程需要殷实的财力支撑，假如德国经济的发展趋势下行，很多计划就不得不搁浅。最后，欧盟委员会也有一个专门负责数字化议程的机构，有相关的法律规定。在欧洲一体化的大背景下，如何在管理工作和实体规定等方面与之相协调，是德国联邦政府不容回避的问题。

2014 年 8 月 20 日，联邦议会审议政府提出的“数字议程”报告。[③] 媒体对此反应并不热烈。联合协议中设定的目标到底能够实现多少，目前判断还为时尚早。不过可以肯定的是，德国将数字化战略视为一个系统工程进行全面部署，必将产生深远的影响。

---

① 参见 Anett Meiriz, *Internet – Agenda der Bundesregierung*: *Drei Minister*, *eine Enttäuschung*, http: //www. spiegel. de/politik/deutschland/digitale – agenda – erster – gesetzentwurf – ist – eine – enttaeuschung – a – 982503. html。

② 参见 http: //www. bundestag. de/bundestag/ausschuesse18/a23。

③ SZ-Redaktion, *Ideen für die digitale Agenda*, *Wie Deutschland daranbleibt*, http: //www. sueddeutsche. de/digital/ideen – fuer – die – digitale – agenda – wie – deutschland – dranbleibt – 1. 2091813.

创新合作中的市场失灵与政府作用*

——以德国集群政策为例

史世伟**

一 引言

进入21世纪以来，随着新技术在经济中的作用日益提高，世界工业化国家都开始重视创新在经济增长中的作用。2000年3月，欧盟理事会通过了“里斯本战略”，提出“到2010年将欧洲联盟建设成为世界上最有活力的知识经济体”的目标，将技术创新作为经济增长和扩大就业的新动力。这是欧盟面对全球化和自身结构转型滞后对整体增长战略的一次重大调整。2006年，中国政府在《国家中长期科技发展规划纲要（2006～2020年）》中提出建设成创新型国家的科技发展战略。

根据熊彼特首创、后来被普遍接受的解释，创新是企业家对生产要素的新组合，它是企业在市场竞争中为追求垄断利润推出新产品、新流程、开发新的组织形式、新市场和新供货源的行为。熊彼特还就创新如何发生的问题阐发了自己的理论。他认为，创新不同于发明，它一方面来源于企

* 本文为教育部人文社会科学重点研究基地重大项目“中国与欧盟的国家与地区创新体系比较研究”（中国人民大学欧洲问题研究中心项目号：11JJD810016）的阶段性成果。

** 史世伟，对外经贸大学区域与国别研究所欧洲中心主任、外语学院教授。

业家的创造活力，另一方面是大型企业系统研发活动的结果。然而，近年来的创新研究——特别是国家创新系统范式——则认为，创新是一个复杂的、具有多重循环的非线性过程，在这一过程中，各创新主体政府（进行规制）、公立大学和大学外研究机构（从事基础研究）、企业（从事应用研究、制造和开发产品和流程以及市场推广）以及需求者组成一个互动网络。创新实质上产生于网络化的合作活动，其中异质性群体之间的学习、知识交流和转移起到核心作用。[①]

本文将在新制度经济学基础上，结合创新管理学中的社会网络分析对德国政府近年来促进创新合作的政策进行研究。从经济组织理论的角度看，合作网络可以被看作是纵向一体化和市场两极之间的第三种企业治理形式（Schmalen，2006）。而产业集群可以被看作是一种特殊的合作网络，产业集群是特定产业以及关联产业在地域上的集中，产业集群的发展取决于集群内部网络结构的优化。1990 年，美国管理学家 M. 波特注意到产业集群对于一个国家的国际竞争力的重要影响，从而掀起了对产业集群的研究热潮。[②] 1999 年，OECD 的研究团队将集群与国家创新系统联系起来，提出了创新集群的概念。[③] 在 OECD 的带动下，创新集群的研究和实践逐渐受到世界各国学术界、产业界和决策层的关注［“创新集群建设的理论与实践”研究组（简称研究组），2012］。一些学者认为，创新集群是一种特殊的企业间和企业与相关研发与服务机构间的网络，以创新资源的集中性和知识溢出效应吸引特定产业或领域内各类相关主体参与，其基本目标在于追求集群内创新能力的提高以及创新成果的商业化，因此它与主要基于规模经济和成本优势的产业集群有所不同（研究组，2012）。创新集群是产业集群进一步演化的结果，但是并不存在着产业集聚（19 世纪 90 年代）—产业集群（20 世纪 70 年代）—创新集群（20 世纪 90 年代）的必然演化逻辑（研究组，2012）。从德国经验来看，集群的创新产出（研究成果的商业化）对组织治

① 根据哈耶克的观点，一个社会可以用于经济目的的知识分散存在于不同的个体之中（Antonelli，2008）。

② 一个对于产业集群概念、特征、类型、形成机制、演化路径、竞争优势等的较系统的综述参见高怡冰、林平凡《产业集群创新与升级》，华南理工大学出版社，2010。

③ OECD Processing：Boosting Innovation：The Cluster Approach. © OECD Paris，1999.

理和公共政策提出了很高的要求。管理和服务的核心是促进集群内企业间以及与相关机构结成创新网络。

创新合作的网络化主要是自由市场上企业间以及企业与相关机构间自主签约和制度创新的结果。但是德国的经验表明，政府可以采取相关政策来纠正市场失灵和系统失灵，市场与政府的共同作用可以提高创新合作的绩效。下面笔者转向分析德国政府的创新集群促进政策。

二 德国政府的创新政策及其变革

（一）德国国家创新系统的特点及其对于创新的影响

一个国家公共政策的实施离不开这个国家的基本制度，国家创新系统和区域创新系统是创新网络和集群的基础。这里的创新系统不仅指那些与知识创造直接相关的组织和制度，还包括所有重要的经济、社会、政治组织和制度以及其他影响创新开发、扩散和使用的因素。

德国是一个联邦制的国家，根据辅助性原则，联邦州和地方政府在制定和执行经济政策方面的地位十分重要。1993 年欧洲联盟建立以来，经济政策的部分权能向欧盟层面集中，欧盟经济政策在总体框架的制定和协调各成员国合作方面也起到重要的作用。作为发达工业国，德国与创新相关的子系统——企业、科学（高校与高校外研究机构）、教育（高校、职业培训体系）、政府以及行业协会和中介机构等——分工明确，有很强的自主性。德国乃至欧洲大陆科技与创新体制的特点是：具有一批优秀的研究型公立大学，在德国还有政府出资兴办的公立研究机构。20 世纪 70 年代以来德国陆续成立了大批的应用技术大学，这些大学在为德国企业培育合格的应用技术人才（工程师、经济工程师）的同时，主要从事应用技术研究。德国的教育是联邦州的职权范围，所以这些应用技术大学往往根植于区域经济的土壤中，密切与当地企业特别是中小企业的合作。德国大企业具有系统研发的传统和技术创新的基因，研发对企业利润的贡献很大。另外，德国的技术创新中介机构也十分发达，工商会、行业协会等机构在知识的商业转化方面发挥了重要的作用。德国政府出资的公立研究机构特点突出，分工明确，各有侧重：马克斯·普朗克协会下属的研究所（80多家研究所，遍布德国）主要从事基础和前沿科学研究；赫尔姆赫茨联合会（共有16家研究所）主要负责国家尖端科技项目的研究并运营着国家的关键科研设备（如等离子加速器）；弗劳恩霍夫协会（60家研究所）则主要负责科技应用研究以及新技术的转化与推广；而莱布尼茨协会是在原民主德国国家科学院基础上建立起来的科研联合体（86家研究机构），研究领域十分广泛，包括社会科学及人文科学各个领域。

另外，德国企业与科学界以及教育机构在知识传播、人才培养等方面有悠久的合作传统。在德国“合作式的市场经济”（Koorporative Marktwirtschaft，Abelshauser，2011）的制度环境下产生了“双元职业教育”，由公立的职业学校或职业大学与私营企业共同承担专门技术人才（技工、工程师）的培养；“讲座教授”和“基金教席”制度，前者指大学聘用大型企业中在相关领域有影响力的人员面向学生授课，后者指企业依据自己的需求在高校设立教席并承担相应的费用。企业与大学在人才培养方面的合作还包括大学生在企业半工半读、在企业实习以及企业与高校共同指导学生毕业论文的制度。

但是德国的国家创新系统也存在一些缺陷，在决定未来竞争力的高新科技产业和知识密集型的服务业，企业推出的需求导向产品有与大学和科研机构的研究活动脱节的现象。为了更好地贯彻欧盟的“里斯本战略”以及“2020战略”，使科技体制更好地为创新服务，德国政府近年来对科技体制的框架条件进行了改革。根据《雇员发明法》，德国雇员的发明属于职务发明，需要告知所服务的机构并由这些机构来对发明的商业应用进行开发。德国大学教授虽然是国家雇员，但是以往他们的发明却属于“自由发明”，其商业开发不能由雇主来进行。由于申请和维护专利的费用较高，发明人经验与信息缺乏、申请后经济收益不确定，大学教授很少利用这种能够使自己100%受益的“高校教师特权”。2002年，德国政府修改了《雇员发明法》，允许大学同企业就所在大学人员发明专利的独占使用达成协议，消除了高校与企业在专利商业转化方面合作的法律障碍。作为发明者的大学教授个人可以得到商业转化收益的30%。这项规定大大提高了大学教授创新的积极性。为了更好地促进高校与公立科研机构的知识商业转化，德国高校均成立了技术转化机构与专利使用代理处。这些专门机构的建立和运作大大促进了高校与高校外研究机构之间，高校、校外研究机构与企业之间的长期战略合作，以及高校衍生企业（Spin - offs）的发展。

（二）创新促进成为德国区域政策和产业政策的核心

在德国，创新促进属于结构政策和增长政策的范畴。根据德国秩序自由主义理念，经济政策的首要目标是为市场竞争创造公平的框架条件，各项具体的经济政策从属于这一根本目标。

从表 1 可以看出，增长政策主要是从宏观层面对企业的研发创新和技术改造给予税收减免或补贴，没有行业和区域的区别。

结构政策包括地区结构政策、部门结构政策（或称产业政策）以及企业规模结构政策（即中小企业促进政策）。

促进地区经济发展和改善区域经济结构是欧盟及其成员国经济政策的重要组成部分。2011 年，欧盟地区结构政策的支出占欧盟预算的 45.5%，是欧盟最大的开支项目。在德国，一般来说，区域政策的计划和实施由州政府执行，联邦政府根据 1970 年生效的《改善区域经济结构共同任务法》负责 50% 的财政经费支持。传统上欧盟的地区结构政策的目标是缩小欧盟各地区之间的发展差距。2000 年，欧盟提出“里斯本战略”后，欧盟的区域政策发生了重大的战略改变，区域平衡的目标由增长的目标所取代，结构政策的重点开始转向对研究和技术发展的投资以及对企业创新的资助，特别强调对增长核心区域的建设。侧重通过“促进强者更强”，发展知识经济，提高区域国际竞争力，保障就业。德国的区域结构政策在欧盟的框架下发生了向创新促进倾斜的改变。

表 1 德国经济政策分类

着眼点	作用层面	政策领域		
		秩序政策	结构政策	过程政策
企业 家庭 市场	微观	企业基本法 员工共决法 竞争秩序（竞争政策，解除规制）		消费者政策 （例外的）行政定价政策 个体分配政策（转移支付）

续表

着眼点	作用层面	政策领域		
		秩序政策	结构政策	过程政策
行业 区域	中观	市场规制政策（例外领域） 空间秩序规划	行业结构政策/产业政策（科研、技术与创新政策、农业政策、能源政策、交通政策） 地区结构政策（区位政策、小城镇政策、基础设施政策、环境政策） 企业结构政策（中小企业促进）	
国民经济 循环量 总体经济	宏观	财政法（财政秩序） 货币法（银行、货币和外汇体系） 对外经济秩序（外贸和国际服务往来的法规）		景气与稳定政策（货币与信贷政策、反周期的财政政策） 就业政策（劳动市场与工资政策） 增长政策（合理化与创新投资补贴、要素流动促进） 对外经济政策

资料来源：笔者自行整理。

欧盟的产业政策也对德国的产业政策产生了重大影响。20 世纪 70 ~ 80 年代实行的维持性结构政策（比如对煤炭和造船业的政府补贴）以及适应性结构政策（比如对钢铁业的生产配额管理）开始逐渐退出历史舞台，取而代之的是形塑性结构政策，即面向未来的结构促进政策。因此，科研、技术与创新政策成为政府部门结构政策的重要组成部分。

20 世纪 80 年代，德国开始认识到其经济在科技创新方面与美日差距加大，政府的研发与科技投入开始不断增加。[①] 2006 年，德国联邦政府推出了

① 政府（欧盟、联邦与州）的研发和科技资助包括对于大学和科研院所基础研究、企业的研发以及建立公立科研机构的支持，一般包括普惠和项目招标两个方面。两种方法各有利弊。

历史上第一个全国范围内的《德国高科技战略（2006～2009年）》，而后德国联邦政府又于2010年7月正式通过了《思想·创新·增长——德国2020高技术战略》（简称《2020高技术战略》），开始对德国未来的发展部署新的战略方案。新规划挑选气候和能源、健康和食品、交通工具、安全和通信五大领域作为《2020高技术战略》的核心。另外，德国政府还确定了实行这些领域关键突破的途径，这就是在几大核心技术领域取得领先地位并将其商业化应用，它们包括：生物技术与纳米技术、微电子与纳米电子、光学技术、计算机系统、材料与生产技术、服务研究、空间技术及信息与通信技术。新战略的提出标志着德国产业政策从以往比较偏重科研与技术开发，开始转向更加重视创新。在促进的方法上，政策的重点由对大学和公立科研机构以及企业的单独促进转变到促进产学研联合的方面，重点支持研究机构与企业结成创新联盟，以及建设创新集群，重视促进跨行业技术的发展和应用，鼓励建立开放性共用技术平台以及软件源代码的公开。[①]通过促进创新集群建设将部门结构政策与区域结构政策结合起来，加强联邦促进政策与州和地方促进政策的协调，使促进研究机构与企业的创新合作以及集群发展成为德国政府科技政策、区域政策和创新政策的核心（见图1）。同时，政府还将创新促进政策与中小企业促进政策联系在一起，通过集群网络和创业资助扶持中小企业，启动了专门针对中小企业创新的项目ZIM和KMU－Innovative。

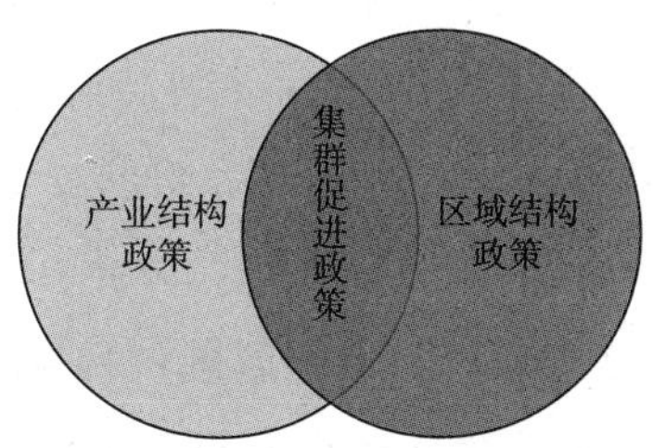

图1　集群促进政策在德国经济政策中的地位

① 2007年，欧盟将促进产业集群发展列为其产业政策的重心（Vieregge/Dammer，2007）。欧盟产业政策是一个非常笼统的范畴，它甚至没有自己的预算手段。其资金主要来自欧盟科技框架计划（科技政策）和欧盟结构基金（区域政策）。近年来，欧盟开始重视对特定产业部门的促进（孙彦红，2012）。

三 德国联邦政府创新集群政策的构建和实施

德国政府从 20 世纪 90 年代中期开始启动了集群促进政策。产业和区域结构改善是政府集群政策的目标。BioRegio 计划的目的是振兴 20 世纪 80 年代开始发展的生物技术产业。为了提升德国东部的竞争力，联邦政府启动了专门针对东部的创新集群计划，如 InnoRegio。联邦政府的集群策动在产业发展和区域竞争力提高方面初见成效，在实施方法上也积累了经验（比如后来成为普遍规则的竞赛手段）。各联邦州也相继采取了一系列符合本地区产业发展的集群策动项目。

2006 年，弗劳恩霍夫协会根据其专业研究所分散在德国各地的特点开始组建创新集群，目标是建立围绕某一特定主题的区域网络，建立创新集群的依据是经济界、公共机构（大学和州政府）及弗劳恩霍夫研究所的实力。所有创新集群都组建一个由高校、科研机构和工业企业的研究人员与工程师的研发合作平台，构成了具有专业技术领域优势的区域研发核心（研究组，2012），形成一个网络的“中心”节点。2007 年，联邦政府借鉴弗劳恩霍夫创新集群的经验，推出了以发展高科技战略为核心的尖端集群竞赛（Spitzencluster）。项目由德国联邦教育及研究部负责，每隔一年半举办一次，共举办了三次，每次从参赛的 20 多个集群中评选出最多 5 个尖端产业集群。截至 2012 年，一共选出了 15 个以政府高科技战略中某一主题为优势的尖端集群。竞赛优胜者在 5 年内可获得共计 4000 万欧元资金。而获奖集群需要筹措数量相同的自筹资金配套。因此，联邦政府共投入 6 亿欧元，项目总计获得资金 12 亿欧元。集群管理机构利用这些资金进行项目招标，通过此方式为企业和企业之间、企业与研究机构和大学之间结成创新网络提供激励。

尖端集群竞赛推进了德国创新集群的发展，在德国产生了巨大的示范效应。创新集群开始大量涌现。在此基础上联邦政府在 2012 年启动了 Go - Cluster（走向集群）项目，目的在于促进创新型集群管理理念，使德国的产业集群在集群管理方面满足欧盟优秀集群的标准；同时通过联合优秀集群，传递成功经验，促进集群间的相互学习，为集群发展树立标杆。联邦经济及科技部为每一个项目提供最多2.5万欧元的资金支持并定期提供国际集群政策趋势分析以及相应的政策咨询，促进集群管理水平进一步提升。Go-Cluster项目目前已经覆盖德国89个优秀集群，其中涵盖约5500个中小企业，1300多个大型企业，以及1500多所高校和科研机构。

2013年3月，联邦教育及研究部和联邦经济及科技部共同打造的网络平台——德国集群信息平台——正式上线。该平台将两大部门的信息资源进行整合，提供了欧盟、联邦、地方以及集群层面的集群促进政策以及促进活动信息，并将其发展成为一个集群参与主体和学者沟通交流的对话论坛（见图2）。

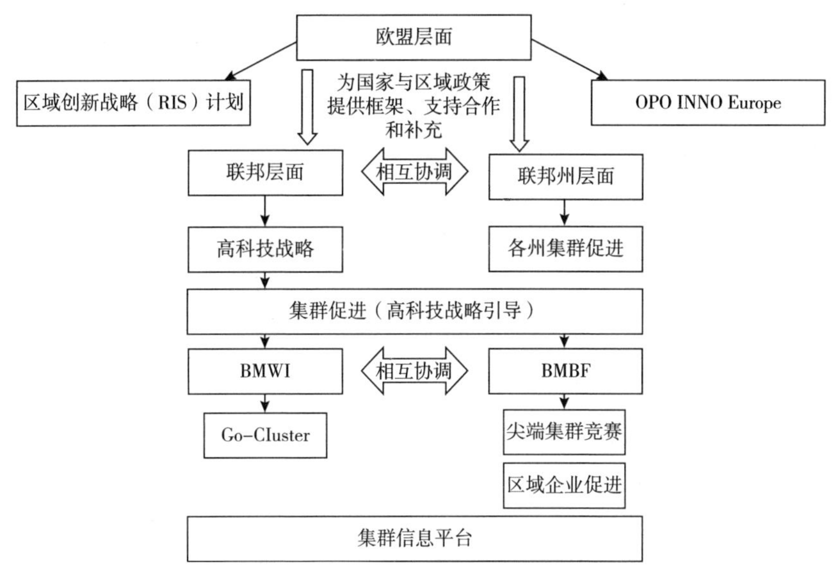

图2 集群信息平台创新集群政策

四 德国政府创新集群政策的经验

德国政府集群政策的目标是纠正创新合作中知识的形成和扩散中的市场失灵。但是其在政策的制定和实施中不是采用政府直接干预和具体引导市场的方式，从而有效地避免了“政府失灵”。

首先，虽然政府的集群策动起初是“自上而下”设计的，但是政府采用了竞赛的方法，政府资助的依据是该区域业已存在一定的相关产业和机构的集聚，已经有了在特定技术领域或价值链关系的合作网络或建立此种网络的条件，所以实际上采用的是需求导向的“自下而上”的路径。联邦政府本身并不制订详细的集群计划。在政府资助的激励下，区域间围绕集群发展战略展开竞争。而由集群发展专家制定选拔标准、独立第三方专家进行评估的方法比政府“自上而下”直接挑选更好地调动了各区域和地方政府、社团等相关者参与集群竞赛的积极性，更有利于集群制定出科学的发展理念和可行的发展战略。即便是参赛集群没有被选中，其发展战略也能为以后的集群发展提供参考。而后，联邦政府以“尖端集群”为标杆进一步启动新的创新集群策动项目，将尖端集群的经验介绍推广。在建立集群蔚然成风后，联邦政府及时建立信息平台，推动集群主体的信息交流、相互学习和竞争。在集群启动阶段，专门成立的由地方相关者组成的集群工作小组负责召集工作。所以，政府在集群策动中仅仅扮演了“催化剂”的角色。

其次，创新集群的成功在于其内部网络的优化，为此集群需要一个强有力的集群管理机构。德国创新集群的管理机构多种多样，除前面谈到的自愿集群领袖（比如一家大企业集团或一所中心医院）之外，集群工作组可以选择雇用一个职业的集群经理。在机构组织比较密集的环境下，工商会或者行业协会也可以担负起集群职业管理机构的职能（Benner，2013）。集群管理机构在制定集群规划、召开集群会议、组建合作平台、策动和管理集群内合作项目、集群品牌建设以及集群外部合作（包括国际合作）方面发挥重要的作用。集群管理机构也重视推动集群内部社会资本和人际网络的建立和发展。德国创新集群管理机构的存在使网络内部的强联系和弱联系得到平衡，通过项目招标建立新的连接，增加带宽以及缩短节点连接的距离，从而降低创新成本。

最后，如果科技园或集群长期依靠政府税收减免或资助来维持，发展是不可持续的。因此，德国政府对于集群的资助限制在集群启动阶段（最多5～10年，逐渐减少）。而且由于产学研有机结合会互利多赢，政府的创新合作项目资助采取官民合作的方式（Public Private Partnership，PPP），加入集群的企业和其他机构要对等投资。而且，在集群度过启动阶段后，集群的活动费用由集群主体自行承担。

五 结语

德国各级政府在创新集群促进中，将促进措施建立在已证明有效的现有体制和机制上，充分利用历史形成的德国国家创新系统与区域创新系统的特点，发挥德国企业、科研机构、研究型大学、中介和合作组织等制度结构中有利于人才集聚、创新开发、扩散和使用的特有机制，充分利用经济主体的自主倡议以及公立大学与科研机构的独立性，构建具有德国特色的创新集群。另外，政府还不失时机地对现有体制进行改革，消除阻碍创新和技术扩散的制度安排。创新集群极具多样性，它的产生和政策设计与当地的制度演化紧密相关，具有不可复制性。这是德国创新促进政策的重要启示。

目前，中国产业集群的升级成为学界和政府关心的重大问题。政府对于自主创新提出了时间表，我们在创新促进以及产业集群建设方面可以借鉴德国的经验。

德国福利国家改革的未来

徐　清*

德国福利国家改革是一个持续不断的过程，这是因为德国福利国家过去所面临的一些问题和挑战将长期存在，甚至更为尖锐，而此前的改革还有许多需要改进和完善的地方。同时，未来还可能出现新的问题、新的情况，需要新的改革思路和方案。德国之所以能够在次贷危机和欧债危机中表现突出，就是因为较早进行了未雨绸缪的改革。要使德国福利国家在未来更具有生命力就必须继续进行改革。

一　未来改革的有利条件和制约因素

经过21世纪初以来十几年的改革，德国的国家经济实力进一步增强，为今后的改革奠定了经济基础。同时，以往的改革历程具有重要的启示和借鉴意义，德国社会各界都从中得到有益的经验。

第一，除左翼党外，改革的必要性在德国其他主要党派取得了共识，分歧集中在改革的具体方式上。由于德国政党格局发生根本性变化，形成大联合政府的概率大大增加。作为有“人民党”之称的社民党和联盟党如果不能在改革上取得妥协并达成一致，就会极大损害两党在选民心中的形

* 徐清，江苏省社会科学院世界经济研究所助理研究员。

象。因此，两党会比过去更具有合作性。[①] 而且在大联合政府中共同作为执政党，这种合作性要比两党分在朝野的合作性大很多。“2010 议程”对于社民党来说也是一次自我革新，虽然社民党的一些传统选民转而支持左翼党或其他党派，但社民党也进一步转向中间阶层，其民意和社会基础得到了扩展。[②] 可以说，改革派占据了德国政坛的大多数。

第二，“2010 议程”啃下来不少改革中的“硬骨头”，开启并部分实现了福利国家一些基本制度的转型。例如，劳动力市场变得灵活起来，最艰难的“哈茨改革”得以实施，家庭政策发生“范式转变”，公共幼儿看护机构逐步增加，家庭和就业的矛盾有所缓和。一些带有方向性的转变一旦完成，接下来只要沿着这一方向，改革所显现出的效果就会逐渐从量变到质变。当公共幼儿看护机构提供的幼儿看护服务可以覆盖绝大多数孩子时，再提供看护补贴就会变得没有意义，也是对公共资源的浪费。这个年龄段孩子的看护问题与女性就业之间的矛盾也就会迎刃而解。

第三，世界上许多福利国家都在进行着改革，改革是发展的需要，也是历史的潮流。德国与其他福利国家的改革可以进行对照，相互吸取经验和教训。欧洲福利国家大都面临经济全球化和人口老龄化的挑战，通过借鉴其他国家一些有益的做法并观察其改革的效果，从而为本国制定改革的措施提供思路。如果有国家先期或同时在进行与德国类似的改革，那么就可能会对德国国内产生“信号”的作用，以此来舒缓德国国内来自反对者的压力。例如，当丹麦劳动力市场的“灵活保障”模式取得成功后，德国社民党提出劳动力市场改革的原则“促进与要求”时就有意识地与丹麦的改革相提并论。[③] 1999 年发表的《施罗德 - 布莱尔宣言》也是共同向德国、英国以及其他欧洲国家传递改革的信号，显示出改革并不是某个国家、某个政府或是某个领导人的政策偏好，而是欧洲众多福利国家都需要完成的历史任务。当希腊等国为了应对债务危机不得不痛苦地紧缩开支、削减福

---

① 殷桐生：《德国大联盟政府经济政策剖析》，《国际论坛》2006 年第 4 期。

② 张文红：《德国社民党：重整旗鼓抑或风光难再?》，《当代世界》2013 年第 8 期。

③ Claudia Bogedan, *Mehr als Flexicurity*、*Lehren aus der dänischen Arbeitsmarktpolitik*, *in Hartmut Seifert und Olaf Struck*, *Arbeitsmarkt und Sozialpolitik Kontroversen um Effizienz und soziale Sicherheit*, VS Verlag für Sozialwissenschaften, 2009, p. 278.

利的时候，德国或许可以庆幸自己已经未雨绸缪，不用等到危机时才被迫进行改革。德国前任驻华大使施明贤曾说过，相比很多欧洲国家，德国之所以能够成功应对危机，并不是因为德国人比别人聪明，而是因为德国比别国较早完成了自己的“家庭作业”①。通过对比德国与其他欧洲福利国家在次贷危机和欧债危机中的表现，也能够坚定德国国内的改革决心和信心。也就是说，当改革在欧洲各国同时或先后展开，并随着时间的推移会产生“学习效应”，有利于促进未来的改革进程。

当然，改革在今后依然会面临不少困难，改革的难度仍不容小觑。

第一，民众对改革仍然有相当大的抵触情绪。一方面，改革过于频繁，每年都会有改革措施出台。由于改革几乎与每个人息息相关，而要正确认识和理解改革的措施又需要花费大量的时间和精力，长此以往，民众必然对改革产生厌恶和疲惫感。另一方面，德国民众对一些特定的经济和社会政策目标有强烈的偏好，这些领域的改革就尤为困难。一项调查显示，德国民众对再分配的目标特别关注，当被问及是否应当致力于减小收入分配差距时，有约67%的被调查者表示赞同，这一比例在经合组织（OECD）国家中列于瑞士之后，排在芬兰、挪威、法国等国之前，经合组织国家平均值为49%。这表明，如果改革不能促进甚至减少再分配的功能，就会面临较多反对声。②

第二，一些改革措施的政策调节空间已经很小。例如，领取失业金的时限和额度不可能一直减少下去，延迟退休的年龄也不可能一直增长下去。这一方面表明福利国家的改革中福利的减少是有底线的，另一方面也表明仅靠一两项政策无法应对所面临的挑战。政策调节空间的缩小将成为制约改革的新问题，要解决这一问题就必须开拓新的政策领域。未来的改革能否成功既取决于传统的改革措施是否得到有效的贯彻实施，更取决于政策

① 2012年11月20日，施明贤大使在“回顾与展望：纪念中德建交40周年”学术研讨会暨中国欧洲学会德国研究分会第14届年会开幕式上的讲话，http://www.china.diplo.de/Vertretung/china/de/_ _ pr/2012/reden - bo - 2012/121120 - cass - konferenz - ps.html? archive = 3366876。

② Friedrich Heinemann, *Tanja Hennighausen und Christoph Schröder*, *Der Weg zu einer “Agenda 2030” Reformen zwischen objektiver Notwendigkeit und individueller Verweigerung*, Stiftung Familienunternehmen, 2012, pp. 24 - 25.

创新的力度，是否能在原有改革的基础上再次突破思想的藩篱和政策框架的束缚，以新制度代替旧制度。

第三，经济状况的好转可能成为制约或延缓改革进程的因素。实践证明，往往是危机倒逼改革，当危机过去后，改革的压力和动力就会减小，就有可能“开倒车”。例如，“63 岁退休”的政策和最低工资标准的设定。“63 岁退休”是指只要缴纳法定养老保险的保费满 45 年，就可以在 63 岁时提前退休而不用担心养老金的扣减。这一政策不仅产生新的支出，威胁到养老保险体系的可持续性；而且也对潜在生产能力、国民收入产生负面影响①；同时也是对延迟退休政策的倒退。德国政府还在 2015 年引入最低工资标准（每小时 8.5 欧元），这将对劳动力市场产生不利影响。引入最低工资将首先导致长期失业者、劳动技能低的人以及年轻人被挤出就业市场，原来的低工资行业将会萎缩，或者造成“打黑工”现象抬头。② 德国劳动力市场改革的核心就是使其更加灵活，而最低工资的本质是对劳动力市场的一种管制措施，因此它背离了改革的方向。由此可以看出，未来必须首先防止这种对过去正确的、有效的改革来进行“改革”。

二 未来改革可能实施的举措

劳动力市场的改革作为福利国家改革的核心今后仍将是德国社会各界关注的焦点，而养老保险作为社会保险体系中最大的分支也会继续成为改革的重点领域，医疗保险体系的改革在未来需要做出重大的抉择。这里选取几个可能的改革措施进行讨论，这些措施在过去的几年中不断地被经济学家或政治决策者提及，但都没有能够得到实施（有的是因为争议较大；有的是因为太过超前，实施的时机尚不成熟）。在未来，这些政策建议都可

① Deutsches Institut für Wirtschaftsforschung, ifo Institut – Leibniz – Institut für Wirtschaftsforschung an der Universität München, Institut für Wirtschaftsforschung Halle, Rheinisch – Westfälisches Institut für Wirtschaftsforschung, *Deutsche Konjunktur im Aufschwung – aber Gegenwind von der Wirtschaftspolitik Gemeinschaftsdiagnose Frühjahr 2014*, pp. 62 – 63.

② *Sachverständigenrat zur Begutachtung der gesamtwirtschaftlichen Entwicklung*, *Gegen eine rückwärtsgewandte Wirtschaftspolitik*, *Jahresgutachten 2013/14*, 2013, pp. 284 – 285.

能成为福利国家改革的重要举措。

（一）放松员工解雇保护政策

德国劳动力市场的员工解雇保护政策在以往的改革中较少涉及，虽然德国社会一直都不断有呼声要求放松员工解雇保护，但到目前为止，这一保护政策似乎仍是改革的“禁区”。从改革的可行性上看，可以有两种选择方式代替员工解雇保护：一种方式是新雇用的员工在试用期结束后自愿放弃员工解雇保护，如果将来被解雇，且不是由员工承担责任的情况下，员工将得到一笔补偿金，补偿金的数额多少与员工在这一企业工作的时间长短成正比。另一种方式是员工放弃解雇保护，但可以得到更高的工资，一旦被解雇则没有补偿金。这样的改革有利于企业事先核算好解雇成本，同时也保障员工被解雇时的利益。①

放松员工解雇保护是今后劳动力市场改革的“硬骨头”，能否实施这一举措，首先，取决于德国的就业形势。如果就业率保持在较高水平，改革仍将不会触及这一领域；但如果失业率再度上升，则可能考虑放松解雇保护。其次，取决于劳动力市场其他改革措施的进展，如果其他措施的政策空间已经很小，才会考虑放松解雇保护，因为这一措施是针对几乎所有就业者的，反对的力量会远远大于针对特定人群的措施（例如失业金的调整只是针对失业者的）。最后，当然要取决于政治决策者的决心和勇气。从世界范围来看，德国的员工解雇保护政策是相当严格的，所导致的劳动力市场僵化已经明显与经济社会发展不协调，有些企业甚至会转移到员工解雇保护不那么严格的国家。因此，纵然存在许多反对的声音也应当尝试逐步放松这种保护。

（二）退休年龄提高到 69 岁

人口老龄化问题将长期伴随着德国社会，并可能越来越尖锐。应对这一挑战的措施之一就是延迟退休年龄。目前德国已经决定到 2029 年为止将

---

① *Sachverständigenrat zur Begutachtung der gesamtwirtschaftlichen Entwicklung*, *Die Chance nutzen – Reformen mutig voranbringen*, *Jahresgutachten 2005/06*, 2005, pp. 204 – 206.

退休年龄逐步提高到67岁。但随着将来养老保险和医疗保险收支状况的再度趋紧，可能迫使退休年龄在2045年必须提高到68岁，在2060年提高到69岁。因此有必要采取长效措施，可供考虑的就是将退休年龄与预期寿命挂钩。在欧洲国家当中，目前只有丹麦已经引入这一机制。① 这种机制可以使养老保险体系产生自动稳定的作用，养老保险机构和参保者都能够做出长远和稳定的养老计划。② 假定相对领取养老金的时限保持大体不变，将退休年龄与预期寿命挂钩，到2060年退休年龄就会达到69岁。③ 这样不仅有利于养老保险缴费比例长期保持稳定，也可以保证养老金的支付水平④，同时减轻国家财政的压力。

从经济学原理来看，将退休年龄从65岁提高到67岁和从67岁提高到69岁是一样的，都是人口老龄化发展到不同阶段所采取的措施。但退休年龄不可能一直延迟下去，从67岁延迟到69岁所遇到的阻力将比从65岁延迟到67岁要大得多。因此，当前和今后一段时间首先应当落实好从65岁逐步延迟到67岁的举措，避免类似"63岁退休"这样的政策倒退。即使将来可能延迟到69岁，也要对一些特殊行业和职业做出例外的规定，避免加重劳动者负担。

（三）逐步实施"医保人头费"模式

医疗保险体系的筹资模式到目前为止不能在"医保人头费"和"全民保险"这两种方案中做出抉择。虽然当前法定医疗保险体系的资金状况良好，但如果就业市场疲软，老龄化问题加剧，将来仍会出现不小的赤字。在两种方案中，德国经济学界似乎更加推崇"医保人头费"，认为即使不能立刻完全采用这一模式，也应当向这种模式逐步过渡，先引入不与收入挂

---

① *Sachverständigenrat zur Begutachtung der gesamtwirtschaftlichen Entwicklung*, *Herausforderungen des demografischen Wandels*, 2011, pp. 194 - 195.

② Deutsche Bundesbank, "Perspektiven der gesetzlichen Rentenversicherung in Deutschland," *Monatsbericht*, April 2008, pp. 51 - 69.

③ Deutsche Bundesbank, "Demographischer Wandel und langfristige Tragfähigkeit der Staatsfinanzen in Deutschland," *Monatsbericht*, Juli 2009, pp. 31 - 47.

④ Ronald Bachmann, Sebastian Braun und Reinhold Schnabel, *Demografie und Rente*: *Die Effekte einer höheren Erwerbstätigkeit Älterer auf die Beitragssätze zur Rentenversicherung*, Rheinisch - Westfälisches Institut für Wirtschaftsforschung, 2013, pp. 14 - 15.

钩的“补充保险费”。那么医疗保险的保费就由两部分组成：一是与收入挂钩的保险费，二是“补充保险费”。两部分的比例逐步变化：前者所占比例越来越低，后者越来越高。“补充保险费”超过工资收入一定的比例，差额部分则由国家财政通过转移支付补足。与收入挂钩的保费模式，例如“全民保险”方案，虽然听上去非常具有公平性，但如果保费缴纳比例不断上升，不仅会加大劳动力的附加成本，不利于企业增加劳动力需求；而且这种从高收入向低收入的再分配效应也与医疗保险的再分配格格不入①，因为医疗保险的再分配功能是指健康风险的再分配和平衡。通过“补充保险费”将收入的再分配功能从医疗保险体系中剥离出来并转移到税收领域。

由于“医保人头费”和“全民保险”分别是联盟党和社民党积极主张的方案，因此在由这两党组成的大联合政府时期很难做出选择，双方都不可能有太大让步。但医疗保险越早进行根本性改革，就能越早发挥效益。可以说，今后医疗保险领域的改革是考验德国政治决策者政治智慧和行动能力的关键环节，也是体现德国福利国家未来改革能力的“试金石”。

21 世纪初以来德国福利国家的改革已经证明，在面对经济全球化、人口老龄化等诸多问题的挑战时，福利国家非但没有过时，相反，通过改革焕发出了新的生命力。因此，德国福利国家的未来也同样在于与时俱进的改革，只有不断地进行改革，才能适应外部环境的改变。福利国家在改革的进程中自身也在发生着变化，它不再单单是一张保障公民的网，更应当是一种激发公民创造力和主观能动性的制度和机制设计，能够同时发挥出促进经济发展和民生改善的双重功能。

---

① “Sachverständigenrat zur Begutachtung der gesamtwirtschaftlichen Entwicklung, Die Chance nutzen – Reformen mutig voranbringen,” *Jahresgutachten*, 2005, p. 362.

欧盟保险偿付能力监管体系改革述评

徐四季*

为适应全球金融监管、保险风险管理和国际财务报告等领域的变化，欧盟委员会早在2001年就开始酝酿欧盟保险监管体系的新一轮改革，致力于建立以风险为基础的偿付能力II监管体系（即Solvency II）。2007年7月10日，欧盟委员会向欧洲议会和理事会提交了“Solvency II框架指令”草案，成为Solvency II项目正式启动的标志。2009年，欧洲议会和理事会批准了“Solvency II框架指令”，在欧盟层面奠定了实施Solvency II的法律基础。① 但由于各种原因，正式实施新监管体系的时间表一再推后。2011年1月，欧盟委员会建议对Solvency II进行修改，补充“综合II指令”（Omnibus II Directive）。经过数年谈判，2014年3月11日，欧洲议会批准了“综合II指令”，决定Solvency II将于2016年1月1日正式生效。至此，这场已历时十多年的改革项目，被媒体戏称为“没有终点的历史进程”终于掀开了新的篇章。

一　欧盟 Solvency II 的框架体系

欧盟Solvency II改革项目旨在建立针对保险公司偿付能力的新的监管体

---

* 徐四季，北京外国语大学德语系讲师，博士。

① Directive 2009/138/EC of the European Parliament and of the Council of 25 November 2009 on the taking - up and pursuit of business of insurance and reinsurance (Solvency II) .

系。所谓“偿付能力”是指保险公司偿还债务的能力，具体表现为保险公司是否有足够的资产来匹配其负债，特别是履行其给付保险金或赔款的义务。实际上，偿付能力监管一直是欧盟保险监管的核心：欧盟曾于1973年和1979年分别针对非寿险和寿险业务发布了偿付能力监管指令，开始对保险公司的偿付能力要求制定统一标准；[①] 2002年，欧洲议会和理事会颁布了现行的偿付能力I监管体系（即Solvency I）。[②] 与Solvency I相比，Solvency II的革新之处在于新的监管体系是以风险为基础设定的，力求对保险公司的实际风险进行更全面和更合理的评估，在资本计提方面有效区分业务规模相同但风险程度不同的公司，并鼓励保险公司通过公司内部的风险管理有效控制自身风险，确保偿付能力。

作为金融监管的重要组成部分，欧盟Solvency II采用了和巴塞尔II/III相同的“三支柱”体系，以实现保险监管和银行监管的协调一致。

（1）支柱一：对资金管理的数量要求

支柱一包含对资产和负债进行市价评估、技术准备金和自有资本测算的规定以及对保险公司偿付能力资本的定量要求。

不同于现行的单层级标准，Solvency II引入了双层级标准，即偿付能力资本要求（Solvency Capital Requirement，SCR）和最低资本要求（Minimum Capital Requirement，MCR）。其中，SCR设定了监管目标，而MCR是最低门槛：自有资本满足SCR标准的保险公司被认为有实力应对各种风险；对于资本水平介于MCR与SCR之间的保险公司，监管机构将按照不足额度的程度进行不同等级的监管干预；自有资本一旦低于MCR标准，监管机构将立即采取严厉的干预措施，直至吊销其营业许可。两级指标在计算方法上

① First Council Directive 73/239/EEC of 24 July 1973 on the coordination of laws, regulations and administrative provisions relating to the taking – up and pursuit of the business of direct insurance other than life assurance; First Council Directive 79/267/EEC of 5 March 1979 on the coordination of laws, regulations and administrative provisions relating to the taking up and pursuit of the business of direct life assurance.

② Directive 2002/13/EC of the European Parliament and of the Council of 5 March 2002, amending Council Directive 73/239/EEC as regards the solvency margin requirements for non – life insurance undertakings; Directive 2002/12/EC of the European Parliament and of the Council of 5 March 2002, amending Council Directive 79/267/EEC as regards the solvency margin requirements for life assurance undertakings.

也存在显著差异：SCR 的计算是以风险为基础的，具体计算公式可以选用监管部门给定的标准模型，也可以选用公司自行开发、经监管部门批准的内部模型；而 MCR 的计算并不基于风险，仍然沿用现行体系中最简单的线性比例公式。

对 SCR 的定量是第一支柱的核心，因为 MCR 其实可以看作 SCR 的一部分。除了基于风险之外，SCR 的计算中还有一点值得关注：计算的时间期限为一年，置信水平设为 99.5%。也就是说，要预测保险公司在未来一年内应对可能风险所需要的资本量，安全系数设为 99.5%，即假定未来一年保险公司的破产率不超过 0.5%。这意味着，SCR 的定量是动态的，具有预警作用，而不是现行体系中的静态监管，即根据保险公司过去的经营业绩来判定现在和将来的偿付能力。

作为监管对象，保险公司的自有资本量是资产减去负债得到的。在对资产和负债的评估中，Solvency II 强调依据市场一致价值；这也是新规的突出特点，符合国际会计准则的改革趋势。事实上，资产一直是用市场价值来评估的；但负债，特别是技术准备金的市场价值则很难获得。Solvency II 的做法是将技术准备金区分为存在市场价值的可对冲准备金和不存在市场价值的不可对冲准备金两类；对后者采用最优估计加上风险边际的方法测算。

(2) 支柱二：对风险管理的定性要求

支柱二包含对保险公司内部风险管理的定性要求和对监管执行流程的规定。

与第一支柱“量”的要求相配合，第二支柱对保险公司的内部管理提出了“质”的要求，具体包括清晰的经营和风险战略、合理的组织结构和流程、有效的内部调控体系、必要的高管人员任职资格认证以及内部稽核制度与应急计划。

值得关注的主要有两点：第一，在监管执行中要落实适当原则。所谓“适当原则”是指对所有监管对象应适用适当的要求和规定。这意味着，监管机构要充分考虑到各个保险公司经营模式的个体差异，灵活执行监管标准。第二，非量化的监管和量化的指标要求是配合使用的，例如监管机构有权根据定性评估结果责令保险公司增加资本要求，以应对内部管理不善而造成的额外风险。

(3) 支柱三：信息披露要求

支柱三规定保险公司对公众和监管机构均有定期进行信息披露的义务，以期利用市场力量约束、规范保险公司的市场行为。当然，这些义务需要同国际财务报告准则（IFRS）协调一致。

二 欧盟 Solvency II 的实施计划

欧盟 Solvency II 的实施应依据所谓的“兰氏程序”（Lamfalussy process）①，在以下四个层次进行：

在第一层次，欧盟决策机构应对监管框架和核心规则做出决议。欧洲议会和理事会已经分别于 2009 年 4 月 22 日和 11 月 10 日批准了“Solvency II 框架指令”。

在第二层次，欧盟委员会同欧洲保险和职业养老金委员会（EIOPC）合作制定实施细则，包括技术性监管标准和实施标准。

在第三层次，在欧盟委员会的领导下，欧洲保险和职业养老金监管者委员会（CEIOPS）及其后续机构 2011 年 1 月成立的欧洲保险和职业养老金管理局（EIOPA）就实施细则的解读提出专家建议和协调指导。

在第四层次，欧盟委员会将同各成员国、欧洲保险和职业养老金管理局以及保险经济界密切合作，监督各成员国统一执行欧盟立法。

欧盟 Solvency II 改革本应在 2012 年 10 月 31 日前在各成员国法律中落实，例如为了在德国法中落实 Solvency II 改革措施，德国立法者早在 2012 年初就公布了第十次修订《保险监管法》的政府草案。造成实施计划延后的直接原因是欧盟委员会在 2011 年初建议修改 Solvency II，提出“综合 II

① “兰氏程序”以其创立者欧盟证券市场监管智者委员会（Committee of Wise Men on the Regulation of European Securities Markets）主席亚历山大·兰姆弗赖斯（Alexandre Lamfalussy）男爵命名，是 2002 年 3 月由欧洲理事会批准的旨在加速欧盟立法程序、推动欧盟金融服务行动计划的四层次法律协调机制：第一层次进行框架性立法，协调立法原则；第二层次关注技术性问题，制定实施细则；第三层次是准备实施，提供专家意见；第四层次是在各成员国实施欧盟立法。

指令”；而欧洲议会和理事会就“综合 II 指令”展开了旷日持久的谈判。为此，欧盟委员会于 2012 年 9 月 12 日提出“快速修正指令”，将 Solvency II 的生效日期推后到 2014 年 1 月 1 日，各成员国须在 2013 年 6 月 30 日前颁布相关法规；2013 年 10 月 2 日，欧盟委员会又公布了“快速修正指令 2”，将正式引入 Solvency II 的时间进一步推迟到 2016 年 1 月 1 日，各成员国须在 2015 年 3 月 31 日前完成国内立法程序。一时间，舆论哗然，很多媒体开始看淡此项改革的前景，不少专家认为 2016 年也未必能真正推行。①

直至欧洲议会、欧盟委员会和欧盟理事会于 2013 年 11 月 13 日就“综合 II 指令”的具体内容达成一致意见，Solvency II 的实施才开始进入了“快车道”：2014 年 1 月 1 日，由欧洲保险和职业养老金管理局制定的《准备指导方针》生效，它将指导各成员国监管机构和被监管的保险公司在过渡期采取积极措施，逐步适应新体系的要求，争取实现从 Solvency I 到 Solvency II 的平稳过渡。该举措得到了各成员国的积极响应，例如德国联邦金融监管局（BaFin）已明确表示，将在准备期执行欧洲保险和职业养老金管理局的所有指导方针，并于 2014 年 2 月 28 日在官网上公布了具体时间表。

到目前为止，欧盟 Solvency II 改革在“兰氏程序”第一层次上的立法程序已经完成，其余三层次上的工作正在紧张进行中。

三　欧盟 Solvency II 改革：欧盟保险经济和全球金融监管的新突破

欧盟实际上是全球最大的保险市场——欧盟保险业的年保费收入约为 1.1 万亿欧元，资本投资存量高达 8.4 万亿欧元。作为对这一巨大市场的监管制度调整，欧盟 Solvency II 改革被认为对欧盟保险经济和全球金融监管具

① Terliesner，Stefan，“GDV：Solvency II Funktioniert Noch Nicht，”14.06.2013，http：//www.procontra - online.de/artikel/date/2013/06/gdv - solvency - ii - funktioniert - noch - nicht/，最后访问日期：2014 年 8 月 8 日。

有革命性的意义和深远影响。[①] 这是一项力求在市场稳定和企业活力之间，在统一监管和差别对待之间寻找最佳平衡的宏伟工程——既要保护投保者利益，保证保险及整体金融市场稳定，又要给予保险公司自由空间，发挥其在金融市场中的独特作用；既要在欧盟内部大市场中执行统一的监管，推进欧盟金融一体化进程，又要充分考虑各成员国保险业的不同发展特点。具体来看，笔者认为，欧盟 Solvency II 的“革命性”主要体现在以下三个方面：

第一，欧盟 Solvency II 建立的是一种以风险为基础的偿付能力监管体系。新体系摈弃了过去的僵化规定，把对保险公司偿付能力资本的要求跟企业面临的实际风险直接挂钩。简言之，保险公司面临的实际风险越大，监管部门就会责令其持有更多的自有资本。从 SCR 的计算框架可以看出，这一核心监管指标全面考虑了保险公司经营中的各种可量化风险及其对公司资本充足性的影响，可以说风险敏感度极高，能够较科学地评估、监管保险公司的偿付能力。一些难以量化的风险，如资产负债匹配风险和流动性风险则在第二支柱的定性要求中进行补充评估。此外，第三支柱还建立了一个管理、监控风险的市场机制。这种基于风险进行监管的理念符合资本市场发展的新趋势，有利于金融稳定。风险的失控是导致金融市场波动，甚至是金融危机的根本原因；而自 20 世纪 90 年代中期以来，“我们所经历的金融危机是过去三百年的总和，资本市场日波动的频率和幅度超过过去一整年的情况”[②]。另外，这一改革也增加了保险公司在投资决策中的灵活度，因为新规增加了低风险公司可投资的资本量，并且考虑到了不同业务风险之间的平衡作用，例如人寿保险业务中死亡风险的提高意味着养老保险中长寿风险的降低，二者之间存在一定的抵消关系。

第二，欧盟 Solvency II 沿用了巴塞尔 II/III 的三支柱监管框架（定量要

---

① Knauth, Klaus - Wilhelm, “Systemwandel in der Finanzdiestleistungs - und Versicherungsaufsicht,” S. 4, in Gründl, Helmut/Perlet, Hermut (Hrsg.), *Solvency II & Risikomanagement - Umbruch in der Versicherungswirtschaft*, Wiebaden: Gabler, 2005, S. 3 - 34.

② Much, Mauritius/Stefanis, Alexandros, “Auf der Zielgeraden,” S. 6, in *Positionen*, Nr. 91, 2013, S. 4 - 9.

求、定性要求和信息披露），在全球保险业监管中实现了同银行业监管最大限度的趋同。保险公司和银行本来就同为金融市场上两大类经济主体，具有很多相似性，监管方法可以相互借鉴；而且随着混业经营模式成为国际金融业发展的主导趋向，金融风险的跨行业传递越发值得关注。资料显示，2011 年，欧盟保险公司持有约 12% 的银行对非银行债务；在德国，银行债券、银行贷款和银行存款占保险公司资产投资组合的比重为 39% ~43% 之间。[①] 这说明，欧洲保险业和银行业天然具有很强的关联性：以人寿保险和银行债券为例，人寿保险责任和银行贷款往往都具有长期性的特点，因此通过发放和持有长期银行债券可以有效缓解两部门内当前期限不匹配的问题。然而，这种关联也会带来传染风险：保险公司持有的银行债券违约会导致保险公司资产减值；而且，如果引发银行债券违约的事件也同时直接影响保险业，那么保险公司的风险还会进一步加大，例如主权债务违约对保险公司资产负债平衡的打击就是双重的——一方面欧盟保险公司直接持有主权债务（2011 年平均为资产投资组合的约 28%），另一方面还有银行债券的间接影响。总之，保险业对整个金融市场系统风险的影响日渐增强；协调保险监管和银行监管，推进全球金融服务统一监管势在必行。

第三，从监管技术上来讲，欧盟 Solvency II 是原则导向的，而不是规则导向的。具体来讲，新规立法中多应用一些不精确的法律概念，如“适当的”“不成比例的”“充足的”等。同规则导向的监管相比，原则导向监管较少设定僵化的标准，从而给予监管部门必要的政策空间和较大的灵活性，使其有可能在监管过程和干预行为中充分考虑企业的具体情况。这一理念特别适用于欧盟的实际情况：其一，欧盟经济发展不平衡，各成员国的保险经济各具特色，推行一套“一刀切”的细则本身就是不实际的。其二，欧盟采用原则导向也体现了全球金融监管界和国际会计界在后安然时代对“规则导向”还是“原则导向”问题的反思。正如诺贝尔经济学奖得主迈克尔·斯宾塞（Michael Spence）所言：“传统上西方经济是基于规则的体系。只要符合规则，可以打‘擦边球’，钻规则的漏洞，从而造成投资者的损

---

① Gründl, Helmut, “Interconnectedness between Banking and Insurance Presentation at the 2nd International Conference on Global Insurance Supervision, Frankfurt,” September 5, 2013.

失。因此还应回归于某些原则，即在规则制定的同时确定原则，二者匹配使用，不可偏废，从而最大限度地避免信息不对称带来的糟糕结果。”

四 欧盟 Solvency II 进展缓慢的原因

然而，这一具有划时代意义的改革为何进展缓慢，欧洲人在推行 Solvency II 新体系时为何一再迟疑，其中的内部、外部原因值得我们深究。

首先，从根本上讲，欧盟在保险监管方面一直徘徊在加强监管和放松管制的内在矛盾之间，尽管从未停止过努力，但是至今没有找到最佳平衡点。例如，Solvency II 所进行的偿付能力动态评估和后来考虑补充的“反周期溢价”（Countercyclical - Premium）机制在本质上是背道而驰的。[①] 对保险公司的偿付能力进行动态评估显然是加强监管，以确保金融市场稳定；但在实际操作过程中，这一方式却极有可能扩大金融市场短期波动的影响，导致金融危机升级，因为市场行情下滑会造成保险公司持有的长期资本投资减值，为了避免干预，保险公司极有可能被迫采取“顺周期”行为，集中抛售长期资本投资，加剧危机局势。正是基于这样的担忧，欧洲保险和职业养老金管理局提出要补充一个“反周期溢价”，即在危机期间计算投资担保时适当调高给定的贴现率，这样监管部门所要求的投资担保额会降低，保险公司就不必急于变现了；但这无疑属于放松管制的范畴，也很难杜绝被滥用的可能。

此外，尽管并无此初衷，但 Solvency II 在实际效果上是倾向于短期投资的，[②] 因为在风险量化的过程中，短期投资比长期投资更有利。然而，在金融市场上，保险公司恰恰是长期投资者，受市场短期波动的影响并不大。从历史上来看，保险业发生破产的概率远远低于银行业：从 1970 年到 2000

---

① Gründl, Hermut/Schmeiser, Hato, “Langzeit - Garantien und antizyklische Prämie,” S. 1595, in *Versicherungswirtschaft*, Nr. 21, 2011.

② DPA, “Solvency II: EU entschärft neues Regelwerk für Versicherer,” 20. 06. 2012, http: //www. wiwo. de/unternehmen/versicherer/solvency - ii - eu - entsch. . . neues - regelwerk - fuer - versicherer/v_ detail_ tab_ print/6776354. html，最后访问日期：2014 年 8 月 8 日。

年，全世界范围内仅有700家保险公司破产；而仅在2009年，单美国就有115家银行破产。[①] 因此，说新监管体系有可能削弱保险业在金融市场中的天然稳定作用，偿付能力资本要求的过频变动有可能引发资本市场动荡也是不无道理的。可见，到底需要对保险业进行何种程度和何种方式的监管，依然需要欧盟监管者探索；在加强监管和放松管制问题上的疑虑和摇摆是造成欧盟 Solvency II 改革进展缓慢的内部原因。

在此背景下，欧盟内部对 Solvency II 改革的细则及其影响一直存在很多争议。如前所述，新监管体系正式生效时间一再延后的直接原因是欧盟委员会在2011年提出“综合2号指令”，修改 Solvency II；依据是2005~2010年间5次定量影响研究（Quantitative Impact Studies 1-5，QIS 1-5）的结果——由欧洲保险和职业养老金监管者委员会及欧洲保险和职业养老金管理局主持的这5次定量影响研究虽然在总体上对 Solvency II 的前景持乐观态度，但还是提出了不少改进意见。笔者认为，尽管经过了“综合2号指令”的补充和修正，欧盟 Solvency II 在下列细节上依然存在问题：

第一，“反周期溢价”的适用条件和具体高低尚没有确定，这不是一个简单的规则细化过程，而是涉及监管尺度的原则问题。

第二，一些市场风险的量化不太符合实际情况，主要涉及对能源、基础设施和房地产的投资。例如，新监管体系把对能源和交通项目的投资列为和对冲基金同级的高风险投资，要求保险公司计提占投资额59%的自有资本。这一分级显然有待商榷，因为投资能源和交通项目不仅明显更为安全，而且有利于整体经济的长远发展。又如，新规要求保险公司对房地产直接投资计提占投资额25%的自有资本，这一基于伦敦商业房地产市场数据的标准对欧盟大多数国家而言也都偏高，其后果必然是保险公司逐渐淡出这一重要投资领域。仅德国保险公司对楼市的投资额目前就高达424亿欧元。但随着新规的临近，德国保险公司在房地产投资方面趋于谨慎，楼市已开始感觉到“寒意”。[②]

---

① 张中华、未新蓉、陈红：《2012中国金融发展报告》，北京大学出版社，2012，第294页。

② DPA，“Solvency II - Versicherer drosseln Immobilieninvestments，”http：//www.wiwo.de/finanzen/immobilien/solvency - ii - versicherer - drosseln - immobilieninvestments/v _ detail _ tab _ print/9356310.html，最后访问日期：2014年8月8日。

第三，适当原则考虑到了成员国经济、企业规模和公司业务之间的差异，对于平稳实施新监管体系极其重要；但目前尚没有具体方案。

第四，对于中小企业而言，新体系的监管规则过于复杂；尤其是第三支柱中的信息披露要求，不少中小保险公司已经在抱怨其“过度官僚化”。[①]

第五，后期实施计划过于仓促：根据现有进度，2014 年年中，Solvency II 的细则才正式出台；2015 年，保险公司就必须按照新体系就 2014 年度的经营业绩做信息披露；2016 年，新监管体系正式生效。对于持有大量长期保单的保险公司而言，这样的时间表实在是一项挑战；对过渡期问题的探讨还不够充分。

其次，从外部环境来看，欧债危机背景下欧洲央行的货币政策调节使得欧盟进入了史无前例的低利率时代，这对人寿保险中的长期保障业务是致命的打击，[②] 也给 Solvency II 改革的推行造成了前所未有的巨大阻力。

在欧洲，尤其是德国，长期保障产品是人寿保险中的传统业务，也是私人养老保险的主要形式；依据保险合同的约定，保险公司会向参保人提供终生的、预定利率的保障。近年来，欧洲央行为了缓解欧债危机，刺激经济增长，一再降息；2014 年 6 月 5 日，欧洲央行再次将基准利率调至历史最低点 0.15% （1999 年引入欧元时，基准利率为 3.75%）。[③] 在这样的超低利率环境下，保险公司的投资收益率极低，兑付长期保单中较高的预定利率会出现困难。德国联邦金融监管局称，超过 90% 的德国人寿保险公司已经对持续履行之前承诺的长期保障责任感到为难。[④]

要在这个时机推行欧盟 Solvency II 实在是难上加难，因为新体系恰恰是要核算保险公司的未来给付责任并提出责任准备金要求，以防范上述利率

---

① Much, Mauritius/Stefanis, Alexandros, “Auf der Zielgeraden,” S. 8, in *Positionen*, Nr. 91, 2013, S. 4 – 9.

② Flassbeck, Heiner, *66 starke Thesen zum Euro, zur Wirtschaftspolitik und zum deutschen Wesen* Frankfurt am Main: Westend, 2014, S. 154.

③ Feldforth, Oliver, “EZB senkt Leitzins auf 0, 15 Prozent und führt Strafzins für Banken ein,” http://www.tagesschau.de/wirtschaft/ezb – leitzins – 100.html，最后访问日期：2014 年 8 月 8 日。

④ DPA, “Bafin erklärt Lebensversicherung zum Auslaufmodell,” http://www.wiwo.de/finanzen/vorsorge/versicherungsunternehmen – bafin – erklaert – lebensversicherung – zum – auslaufmodell/10070554.html，最后访问日期：2014 年 8 月 8 日。

风险，而这对大多数人寿保险公司都意味着很难承受的、更高的自有资金成本。实际上，“综合2号指令”讨论的核心就是对长期保障责任的核算问题，各利益方为利率结构曲线的推算方法讨价还价；2013年，欧洲保险和职业养老金管理局还为此专门进行了长期保障测试（Long - Term Guarantees Assessment，LTGA）。其实问题很明朗：作为未来负债，长期保障责任的核算依赖于未来的利率发展趋势，须应用利率结构曲线；而利率结构曲线目前只能反映未来20年的投资者预期，之后则缺乏可靠的预测，当然长期是要向最终的远期利率（Ultimate Forward Rate）靠拢的。监管部门主张20年后利率结构曲线逐步向远期利率靠拢，从第40年开始应用远期利率；保险公司则主张在10年内，即第30年就完成利率结构曲线和远期利率的趋同。关键在于，越早应用远期利率，核算出的长期保障责任越低，相应的对责任准备金的要求也就越低。其实质还是监管方与被监管方的利益博弈，只不过在这个超低利率时代显得越发激烈罢了。

五　结语：欧盟 Solvency II 改革的前景

笔者认为，欧盟 Solvency II 秉承全面风险管理理念，采用与银行业监管趋同的监管框架，力求以原则导向的技术在欧盟范围内建立统一的保险监管新体系，体现了国际保险监管的先进水平，代表着全球金融监管的发展方向，必然具有广阔的发展前景，不仅会在欧盟实施，而且会被世界上其他国家和地区借鉴、效仿。当然，改革的征途是漫长而曲折的，欧盟已经为这一项目进行了十多年的开发、研究和调整。由于上述的内部、外部原因，我们甚至不能排除欧盟再次延后启动新体系的可能。但所有的探索都是有益的，SolvencyII 的实践将大大推进欧盟金融一体化的历史进程，也将给全球金融秩序的建立提供不可多得的宝贵经验。

德国应对社会老龄化的治理经验

——以护理保险为例

王志强*

在全球化不断深化的今天，人口老龄化越来越成为21世纪面临的社会问题，引起国际社会的高度重视。在这方面，德国在20世纪90年代在国家制度层面高度重视已出现的社会老龄化问题，在1995年推出护理养老保险政策，建立了应对社会老龄化的可持续养老护理制度。为使护理保险制度进一步完善和更加适应社会新变化，在2008年、2012年和2014年①先后三次推出护理保险制度改革，使德国在这一领域走在世界前列。

一 德国社会老龄化日趋严峻

德国是世界上老龄化最严重的国家之一。德国联邦统计局2010年数字显示，60岁以上人口达2170万，占总人口26.6%；其中65岁以上人口为1600万，占总人口19.6%。2030年德国60岁以上人口预测将达36.2%，2050年甚至将超过40.9%。现在德国人口中65岁以上老年人占21%，预计到2030年，65岁以上的老年人将由目前约1600万人增加到2400万人；到

* 王志强，上海外国语大学德语系教授。

① "Pflegestärkungsgesetz im Bundestag, Klares Signal für gute Pflege," http://www.bundesregierung.de/Content/DE/Artikel/2014/07/2014-07-04-pflegestaerkungsgesetz-bundestag.html.

2060 年，这一比例将达到约 34%。目前，德国每 5 个人中有 1 个是超过 65 岁退休年龄的老年人，到 2030 年每 4 个人中就有 1 个 65 岁以上的老人，到 2060 年上升到每 3 个人中有 1 个。[①] 另据德国联邦统计局分析，从现在起到 2060 年，德国人口将减少到 6500 万～7000 万。社会老龄化越来越严重的同时，出生率又不断下降，德国社会将面临巨大的挑战。退休的老人日益增多，又将对公共财政产生影响。过去 10 年，德国大多数时候都处于人口负增长状态。照此发展，越来越少的年轻人需要负担越来越多的老年人。

按照德国人口增长的预测，德国 60 岁或以上的老年人口数在 2005～2030 年将净增加 850 万，达到 2850 万。随着人口老龄化，人们对护理的需求也不断增加，特别是在进入 80 岁后，人们依靠他人帮助的概率增加至 28.4%。[②] 也就是说，人越老，护理的需求就越大。今天在德国有近 240 万人需要护理，到 2030 年将增加到 322 万，2050 年为 423 万。以 2009 年为例，在 230 万需要护理的老人中，有 150 万人居家养老，近 80 万在养老院养老。预计在 2020 年将达到 90 万。1959～1967 年出生率高于之前或之后的年代。这一代人将在 2030 年左右退休，从这一年龄开始养老护理急需的老人人数将不断增加。到 2034 年，1959 年出生的这一代人达到 75 岁，届时德国社会的养老护理的压力进一步加剧，所需支出大幅增加。特别是在家庭结构发生变化、孩子越来越少的情况下，对需要护理的老人而言，护理需要意味着巨大的物力、心理和财力压力。另外，子女因工作原因而不能像过去那样有时间照顾父母。如此严重的人口老龄化给德国社会带来巨大的压力。寻找政治和经济的平衡解决方案是德国养老保险制度面临的巨大挑战。

二 护理保险制度

早在 20 世纪 90 年代，德国政府已意识到日趋严峻的社会老龄化问题和

---

① 王南：《德国应对老龄化的经验》，中国经济新闻网：http://www.cet.com.cn/ycpd/sdyd/858545.shtml，最后访问日期：2013 年 5 月 24 日。

② Bundesministerium für Gesundheit (Hg.), *Ratgeber Pflege. Alles, was Sie zur Pflege wissen müssen*, 3. Aufl., 2008, S. 10.

由此给经济社会发展带来的挑战。人口老龄化不仅会导致国民经济生产力下降，税收负担加重，带来年轻人负担加重、劳动力短缺等一系列问题，而且会加深社会代沟，出现更多生活困难的老年人，影响社会和谐。随着人口寿命不断提高，人口老龄化不仅带来人口挑战，而且也带来社会挑战，必将成为德国社会经济发展不可预测的困境和障碍。基于对社会老龄化的这一认知，为在未来更好应对社会老龄化对德国经济社会发展带来的挑战，做到防患于未然，在20世纪90年代德国政府便启动了社会保险制度的改革和创新，在失业保险、医疗保险、养老保险和工伤事故保险四种社会保险的基础上，推出了护理保险这一社会保险第五支柱，通过社会化护理保险方式和途径，使德国社会较早地应对社会老龄化问题。[①] 这也符合联邦德国"社会法治国家"的宪法精神。1994年，联邦议院通过了《护理保险法》，由此使护理在人类历史中首次进入社会保障体系。此法于1995年1月1日生效，护理保险的实施进一步完善了德国社会保障制度。

（一）保险对象

自1995年引入社会护理保险制度以来，社会护理保险范围扩大至所有的阶层和公民，即便没有参加医疗保险，也要参加社会护理保险。根据"护理保险跟从医疗保险"这一护理保险原则，所有医疗保险的投保人都须参加护理保险。所有公民都纳入法定护理保险体系。[②] 法律还规定，护理保险公司有义务对参加私人医疗保险的人提供护理保险，在这方面，不得以风险较高或风险异常为由加以拒绝。按照法定《医疗保险法》，护理保险由法定义务保险和私人保险两类组成。在法定医疗保险方面，参加法定医疗保险的，自动进入社会护理保险体系，人们不需要单独提出参保申请。这主要针对雇员、职员、大学生和退休者。拥有被护养权利的孩子、从事低收入工作、每月固定收入低于355欧元或400欧元的夫妻一方，都享受家庭联动护理保险。这也适用于同性恋家庭。在护理保险方式选择方面，《护理

① 参见戴启秀《德国模式解读——建构对社会和生态负责任的经济秩序》，同济大学出版社，2008。

② Bundesministerium für Gesundheit（Hg.），*Ratgeber Pflege. Alles*，*was Sie zur Pflege wissen müssen*，3. Aufl.，2008，S. 13 – 16.

保险法》认可法定自愿保险和私人保险两种方式。属于非法定医疗保险的自愿投保人也有义务参加社会护理保险，但参加法定社会护理保险还是参加私人护理保险，由本人自主决定。如果人们不是法定医疗保险成员，而是参加了私人医疗保险，那也须参加私人护理保险，并享受同样的护理服务项目。唯一不同的是：私人护理保险公司以事后报销方式为主。

（二）保险税费

德国护理保险资金由政府、企业、个人和医疗保险机构四方负担。政府承担1/3以上；企业与个人负担较小，护理保险税按照投保人的收入计算，开始税率为1%，从1996年7月1日起税率固定为1.7%，一半由投保人支付，一半由雇主支付。在1995年推出护理保险后，护理保险是分阶段得到实施的。1995年1月1日保险税款开始收缴；同年4月1日起，开始提供与家庭医疗有关的保险给付和服务，这为第一阶段。同年6月1日起，开始提供与规定医疗有关的保险给付和服务，这为第二阶段。2008年7月1日前，护理保险缴纳费为投保人月毛收入的1.7%，无子女的投保人为1.95%；2008年7月1日后净增了0.25%，提高到1.95%，无子女投保人为2.2%。

另外，按照联邦德国法定保险义务，在校大学生须参加医疗保险和护理保险。通常情况下，大学生缴纳的医疗保险费较低。如果大学生属于家庭联保，那不再需要保险，家庭联保可以至大学生25岁，25岁之后大学生须独立保险。如果大学生父母一方参加了私人保险，那家庭联保不适用。大学生参加医疗保险和护理保险是全国统一的。其保险费每月为64.77欧元，护理保险费每月12.24欧元，23岁起无子女的大学生缴纳13.73欧元护理保险费。这一较低的保险费可以一直支付至第14个学期或到30岁。

（三）护理领域和护理等级界定

目前，在德国有近200万人得到护理保险提供的护理服务。[①] 为得到护

① Bundesministerium für Gesundheit (Hg.), *Ratgeber Pflege. Alles, was Sie zur Pflege wissen müssen*, 3. Aufl., 2008, S. 10.

理服务，护理保险投保人须事先向护理保险公司提交申请，其前提是，在提出申请前，申请人在过去10年中至少有2年连续投保或参加家庭联保。在收到护理申请报告后，护理保险公司委托医疗保险公司的医疗服务中心进行护理需求评估。在这方面，护理需求不是依据生病或残疾，而是依据护理需求申请人在行动上受到的限制程度，如哪些活动可以个人完成，哪些需要帮助。对此，德国《社会法典第11部》给予明确的界定：在日常生活中在完成不断重复出现的行动方面需要他人帮助时，可被确定为需要护理。这主要涉及基础护理（身体护理、吃饭和移动行为）和家务两大方面。属于基础护理的身体护理是指洗漱、淋浴、盆浴、刷牙、梳发、剃须和大小便等方面；属于基础护理的吃饭是指烹调和吃饭两个方面；属于基础护理的身体移动行为是指起床、上床、穿衣和脱衣、行走、站立、上楼梯、离开和返回房间等方面。护理需求界定的第二个方面是家务，属于家务范围有购物、烧饭、打扫住房、刷洗、换洗衣服以及房间取暖等。基于这一对护理需求领域的定位，按照医疗保险公司的委托，医疗服务中心到现场对申请人护理需求进行评估，确定其是否具备达到护理领域所需的护理服务需求。

在护理程度方面，护理需求分为一级、二级、三级和（个案）特殊护理。一级护理需求是指在基础护理领域需要一个或两个方面护理，如身体护理、吃饭和身体移动等方面；在家务方面每周需要多次帮助；在护理时间上，每天至少需要90分钟，其中46分钟用于基础护理。二级护理是指，在基础护理方面每天至少三次需要护理，在家务方面每周需要多次帮助；在护理时间上，每天至少需要3小时，其中至少2小时用于基础护理。三级护理是指需要24小时服务；在家务上，每周需要多次帮助；在护理时间上，每天至少需要5小时，其中4小时用于基础护理（身体护理、吃饭和身体移动行为）。在三级护理支出超过规定范围时，被定为特级护理。被定为特级护理的前提是：在基础护理（身体护理、吃饭和移动行为）方面，每天至少需要6小时护理，其中晚上至少需要三次护理，并由多人完成，除专业护理人员外还需要其他护工。除此之外，患有老年痴呆症、精神失常和心理疾病的老人可享受特殊补贴。

在护理服务方面，护理保险公司依据护理需求等级确定了不同的护理服务补贴，分一级、二级、三级和特级四大类。从2012年1月起，一级护理每月450欧元，二级护理1100欧元，三级护理1550欧元，特级护理1918欧元。

（四）护理种类和护理方式

在护理种类方面，护理服务可分为在家护理和住院护理两大类。在家护理形式多样，主要有：流动护理服务，家属护理补贴，个性化护理人员，休假代理护理和照料补贴，老人集体公寓和多位老人同时受到护理，护理辅助物品、住房改建等形式。其中很多护理方式是通过护理保险公司提供不同类型的补贴得到实施。除在家护理外，住院护理构成德国护理服务的主要核心方式，其形式和种类主要有全部住院护理、部分住院护理、短时间护理、机构护理等。

1. 在家护理

在家护理或居家护理是德国需要护理的老人十分愿意接受的护理方式，这同德国老人在需要护理时依然独立自主生活的强烈意愿有着内在的关系。根据等级确定的在家护理费用被纳入社会护理保险体系。

流动护理服务：流动护理服务针对愿意在家里得到护理的投保人和其家属，其目的是使家属更好地安排其职业和照料。在这方面，流动护理服务中心派人到需要护理的投保人家里，为其提供专业化护理服务，如身体护理、吃饭和身体移动行为以及收拾房间和吃药、换纱布和注射、咨询，送饭，用车服务以及购物、烧饭、打扫卫生等家政服务。2012年起为之提供的每月补贴为：一级护理450欧元，二级护理1100欧元，三级护理1550欧元，特级护理1918欧元。

家属护理补贴：投保人可以自己决定，需要谁和怎样得到护理服务，是选择家属承担护理还是由护理保险公司提供居家护理服务。在选择家属自己解决居家护理时，如家属或志愿者承担护理服务，护理保险公司提供家属护理补贴，将护理补贴费划账至相关投保人账户，由其定期付给提供护理的家属。至2008年6月30日，一级护理家属护理补贴每月为205欧元，二级护理每月为410欧元，三级护理每月为665欧元。从2012年起，一级护理每月235欧元，二级护理440欧元，三级护理770欧元。

个体护理工护理：个体护理工是独立的，具有进行护理的工作许可，并与护理保险公司签订护理工作合同。2008 年护理制度改革前，只有在例外情况下，护理保险公司允许为需要护理的申请老人提供个体护理工护理服务。在 2008 年之前，护理服务中心一般不提供投保人需要的特殊护理项目。

休假护理替代和照料补贴：私人护理人员休假或因病暂时不能提供护理服务时，护理保险公司支付由此所致的护理替代所致的费用，每年为 4 周，其年补贴为：2008 年前为 1432 欧元，2008 年为 1470 欧元，2010 年为 1510 欧元，2012 年为 1550 欧元。照料补贴主要支付于因患有老年痴呆症、精神失常和心理疾病而使其日常行动受到限制的这一群体。2002 年以来，护理保险公司每年为之报销的照料补贴费用在 460 欧元，2008 年后提高到每月 100 欧元或 200 欧元，每年 1200 欧元或 2400 欧元。

老人集体公寓和多位老人同时受到护理：越来越多的老人渴望自主生活和独立居住。为之，老人集体公寓提供独立房间、公共活动室和公用厨房。在这样的老人集体公寓，处于相同生活处境的同龄老人可以住在一起，但又能不放弃个人的空间和私密性。在多位老人需要护理的情况下，一个护理员或护理服务中心派遣的护理员可以同时为多位老人提供护理。由此节约的护理费用于老人其他活动的支出。

护理辅助物品：原则上护理保险公司提供有利于居家护理的各种护理辅助器械，如护理床、一次性手套或床垫等。投保人可以在护理保险公司提供的清单中选择相应的护理辅助物品。对技术性护理辅助器械，投保人承担 10% 的费用，但不超过 25 欧元。在消耗性护理品方面，投保人每月在护理保险公司报销 31 欧元。若是在医生要求下购置的轮椅或其他辅助器材，其费用由护理保险公司承担。

方便在家护理的住房改建补贴：为方便在家护理进行住房改建时，如拓宽门户，加建楼梯电梯、适应于护理的盥洗室以及家具，护理保险公司可提供相应的住房改建补贴，其目的是减轻护理人员的护理工作。在这方面护理保险公司提供住房改建补贴，最高为 2557 欧元。

2. 住院护理

同在家护理一样，在德国，住院护理也有多种形式和类型，主要有：全部住院护理、部分住院护理、短时间护理和机构护理四种形式。

全部住院护理：在家庭护理或部分住院护理不能满足护理需求的情况下，允许投保人接受全部住院护理，其前提是要有医学服务中心出具的相应评估。在费用方面，超过护理保险规定的护理费用部分、膳食费和特殊护理服务费等由投保人自己承担。这里主要针对三级护理和特级护理对象。

部分住院护理：这一护理服务项目是指护理机构给予部分时间的照料，即在白天或夜间的护理。在家不能提供护理或家属白天因工作不在家的情况下，需要护理的老人被接至护理院。通常情况下，在早上将需要护理的老人送至护理院，在下午将老人接回家。相关的护理费用、看护费用和治疗费用由护理保险公司支付；膳食费则由个人承担。

短时间护理：根据《护理保险法》，许多需要护理的人需要在护理院接受短时间护理，如在家庭护理中出现紧急情况或医院出院后需要短时间护理等。这一类护理服务没有护理等级区别。2008 年护理改革之前短时间护理年补贴为 1432 欧元，2008 年 7 月 1 日后为 1470 欧元，2010 年后为 1510 欧元，2012 年后为 1550 欧元。

机构护理：机构护理是指在老人公寓、养老院和护理院的护理类型。在老人公寓，老人生活相对独立，每人拥有个人房间和共同的厨房和活动室。在养老院，老人可住在小套房或公寓，并随时得到护理。不同于养老院，护理院只提供单人房间或双人房间，房内家具也可自己添置。在护理方面，护理保险公司要求住院护理机构要同地方医生进行合作，与医生签订医疗服务合同。2008 年护理改革后，护理院也可聘用医生，其前提是相关护理院与当地医院没有医疗服务合同关系。

（五）额外保险：三大护理保险补充方式

鉴于法定护理保险规定，护理保险公司只是承担护理费用其中的一部分，《护理保险法》规定之外的费用最终由投保人自己承担。按照目前养老护理费用发展情况看，在未来，实际护理费将远远超过法律规定的额度。基于这一现实，进行补充护理保险变得十分重要。为加大自我预防的力度，德国允许护理保险公司提供私人护理额外保险，主要有三大护理保险补充方式：护理养老保险、护理费用保险和日护理费补贴保险。护理养老保险可被看作是人寿保险。在投保人需要护理时，保险公司根据护理需要情况，向投保人支付养老金。护理费用保险这一护理保险补充方式承担法定护理保险不能承担的护理费用部分，可以选择全部承担或部分承担。日护理费补贴保险则根据护理需求，为投保人提供日护理补贴。

三 2008年、2012年、2014年护理保险制度改革

鉴于德国社会老龄化日趋加剧和经济社会发展面临的新挑战，为使德护理保险制度进一步完善，使之更加适应社会的新变化，在1995年推出护理养老保险政策后的20年中，在2008年、2012年和2014年先后三次推出了护理保险制度的改革。

（一）2008年护理保险改革

为更好完善1995年以来实施的护理保险制度，使之更好地应对社会对养老护理的新的需求，在护理保险制度实施13年后，联邦德国在2008年提出了护理改革。[①] 其目的是进一步完善护理保险制度，提高护理质量，使护理机构和护理服务项目更加透明化，更具有可比性，使护理保险更加适应社会对护理的新需求和新要求。通过2008年护理改革，护理保险在以下五个方面得到改善：①至2012年护理补贴逐步提高，日常行动能力受到严重限制的老人每年的照顾补贴由460欧元提高到1200欧元（基础补贴）或到2400欧元（最高补贴）。②在养老院和护理院为需要特别照料的老人提供陪护人员。③提供个性化护理咨询，如针对居家养老的家属和护理人员给予家庭护理管理方面的咨询。④护理保险公司和医疗保险公司在各联邦州建立护理基地。⑤老人希望在家接受护理和照料的愿望得到进一步满足。

（二）2012年护理保险改革

2008年护理改革四年后，德国出台了旨在对护理内容进行调整、进一步强化护理的《护理新调整法》。此法自2012年10月起部分生效，其核心

① Bundesministerium für Gesundheit（Hg.），*Ratgeber Pflege. Alles，was Sie zur Pflege wissen müssen*，3. Aufl.，2008，S. 11–12.

是：为患有老年痴呆症的老人提供更好的居家护理服务；促进对在老人公寓合住老人的护理服务；提高家属的在家护理补贴。从 2012 年 10 月起，护理保险也有了以下新的改革和变化：①更及时地提供护理咨询。为了保障及时和更早咨询，申请人在两周内须得到咨询，可以提供电话咨询和即时护理咨询。②评估鉴定时间缩短。为使医疗保险公司医疗服务中心更为及时地提供鉴定，这方面确定了相应的期限。③促进老人合住，促进多位老人得到共同护理。为了使住在老人公寓的老人尽可能得到居家护理，国家加大了对老人公寓合住老人资助的力度，每位合住老人 250 欧元，但全体合住群体最高不超过 10000 欧元，这些补贴可用在对老人公寓的改建，使之更加适应老人的居家护理。④改善住房环境。在无收入的情况下，为需要护理的老人提供对个人居住环境进行改善的补贴，最高不超过 2557 欧元；在有多人需要护理的情况下，最高补贴不能超过 10228 欧元。⑤护理暂停补贴。在居家护理期间需要短时间居家护理或暂时不需要护理时，继续为护理人员支付护理补贴，最高不超过 1550 欧元。这一补贴方式在一定程度上可以使护理人员得到短暂休息。2013 年 1 月起又增加了以下服务：①护理服务更多面向老年痴呆症老人。对其他护理等级的老人也按相应的护理级别给予护理补贴。②强化流动护理。在护理服务方面，居家护理老人可提出个人的要求，同护理服务中心确定具体的上门护理服务时间。这在一定程度上使流动护理服务更加灵活化。③护理人员同时护理几位老人，其工作时间可以得到累计。④提高护理保险费。自 2013 年起，护理保险费用由 1.95% 提高到 2.05%，无子女投保人由 2.2% 提高到 2.3%。⑤通过护理补充保险，使老人更好地应对高额的养老护理费用。

2012 年护理保险改革后，护理保险为失智失能的病人和老人提供更好的服务、资助痴呆病人合住房的建设、提供私人的护理预防等。

（三）2014 年护理保险改革

在护理保险过去 20 年后，[①] 为进一步全面地加强被看作社会政策成就

① “20 Jahre Pflegeversicherung,” http://www.bundesregierung.de/Content/DE/Infodienst/2014/04/2014-04-22-20-jahre-pflegeversicherung/2014-04-22-infodienst-20-jahre-pflegeversicherung.html.

的护理保险，联邦政府在2014年提交了《护理加强法I》和《护理加强法II》两份法案[1]，其核心思想是：首先，改善护理保险护理项目，使护理项目更多面向需要护理的老人，适应老人护理服务需求；其次，进一步加强护理保险资金基础。在《护理加强法I》法案通过后，将改善护理项目。《护理加强法II》是根据护理人员、研究者和政治家提出的建议，对护理概念内涵进行新的界定，确定新的护理概念。联邦政府通过两个阶段的护理改革，将进一步提高护理需求者的待遇，其幅度接近4%。新护理法案进一步面向有护理需要的老人，强化居家护理，并对护理类型进行了新的界定，如护理中断、短时间护理、日间护理、夜间护理。在护理中断方面，护理人因休假、生病或出于其他原因而中断护理时，护理保险公司通过其他护工提供护理服务方式，使老人护理不受影响。在护理危机和医院治疗出院或白天没有人照料时，可根据护理需求，将投保人接入护理院接受短时间护理。在日间托老护理机构，除专业护理和共同就餐外，还为老人提供一些活动。夜间护理针对睡眠受到干扰的、患有老年痴呆症的、夜间不能独立睡觉的老人。在未来，将对所有的护理需要者和患有老年痴呆症的老人提供日间护理或夜间护理。

根据《护理改革法》，从2014年起，国家将每三年对护理保险项目进行审核，使之适应最新的价格变化。从改革内容看，主要包括以下四个方面：第一，《新护理法》提高了不同级别的护理补贴。2015年1月1日起，一级、二级和三级护理补贴都有不同程度的提高：在护理院住院护理，一级护理补贴由1023欧元提高到1064欧元，二级护理补贴由1279欧元提高到1330欧元，三级护理补贴由1550欧元提高到1612欧元，特级护理由1918欧元提高到1995欧元。在流动护理补贴方面，一级护理由450欧元提高到468欧元，二级护理由1100欧元提高到1144欧元，三级护理由1550欧元提高到1612欧元。在家属护理补贴方面，一级护理由235欧元提高到244欧元，二级护理由440欧元提高到458欧元，三级护理由770欧元提高

① "Pflegestärkungsgesetz im Bundestag, Klares Signal für gute Pflege," http://www.bundesregierung.de/Content/DE/Artikel/2014/07/2014-07-04-pflegestaerkungsgesetz-bundestag.html; "Kabinett verabschiedet Pflegestärkungsgesetz, Mehr Zeit und Geld für die Pflege," http://www.bundesregierung.de/Content/DE/Artikel/2014/05/2014-05-28-pflegestaerkungsgesetz.html.

到 728 欧元。此外，护理保险公司还为需要额外照料和护理的老人每月增加 104 欧元。另外，为了方便老人居家养老，护理保险公司还为有利于护理的住房改建提供补贴，补贴由 2500 欧元提高到 4000 欧元。第二，《新护理法》计划新增 45000 名护工岗位。提高护工比例，使之由目前的 1∶24 改善到1∶20。为改善护理服务，计划分两步提高护理保险费：第一步，即 2015 年起净提高 0.3%，其中的 0.2% 用于护理服务改善，0.1% 用于护理基金。第二步是从 2017 年起，将护理保险费再提高 0.2%，使之提高到 2.55%。第三，为保障和稳定未来护理保险资金，建立护理预防基金。从 2015 年至 2033 年，护理保险费中的 0.1% 流入护理预防基金。此基金由联邦银行管理。第四，引入护理新概念，将护理分为 5 个等级。面对不断变化的护理方式和护理需求，从 2017 年起将引进护理新概念，以此为出发点，确定护理服务需求程度和护理服务形式。为之，根据专家委员会报告的建议，护理级别由 3 级提高到 5 级。这一护理级别的扩大旨在更好地兼顾老年痴呆症患者特殊护理的要求。作为本届德国政府《联合执政协议》中的护理改革的一部分①，此法案将于 2015 年 1 月 1 日起生效。

四 德国护理保险制度对中国的启示

如上文所述，德国在应对社会老龄化方面有着完整的社会保障体系。德国政府在 20 世纪 90 年代推出的护理保险制度被看作是其社会保险的第五支柱。这一保险险种的实施为德国社会应对社会老龄化提供极为重要的制度保障，在缓解社会老龄化问题所致的社会发展压力方面发挥了极为重要的作用。为保障未来，本届德国政府也将一如既往完善护理这一关乎全社会的社会保障。② 综观德国应对老龄化方面的经验和护理保险制度的发展过程，我们可以得出以下启示：

① *Koalitionsvertrag zwischen CDU, CSU und SPD, "Deutschlands Zukunft gestalten,"* 27.11.2013, S. 1 – 185, hier S. 85 – 87.

② "Pflegeleistungen werden erhöht," http://www.bundesregierung.de/Content/DE/Interview/2014/07/2014 – 07 – 21 – groehe – bams.html.

首先，德国政府将护理养老放在国家宪法任务的高度。根据联邦德国是一个社会法治国家的宪法精神，德国政府关注全体公民的社会保障，通过扩大社会保险险种方式，为全体公民的社会保障提供制度保障。护理保险制度也是在这一宪法法律框架下出台的。

其次，在应对社会养老护理方面，德国有着可持续发展意识。当德国社会在20世纪90年代出现老龄化时，便得到很大关注。在这方面德国政府及时启动护理保险立法程序，通过法定护理保险制度，将全社会纳入护理保险制度中，通过社会化、制度化的护理保险制度和护理保险费缴纳路径，为社会养老护理提供可持续的资金保障。

再次，在护理制度设计方面，德国政府护理制度更多放在养老护理方面。基于这一护理对象的确定，德国推出了多类型、多形式、与经济发展水平相适应的社会护理保险制度。面对不断变化的社会老龄化和老年的养老护理需求，不断完善护理保险制度、护理机构和护理形式。这方面受到特别关注的是形式多样的居家护理和住院护理，尤其是在居家护理和居家养老方面，德国实施的护理方式在很大程度上值得他国借鉴。

最后，将居家养老护理纳入国家的护理保险体系。在德国，养老护理也以居家为主，达到近70%，其中80%是由家属承担的。这在某种意义上也符合大多数老人自主独立地住在熟悉的家里的养老愿望。为此，护理保险公司提供相应的专家咨询、护理补贴、专业护理、日间护理和夜间护理等护理服务形式和护理级别。

德国的产业结构调整及中德合作

于兴华*

一　历史回顾

德国的产业结构调整是一个不间断发展的历史。在其经济发展史上，也曾经历过痛苦的过程。

德国的经济在19世纪前远远落后于英国、法国和荷兰等。由于除农业外没有其他有竞争力的主导产业，所以对外贸易的主要工业产品为玩具、家具、钟表等，基本属于资源输出型。德国南部贝希特斯加登的树木在历史上曾被砍伐光用作制作家具及玩具出口。现在的树木均为近百年来补种的结果。

1572年，由于法国对胡格诺派进行了大屠杀，导致大量手工业者的流失。普鲁士利用这一机遇大量吸收了这些人来德国发展纺织业并采取了奖励措施，使德国的工业围绕纺织业逐渐形成了主导产业。为了使这些外来移民安心生活，德国当局对他们的宗教信仰给予了充分的尊重。柏林宪兵广场上的两个教堂就是这一历史的记录。

1835年，德国晚于英国10年开始建设铁路，但发展迅速，加速了德国近代工业化的进程，也催生了一大批企业。例如：1831年克虏伯公司仅有

* 于兴华，大连市国际人才交流协会职员。

11 名员工，1849 年有 683 名员工，1870 年超过了 2000 名员工，到 1900 年超过了 1 万名员工。西门子电气、戴姆勒－奔驰汽车、法本化工康采恩就在这个时期应运而生。

如果说第一次工业革命是 1770 年后以英国为主导的蒸汽机革命的话，那么第二次工业革命就是 1870 年以德国为主导的电气和化工革命。到了 1900 年，德国经济发展规模占欧洲大陆首位。在 20 世纪，德国的化工、汽车、电气、机器制造独领了百年风骚。

1973 年石油危机重创了德国经济，以钢铁、造船为主的德国北部和鲁尔区工业伤痛尤重，更主要的是使他们认识到建立在消耗大量矿物能源基础上的产业脆弱性和难以持续性。20 世纪 90 年代上半期，科尔总理时代，德国提出了新的产业结构调整规划，虽然他们没有重点强调这次调整的主题词是绿色，但内容已经明确无误地引向了绿色的方向。规划提出，今后重点发展四大领域：新医药、新交通、新能源、新材料。20 多年的德国经济发展证明了这些举措的及时性和前瞻性。例如，在欧债危机各产业都不景气之时，只有生物医药产业发展迅猛，显示了这次调整的成效。另外，磁悬浮电动、智能汽车都有自动识别系统，这就是德国将来抢占世界新一代汽车市场的方向。近年来德国在新材料，特别是合金材料和复合材料领域发展迅速。

当时德国就提出用可再生能源代替矿产能源。21 世纪，德国提出在十几年内使核能退出，用可再生能源填补真空。这是一个很大的举措，如利用北部海上风力发电潜力巨大的条件，实现北电南送，成为世界上第一个实现能源转型的国家，也有望成为世界上第一个主动摆脱核电和减少火力发电的国家。为此，德国历届政府均对新能源发展给予特殊的关注。2015 年，德国政府财政预算为可再生能源和房屋节能改造等项目投入 11.4 亿欧元；另外，德国经济部通过能源和气候基金对能源转换项目投资 13.1 亿欧元。德国的能源转型是与节能并行不悖、相伴而行的，通过对老旧房屋的节能改造可以节约大量能源，因为德国总能耗的 40% 是房屋建筑能耗。

德国产业结构调整的特点与趋势似可以这样总结：

能源：以可再生能源，如风能、太阳能、潮汐能代替不可再生能源，如煤、石油。通过激光核聚变和可控冷核聚变代替核裂变电站。德国现在拥有世界上最大的核聚变研究装置。从20世纪90年代开始的能源结构调整现在已初见成效，到2008年，德国可再生能源生产总量占全部能源生产总量的9.5%，计划到2030年可再生能源的发电量将占总发电量的45%，到2050年将上升为77%。以二氧化碳排放量计算，以1990年计，2050年德国的排放量将减少80%。同样以1990年计，到2008年，德国太阳能光伏发电装机容量增长2650倍。

医药：以生物制药和基因药物代替化工医药。

交通工具：以电动汽车代替燃料汽车。

材料：以耐高温、高强度的复合、轻质材料代替普通金属或塑料材料。

加工业：以精加工代替粗加工。

二　关于地区的产业转型

在产业转型方面，德国各地也坚持了“有所为，有所不为”的原则。例如：巴伐利亚州20世纪90年代在慕尼黑附近建立了高科技产业园区，有几万人在那里工作，重点发展生物工程、信息与通信技术、新医疗设备，这是与英国伦敦大区高科技园并列的欧洲最大的高科技园，被称为巴州乃至德国的未来生命线。北威州的机器加工能力比较强。他们侧重发展了环保产业和现代服务业。不来梅州在逐渐淘汰原有的传统产业如钢铁、造船业的同时，大力发展航天业，并在不来梅大学周边形成了一个高技术产业群，取得了明显的成效。德国的产业结构调整还有一个显著的特点就是外向型技术的发展。例如，用风能搞海水淡化。本来德国有足够的淡水，但这一技术对淡水缺乏的国家有很大的意义。所以他们倾注很大力量发展此项技术。

德国产业结构调整成功的条件是多方面的，大体上有以下几个关键因素：

一是事先明确发展方向，历届政府能一以贯之地执行。

二是专家的集思广益，使这种产业结构调整有战略上的前瞻性。

三是雄厚的基础理论支撑。迄今为止，德国已有80名诺贝尔奖获得者。

德国朝野有一个基本共识，即德国的未来取决于基础研究的水平、层次和潜力。

四是成果转化的效果和科研经费投入的比重足够支持产业结构的调整和转型，例如宝马车的技术含量远高于美日的许多车型。以宝马车与马自达相比，其营业额基本相等，但盈利为马自达的3倍。

五是大力发展无烟产业。近20年来，德国的博览业、会议业和旅游业有了长足的发展，并成为各级政府的共识。有一个德国官员说得好，青山绿水也是生产力，它保障着德国的未来和竞争力。

三　关于中德产业合作的设想

德国近20多年来产业结构调整的思路和成功无疑值得我们深思和借鉴。我国也可利用较好的条件通过与德国的合作实现自己的绿色产业之路。我国有自己较强的机电加工能力，而且对水处理设备、大气净化设备及垃圾处理设备有着巨大的需求；德方拥有上述领域的关键技术，这就是双方合作的基础。绿色合作可以成为双方今后产业合作的关键点。而且，通过双方的优势互补，也有可能将这一合作推广到其他国家，从而降低设备价格，形成独特的竞争能力。

工业竞争力与货币国际化*

——德国马克的国际化为什么比日元成功?

赵　柯**

一　引言

在货币国际化的问题上，战后的联邦德国和日本非常具有可比性：首先，两个国家的历史境遇相似，都是二战战败国；并且几乎同时在战争的废墟上实现了经济复兴。其次，两个国家的经济规模和发展模式类似。战后日本和德国分别崛起成为世界第二和第三大经济体，并且都是对外贸易大国，出口对本国经济增长的贡献很大。再次，两个国家在战后加入西方阵营，具有相似的政治制度和意识形态，在国际政治格局中的地位也较为相近。最后，两国在战后都认同和加入了美元主导下的国际货币体系即布雷顿森林体系，在国际金融货币的宏观层面面临着相同的约束条件。所以两国货币国际化进程的初始条件是大致相同的。

如果以在全球官方外汇储备中所占份额这一最能体现一国货币国际化程度的指标来衡量，马克和日元国际化的境遇却有着天壤之别。马克在

---

* 本文全文载于《世界经济与政治》2013 年第 12 期（第 140 ~ 155 页），本书选编时略有删节。

** 赵柯，中共中央党校国际战略研究所助理研究员。

1973年就超过英镑成为世界第二大储备货币，虽然此时马克在可统计到的各国官方储备中所占的份额并不大，还不到2%；而到了11年后的1984年马克份额就上升到约12%，直至欧元诞生之前基本稳定在13%～14%。相比马克稳步上升的趋势，日元的份额则是一路下滑，从1991年高峰时期的8.5%下降到2013年的3.9%，日元的国际化实际是失败的。在大致相同的起点上，为什么马克与日元国际化的结果差别如此之大？相比日元国际化，德国马克国际化成功的秘诀在哪里？

二 工业竞争力支撑德国马克的国际化

传统观点大多将马克成为国际货币的原因归结为德国中央银行的独立性，以及德国央行近乎偏执地追求物价稳定的唯一货币政策目标，这让德国马克币值长期稳定，在国内外都具有很强的购买力，从而让市场出于保值的考虑对德国马克产生了需求。这一观点的广泛传播不仅让德国央行在公众心中牢牢树立起了“马克保护者”的形象，甚至在全世界创造出了一个“德国央行的神话”，德国央行的运作模式和货币政策受到全世界央行的追捧。这一解释是有道理的，但仍未触及深层次原因。因为一国货币币值的稳定不仅仅取决于货币当局的政治意愿和政策手段，根本上来说还取决于其国际收支状况：如果国际收支状况恶化，单靠央行的货币政策很难保持货币稳定。从历史经验来看，币值的稳定与否也不能完全决定一国货币的国际地位，战后美元的长期走势虽然一直是贬值，但是美元的国际地位仍然没有从根本上被撼动。此外，德国央行的政治独立性其实也没有像学术界所认为的那么绝对或者“神圣不可侵犯”，在许多重大问题上，往往是德国央行要向德国政府妥协，配合联邦政府的政策。

真正支撑起马克国际地位的，不是在世界上享有盛誉的德国央行，而是德国的工业竞争力。美国发达的金融市场为美元国际货币的地位提供了强有力的支撑，全球各国的公共部门和私人部门对美国金融产品的巨大需求是美元保持其国际地位的微观基层。与美国不同，在德国马克崛起之时，德国国内还没有形成一个发达的、有足够深度和广度的金融市场，支撑马克国际地位的是德国极具竞争力、完整的现代工业体系。德国不仅长期保持全球“出口冠军”的地位，并且与其他贸易大国不同的是，德国出口产品的80%是以德国马克计价的，这个比例在工业国中是非常高的，这极大提高了国际市场对德国马克的真实需求。在国际市场上极具竞争力的“德国制造”才是马克国际化真正的微观基础和稳固支点。

在关于货币国际化的讨论中，一个不言自明的前提是：货币国际化是一种金融现象，货币的国际使用实际上是另一种形式的跨国资本流动。按照这一逻辑进行推导，不难得出结论：一国货币想要实现国际化，必须解除资本管制，进行金融自由化改革，否则货币怎么能够“跨国”？但在现实中，货币国际化是一个复杂的过程，并非简单地拆掉篱笆，放松管制，一国货币的地位就会在国际经济中上升。出口的增加，甚至国力的提升，也不能自动导致一国的货币更受欢迎。企业和金融机构这些微观个体，是建设货币国际化宏伟大厦的“工蚁”。纯粹金融层面的探讨实际上都缺乏对货币国际化“微观基础”的关注，仅仅是就“货币”论“货币”。只有回到货币国际化现象产生的最初起点来观察货币国际化，才能更为深刻地了解其背后的具体机制，这也是德国马克国际化经验一个最为重要的启示。

假设在一个全球经济体系内，每个主权国家都排他性地使用本国货币，也就是“领土货币”阶段的“一个国家，一种货币”，没有任何国家的货币能进入其他主权国家的政治疆域内流通。那么在这个初始阶段，具体通过何种机制和渠道，一个国家的货币能够越过民族国家的政治疆界在其他国家流通？对这个“元问题”的回答需要我们从单纯的金融视角转移到世界经济运行的微观层面中，探寻打破“一个国家，一种货币”这一初始阶段的原动力。其实这一原动力并不神秘，亚当·斯密在《国富论》第一章就对此进行了详细描述和分析，这就是“国际分工”。当然，斯密是从生产效率和财富增加的角度来论述国际分工与国际贸易，并没有涉及由此所带来的不同“领土货币”的相互支付与交换；但其内在逻辑是一致的，因为随着货物贸易而来的必然是对某种货币作为支付手段的需求。从国际分工的角度来看，由于其他国家产生对本国商品的需求，进而导致外国居民对本币的需求；这种货币需求的扩大和累积进而提升该种货币在国际金融市场的地位，发展成外汇市场的载体货币，甚至成为储备货币。也就是说，在初始阶段是一个国家制造的出口商品带动了本国货币的国际化。

但这只是故事的一个方面，随着国际贸易的繁荣和国际竞争的加剧，“出口商品带动本币国际化”这一机制将会越来越难发挥作用，因为其他国家生产的类似商品会削弱对本国商品的国际需求，也会让本国厂商在与他国买家谈判用哪一种货币支付时处于弱势地位，本国厂商要求用本币支付的议价能力将大为减弱；同时，一些重大事件所造成的外部冲击也会根本性地改变一个国家的支付习惯，比如二战对美元国际地位的决定性影响。但有一种情况可以保证“出口商品带动本币国际化”这一机制持续有效：一个国家能够长期保持在国际分工中的优势地位，为世界市场提供独一无二的商品，使得其他国家始终保持对本国产品的依赖性需求；另一方面，能占据国际产业链的制高点，对初级阶段各种生产要素的采购汇集、中间环节的加工分包到制成品的最终销售这一整个产业链条保持控制力，那么该国企业不仅能够获取丰厚的利润，而且自身议价能力非常强，自然拥有选择计价和结算货币的权力。这正是德国高效和高端的工业制造业之于德国马克国际化的作用。

与美国靠向全球输出大量金融产品来维持其他国家对美元的巨额需求相对应，德国二战后在高端工业制成品领域的强劲出口逐渐在全球范围创造了一个对德国马克的基本需求。战后德国出口增长迅猛，长期保持着“出口冠军”的位置，其出口额占全球总额的10%左右。在德国的出口产品结构中，汽车及其零配件、机械设备、化工产品、钢铁和其他金属制成品以及电子电气设备这五大类产品超过了德国出口总额的一半以上，这五大类产品可以说是“德国制造”的核心和集中代表。这些领域的德国企业往往能够占据国际贸易谈判中的优势地位，在与国际买家的交易中可以凭借自己独一无二供应商的地位，为自己争取到有利的贸易条件，这其中自然就包括了对货币国际化而言非常重要的环节：以哪一种货币作为计价和支付手段？是德国马克还是国际买家的本国货币，抑或第三国货币？

在20世纪80~90年代全球主要工业国中，德国出口产品的80%左右都是用马克计价，这一比例除美国之外是最高的，“德国制造”为全球私人部门和公共机构对德国马克巨大需求奠定了坚实基础。这一成绩在很大程度上归功于德国的工业制造业：1955年德国的汽车制造、机械制造、电子以及化工行业的出口占德国出口总额的1/2，而北美的相应数值仅为1/3，其他欧洲大陆核心国家为1/4，日本为1/6。从1955年到1973年，德国国内生产总值增长的1/4以上由这四大行业贡献。战后英国的出口产品结构起初与德国别无二致，但至1971年，德国各类产品的市场占有率都纷纷扩大，而英国的市场占有率却在缩小，尤其在汽车与机械制造领域。这并非巧合，当英国的工业制造业逐渐被德国全面赶超之时，英镑的国际地位变得岌岌可危，其世界第二大储备货币的地位也逐渐被德国马克所取代，国际货币基金组织1972年年度报告第一次提到了德国马克作为国际储备货币的地位和作用。1973年德国马克超过英镑，成为世界第二大储备货币。

可以说德国强大的工业竞争力是德国马克能够在20世纪60~70年代因美元危机而动荡不断的国际货币体系中崛起的坚实基础。德国工业的成功在很大程度上要归功于两类内部治理结构完全不同的制造业企业。第一类是以宝马、大众、西门子、巴斯夫等为代表的世界知名大型跨国公司。这些公司一般都是上市公司，知名度和媒体曝光率非常高，内部有着复杂的股权和治理结构，与国际金融市场关系密切，并且大多奉行多元化的产品战略，其生产链条不仅仅覆盖某一个行业，而是往往横跨多个行业。第二类是占德国企业总数95%以上的中小企业，它们的年营业额低于10亿欧元，产品单一，往往是家族企业，股权和组织结构简单，与金融市场关系疏离。但它们创造了近70%的工作岗位，完成了德国40%的出口，总产值占国民生产总值的一半左右。它们是德国工业真正的基石。

英国《经济学人》杂志2012年4月14日《德国为世界提供了什么》一文说道：欧洲央行，从德国的金融中心法兰克福控制着欧洲的货币流通，而德国的倍福自动化公司（Beckhoff Automation），这家位于田园牧歌式的威斯特伐利亚州的企业则控制着银行。也许更准确地说，是它的设备在控制着银行的照明和通风。而倍福公司发明制造的其他器件还控制着米兰斯卡拉剧院的幕布和灯光。当然，更多的器件镶嵌在豪华游艇上，在拉斯维加斯酒店外舞动的喷泉里，在占中国一半数量的风力涡轮发电机里。2011年，倍福的销售额达到4.65亿欧元（约合6.08亿美元），它的出口超过其产量的一半，像倍福这样的企业被称为“隐形冠军”（Hidden Champions）。“隐形冠军”这一概念的产生源于20世纪80年代哈佛大学商学院教授西奥多·

莱维特（Theodore Levitt）与德国管理学家赫尔曼·西蒙（Hermann Simon）在一次谈话中共同思考的问题：为什么德国的经济规模只有美国的1/4，但其出口规模却远远超过美国？他们发现，德国出口的成功不能简单地归功于德国的大公司，因为这些大公司与世界的其他大公司相比并没有什么与众不同的地方；相反，这主要得益于德国的中小企业，特别是那些在国际市场上处于领先地位的中小企业。

西蒙对这些德国中小企业进一步细分，制定出三项标准：市场占有率位居全球前两名或者欧洲第一；年销售收入不超过10亿美元（西蒙在后来将这一标准提高为40亿美元）；社会知名度低。同时符合这三项标准的企业被称为“隐形冠军”。根据西蒙在20世纪90年代中期的统计，当时德国拥有500多家“隐形冠军”，它们的产品在全球市场的份额基本都超过了50%，有些甚至达到90%。以“隐形冠军”为代表的德国中小企业普遍不是以价格和数量取胜，它们的产品往往具有高度专业化、高质量和技术创新型的特点，不容易被模仿或替代。如果从效率和绩效的角度来看，德国这些“隐形冠军”的表现要远超那些众所周知的大企业，这些“隐形冠军”中2/3的企业其产品居于世界市场领导者的地位，它们投入到研发方面的资金平均每年增长8.8%，这是那些大企业的两倍；每千名员工拥有的专利数量是大企业的5倍，但其花费在每项专利上的成本仅为大企业的20%，比如在2007年，符合西蒙标准的1127家“隐形冠军”的总收入是36740亿美元，这一数字是德国30家在法兰克福证券交易所上市，并且组成了国际知名的德国股票指数DAX企业收入总额的3倍。“隐形冠军”并非仅仅是德国特有的现象，但这些“隐形冠军”在德国的集中度却特别高，目前全球大约总共有2016家，其中有1174家是德国企业，超过了一半。

以“隐形冠军”为代表的德国中小企业在制造业领域展现出了十分强劲的全球竞争力，它们不仅出口高端的工业制成品，而是大多都是走出国门进行跨国经营，利用自身产品竞争力的优势在全球范围整合生产资源，在全球产业链中占据了支配和主导地位。从这个意义上讲，这些中小企业与所有的大型跨国公司在国际化经营，特别是在对全球资源的分配和控制力上本质是一样的。与本国的大型跨国公司一道，这些国际化的中小企业所生产的各种“德国制造”以及围绕这些“德国制造”的全球产业链组成了一个巨大的商品交易网络。在这个网络里，马克是绝对主导的支付清算手段。这就为马克巨大的国际需求奠定了基石。

三 德国马克的工业型与日元的金融型国际化路径比较

从宏观国际政治角度看，德国马克国际化的进程更像一场“没有硝烟的战争”，德国政府的公开文件中从来没有“马克国际化战略”的相关表述，德国官方也从没有公开表示过要积极推动“马克国际化”，学术界也鲜有关于德国马克国际化的讨论和研究，仿佛这是一个并不存在的议题。但实质上德国人只是将自己取得和保持“国际货币发行国”地位的这种国家利益追求巧妙地“隐藏”在了“隔离美元对欧洲的风险”和“欧洲一体化”这一对所有欧盟成员国而言都无比“正确”的集体行动中，从而在国际政治博弈中为马克“国际货币”地位的确立和稳定提供了政治制度与合法性保障，在欧洲货币一体化的相关制度设计上让马克居于优势地位。这让马克的国际化获得了超越市场竞争之外的政治力量的支撑，让欧洲国家政府储备马克成为一种必需的政治行为。而在经济运行的微观层面，德国向世界输出货币的路径与渠道不是依赖于金融业，而是借助其工业制造业在国际分工和全球产业链中的优势地位，通过庞大的以“德国制造”为核心的国际生产要素交易网络来完成。

与德国马克相比，日元国际化走上了另外一条路。第一，不像德国政府在马克国际化进程中的低调甚至是沉默，日本丝毫不掩饰自己将日元打造成仅次于美元的第二大“国际货币”这一雄心壮志，并且高调推动日元国际化。在 1984 年的一份报告中，日本财政部说道：“海外对日元持续国际化的兴趣在不断加强，这反映了我们的经济在世界上的重要地位……日元承担国际货币的角色不仅是重要的，也是必然的。”日本官方信心十足，日本学术界也是如此。在 1987 年由东京大学贝冢启明教授主持的报告中说：“一些经济学家预测，日元最终将取代美元成为关键货币，就如当年美元取代英镑一样。”即使到了 1988 年，当日本人已意识到他们落后的金融市场、较小的经济规模使得日元不太可能挑战美元地位的时候，日本财政部还是认为，尽管美元的主导地位不可能被削弱，但日元可以成为仅次于美元的第二大国际货币。[①]

第二，在国际政治宏观层面日本不像德国那样，能够拥有可以依靠的“组织”（欧洲共同体/欧盟），为了在国际货币体系中为日元谋得一席之地，日本基本上只能“单刀赴会”。这样日元就很难像德国马克一样，在激烈的国际货币竞争中享有一个凌驾于市场竞争之上、对自己国际化有利的政治性国家间制度安排。

第三，与德国最为关键的不同在于，在微观层面日本主要通过金融交易渠道来对外输出日元。1984 年日本和美国共同设立了“日美日元美元委员会”，旨在推动日本金融自由化和日元国际化。因为美国认为对日巨额贸易逆差的原因在于日元低估，而日元低估的原因在于日本金融市场和日元对国际投资者缺乏吸引力。如果通过金融自由化吸引更多的国际投资者持有日元，那么日元将会自动升值，进而达到平衡日美贸易逆差的目的。更为重要的是，美国也希望借此打开日本的金融市场，能够让美国的金融机构在日本金融市场的蓬勃发展中获取更多商业机会。因为美国拥有全球最具竞争力的金融业，具有明显的比较优势。日本虽并不完全同意美国对日美贸易不平衡根源的分析，但仍然顺从了美国的意见，因为日本政府此时已将日元国际化和金融市场自由化作为下一步政策目标，所以也积极配合美国的要求放开资本管制。第二次世界大战以后，日本在 1949 年制定了《外汇及外贸管理法》，长期实行外汇管制，原则上禁止所有的对外资本交易，割断了海外市场与国内金融市场之间的联系。随着日美在日元国际化这一目标上达成共识，日本政府依照 1984 年 5 月《日美日元美元委员会报告书》实施了一系列解除资本管制的措施。[②]

如果不考虑宏观国际政治层面的因素，仅仅从微观经济层面来看，德国马克国际化的历史经验可以称之为货币国际化的“工业型”路径。因为德国马克的对外输出渠道主要以“德国制造”为核心全球商品生产和交易网络为基础，与马克相关的金融资产交易是由这一网络的发展所推动，纯

① 殷剑峰：《人民币国际化：“贸易结算＋离岸市场”，还是“资本输出＋跨国企业”？——以日元国际化的教训为例》，《国际经济评论》2011 年第 4 期。

② 〔日〕鹿野嘉昭：《日本的金融制度》，余熳宁译，中国金融出版社，2003，第 34～35 页。

粹的金融资产交易对马克的国际化并没起到太大作用。因为直至20世纪80年代中后期德国一直保持有相当大程度的资本管制措施，特别是在债券市场。比如德国央行与德国金融机构之间达成了一个“君子协定”：外国机构在德国发行以德国马克计价的债券必须要有德国金融机构作为参与方并领导相关债券发行事宜。同时德国央行还有一个非正式的附加条款：发债募集到的德国马克必须立刻兑换为外国货币并汇到国外。[①] 这样的政策实际上是限制了德国马克通过金融交易的渠道流向国外。德国基本上解除对资本流动的各种管制和限制措施是在1986年2月签署《单一欧洲法案》之后，该法案的主要内容是欧盟在1992年底前实现商品、资本、服务、人员的自由流动，建成欧洲统一大市场。而在这个时候，德国马克早已牢牢占据世界第二大储备货币的地位。所以，德国是先实现了马克的国际化，然后再完全放开了资本管制。对比马克，日元则是走了一条“金融型”国际化路径：通过放开资本管制日本政府积极鼓励本国和海外金融机构参与和日元的相关金融资产交易，以金融渠道对外输出日元。不同的路径导致两国货币国际化的最终成果差异很大，日元的国际化被认为是一个不成功的典型，因为时至今日，日元的国际使用仍然非常有限，不仅与日本的经济规模不相称，并且也远远落后于美元和欧元，甚至是英镑。

德国马克的“工业型”国际化路径之所以比日元的“金融型”路径更富有成效，关键在于德国与日本在国际分工与全球产业链中地位的不同。伴随着20世纪80年代开始的日本金融自由化浪潮，许多日本企业纷纷“走出去”，但他们并非主要进行对外直接投资，以提升日本企业在全球产业链中的位置，增强日本企业对全球生产要素交易网络的掌控力；而是将巨额资本投入到金融资产和房地产的交易之中，这一时期日本企业对美国地产的追逐甚至达到了不计成本的疯狂程度，“大手笔”地对洛克菲勒中心以及帝国大厦这类象征美国经济辉煌的标志性高端商业地产的收购曾经让不少美国人惊呼：日本正在“购买”美国！同时，日本银行业界在资本管制开放的背景下将日本国内积累的高额储蓄转化为对各类国际金融资产的投资，

① Guenter Franke, “The Bundesbank and financial markets,” in the Deutsche Bundesbank (eds.), *Fifty Years of the Deutsche Mark: Central Bank and the Currency in Germany since* 1948, Oxford University Press, 1999, p. 247.

资产规模的迅速膨胀让许多日本银行很快挤入全球十大银行的排名之中。但日本金融业在对外开放中的繁荣景象却并没有从根本上提升日元作为国际货币的地位。

在国际市场中，谁掌握了从资源采集到中间品分包再到最终品销售的生产链条，谁就拥有了资源配置和利润分配的权力，更不用说去决定在这样的链条中应该使用何种货币结算了。而这恰恰是日本企业的短板。比如在日美贸易关系上，是美国企业而不是日本企业控制了这样的链条。在20世纪80年代，美国企业通过直接投资在日本开展了大量的代工生产（Original Equipment Manufacturing，OEM），其中美国企业掌握销售品牌、销售渠道和核心技术，在日本的企业负责加工生产。例如，当时IBM的个人电脑总成本为860美元/台，其中向日本代工企业支付625美元/台，而在美国的零售价格是2000美元/台。无疑，在这种不对称的地位下，很难想象日本的代工企业可以要求它们的IBM老板用日元结算。[①] 所以，在美国这个全球最大、最成熟，同时也是最为挑剔的市场上日本出口产品以日元定价的比例不超过20%，因为许多日本企业是依附于美国企业所掌控的产业链之中的，议价能力低，为了得到订单只能选择美国企业所规定的货币即美元来作为计价和结算货币；与之相反，众多站在全球产业链顶端的德国企业，他们并不依附于美国企业所控制的产业链，议价能力要强很多，出于规避汇率风险和支付便利性的考虑，自然选择本国的马克作为计价和结算货币，其出口到美国的产品以马克定价的比例在50%左右。德国工业制造业企业是马克这一成就的基石，一面是优秀的大型跨国公司，另一面则是更为优秀的以“隐形冠军”为代表的众多极具全球竞争力的中小企业，它们共同掌控着以“德国制造”为核心的全球产业链和相关生产要素的交易与分配，这是德国马克逐渐在国际金融市场受到青睐，并最终成为各国政府官方储备资产最为重要的微观基础。

对比日元和马克的国际化路径可以看得出，金融市场的对外开放或解除资本管制并非一国货币国际化的先决条件，实体经济对一国货币最终成

---

① 殷剑峰：《人民币国际化：“贸易结算＋离岸市场”，还是“资本输出＋跨国企业”？——以日元国际化的教训为例》，《国际经济评论》2011年第4期。

为国际货币的作用，比金融市场的相关安排更为重要。[①] 在 20 世纪 80 年代日本国内金融市场的对外开放程度虽然高于德国，许多外国金融机构持有日元资产，但因缺乏实体经济部门在国际市场上进行商品交易的支撑，这种日元资产的国际交易更多成为少数大企业和金融机构进行套利和投机活动的工具，对日元国际地位的稳定很难提供长期和具有可持续性的支持。后来日元的走势也说明了这一点，因国内金融业繁荣所造成的日元的国际化程度在 80 年代末 90 年代初的“虚高”并未持续太久，之后日元在全球官方国际储备中的份额就开始逐渐萎缩。日本政府推行的这种“金融型”国际化路径实际上是失败了。

四　德国强大工业力量的源泉：实业立国的理念和传统

支撑马克成为国际货币的强大工业力量并非始于战后德国重建过程中所创造的“经济奇迹”，而是要追溯到 18 世纪中期，特别是 19 世纪中期以来德意志地区诸邦国的现代化进程。以德国工业力量的中坚即 1000 多家的“隐形冠军”为例，它们中很多都是“百年老店”，许多企业创建于 1750 ~ 1870 年间，1871 ~ 1918 年和 1946 ~ 1973 年是这些“隐形冠军”的两次创建高峰，许多企业都诞生于这两个时期。[②] 并非巧合，历史上这两个时期是德国经济发展的重要阶段。在前一个时期德国工业超过英国位居欧洲第一、世界第二；在后一个时期德国工业又一次超过英国，并且德国马克取代英镑成为世界第二大储备货币。从历史角度看，德国人对工业制造业具有一份特殊的执着和坚守。无论是面对 20 世纪七八十年代金融自由化浪潮中金融业所展现出的惊人的获取巨额利润的能力，还是世纪之交“新经济”繁荣所引发的“去工业化”浪潮和对信息技术的空前追捧，德国并不为之所动，仍然专注于传统的工业制造业。如图 1 所示，时至今日德国

---

① Toru Iwami, “The Internationalization of Yen and Key Currency Questions,” *IMF Working Papers* 94/41, 1994.

② Ulrich Ermann, Thilo Lang, Marcel Megerle, *Weltmarkfuehrer: ein raeumlicher und zeitlicher Ueberlick*, Leibniz - Institut fuer Laenderkunde, 2011, p. 4.

的经济结构中，工业占国民经济的比例仍高于其他的欧洲主要国家，也高于欧盟的平均水平。德国完整、高端的现代工业体系不仅让德国经济在此次欧洲主权债务危机中“一枝独秀”，也让“德国模式”再次受到世人瞩目。

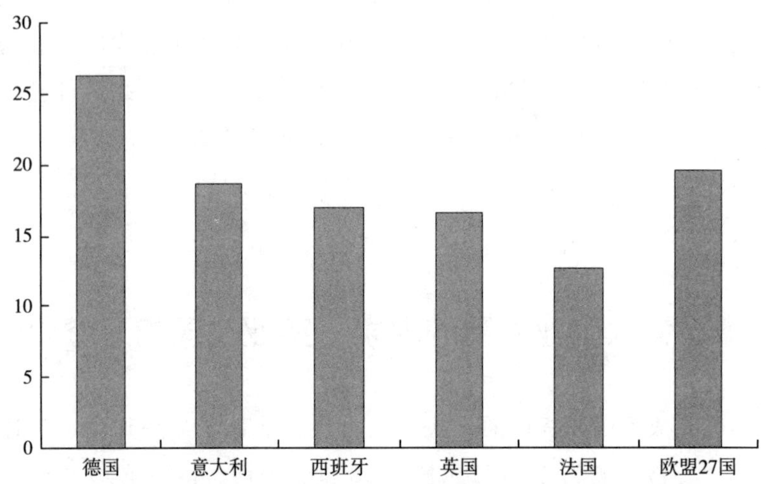

图 1　2011 年欧盟主要国家制造业占国民经济百分比（%）

资料来源：德国统计局：Pressemitteilung vom 2. November 2012 – 381/12。

为何百年来德国人能一直保持这种对工业制造业的“专注”呢？答案就是近代以来德意志民族在追求国家统一与富强的历史进程中，在周围列强林立、大国争雄的险恶地缘政治环境下所形成的“实业立国”的理念与传统。19 世纪德国经济学家李斯特是这一理念最好的阐释者。他认为，工业是内外贸易、航海业和有所改进的农业的基础，从而又是文明和政治权力的基础。而且工业力量促进科学、艺术和政治的发达，增加人民的福利、人口、国库收入和国家权力，使它到地球各地去伸展通商关系，建设殖民地，培养渔业、航海业和海军。只有通过工业力量才能使国内农业发展到高级阶段。不仅如此，如果某个国家能垄断世界的全部工业力量，而使其他国家仅仅生产农产品和原料，只允许它们经营最小限度的地方工业，如果它能够如此压迫其他国家，那么该国必然要成为全世界的统治者。这样，无论在什么意义上，无论对内还是对外，工业力量的发展程度如何，都决定整个生产力的程度，左右整个经济力量的程度，并且是决定政治力量程度和文化程度的关键。[①] 在李斯特看来，流行于当时欧洲的亚当·斯密学说过度重视“分工”的重要性，进而把建立在“分工”基础上的“交易”以及“自由贸易”作为经济增长的推动力。他认为，斯密忽视了“生产力”这一概念，因为财富的生产力比之财富本身，不晓得要重要到多少倍。[②]

提到李斯特想到的往往是他的“保护幼稚产业”理论，实际上李斯特学说中最为核心也是最具学术价值的是其“生产力”理论。他认为一个国家的生产力是由四个部分构成：①个人的生产力；②自然的生产力；③社会的生产力；④物质的生产力。其中“物质的生产力”最为重要，而“物质的生产力”中的“工业力量”又在全部生产力中占有基础地位，对“国家生产力”来说是核心，是推动它的“原动力”。[③] 因为个人的、自然的、社会的以及其他物质的生产力无法进行自我扩展，只有工业力量发展才能全面地调动、配置和升级其他部门的生产力。比如在工业与“个人生产力”之间的关系上，工业有利于国民智力的发展，在纯农业国，新发明和改进并没有多大价值，无法为国民从事这类活动提供激励，而在工业国，要想获得财富和地位，最便捷的一条路莫过于发明和发现；这让有才能的人能够有机会脱颖而出，使个人的生产力得到释放。同时，工业的这种生产方式能够提高人的文化素质，进而促进社会制度朝着更好的方向变迁，使其更具“生产性”，释放社会制度所具有的“生产力”。

正是从这个意义上李斯特认为，哪里有工业，哪里就会使人胸襟宽大，使牧师转变为人民教师，转变为学者。民族语言与文学修养、艺术的创造、内政制度的改善，总是与工商业的发展齐头并进的。对于自然资源和其他经济部门而言，工业更是一个强大的生产要素配置者和组织者，可以使无数的自然资源和天然力量转化为生产资本，同时为建立国内统一市场提供支撑。李斯特的生产力理论实质上是将工业作为一个国家财富创造能力的根基与源泉，认为发展中国家只有建立起本国独立的工业制造业体系，才

---

① 〔日〕大河内一男：《过渡时期的经济思想：亚当·斯密与弗·李斯特》，胡企林、沈佩林译，中国人民大学出版社，2000，第232页。

② 〔德〕弗里德里希·李斯特：《政治经济学的国民体系》，陈万煦译，商务印书馆，2009，第132～137页。

③ 〔日〕大河内一男：《过渡时期的经济思想：亚当·斯密与弗·李斯特》，胡企林、沈佩林译，中国人民大学出版社，2000，第254页。

有可能赶超其他的发达工业国。从这一逻辑出发得出“保护本国幼稚产业”免受外国冲击的政策取向也是自然而然的。李斯特在其代表作《政治经济学的国民体系》一书集中阐述了他的“实业立国”思想，其落脚点就是希望当时还主要以农业为主的德意志诸邦国避免沦为其他发达国家倾销其廉价工业品的销售市场，通过建立独立的工业体系走向富强。李斯特理论的核心就是发展中国家如何能够成功实现其“赶超战略”，最终具备与发达国家在国际市场上“同台竞技”的能力。

李斯特理论中所包含的这种强烈的现实关怀使得许多德意志邦国逐渐接受了“实业立国”的理念，统治者纷纷出台各种政策措施来推动和奖励本国工业制造业的发展，并且成效显著，进入19世纪下半叶德国的工业制成品开始进入包括英国在内的广大海外市场。但这一时期的德国产品大多是模仿英国，有的德国制造商甚至干脆直接将当时知名的英国产品商标印在自己的产品上。虽然这时的德国产品质量较次，但因低廉的价格在英国广受欢迎。为了打击海外的仿制品，保护英国工商业者的利益，英国议会1887年8月23日通过了歧视性的商标法案，规定所有外国进口产品必须标明其原产地，这主要是针对德国。法案要求从德国进口的产品都须注明“Made in Germany”（德国制造），“德国制造”这一新名词从此诞生。英国本想借此让“德国制造”成为劣质产品的代名词，这样本国消费者就自动抵制德国货。但结果恰恰相反，商标法案让“德国制造”在英国突然声名大噪，英国政治家打击德国产品的行动反而让“德国制造”变得引人注目，因为英国人第一次发现他们原以为是“英国制造”的产品原来都是“德国制造”，他们的日常生活已经与“德国制造”密不可分。[①] 到了19世纪末20世纪初，德国成为欧洲第一、世界第二大工业国。

至此，“德国制造”在世界市场站稳脚跟，并且成为德国经济的支柱。时至今日，汽车、机械、化工、钢铁与金属加工以及电气这五大行业仍然是德国工业力量的核心，在全球竞争中处于优势地位。如图2所示，这五大行业的出口占到了德国出口总量的一半以上，并且这五大行业在出口中的

---

① 德国《明镜》周刊在2008年出版了一期《德国制造》特刊，详细介绍了“德国制造”的历史由来。参见德国《明镜》周刊官方网站：http：//einestages. spiegel. de/static/topicalbumbackground/2642/eigentor_ fuers_ empire. html。

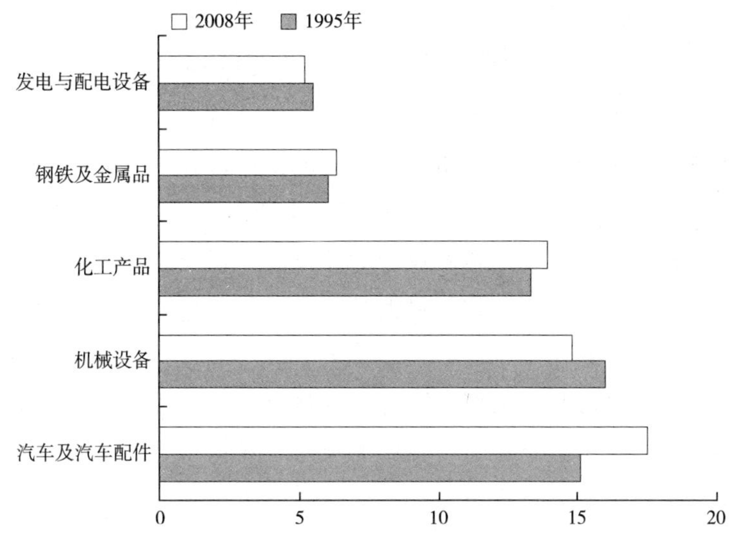

图 2 德国五大类出口产品在德国出口总额中的比重（%）

资料来源：德国统计局：*Export*，*Import*，*Globalisierung*：*Deutscher Aussenhandel und Welthandel 1990 bis 2008*，pp. 15 - 16。

优势地位从 20 世纪 90 年代到现在一直没有太大的变化，德国人对工业制造业的“专注”由此可见一斑。中国也是德国工业产品的大客户，德国管理学家西蒙就经典地概括道：“中国或许是‘世界工厂’，但是德国公司正在制造‘世界工厂’。”正是这种制造“世界工厂”的能力，使得德国马克有机会登上国际货币体系这一金字塔的顶端。

五 结语

2007 年源自美国的全球金融危机爆发后，国内外学术界对货币国际化的研究和讨论也掀起了新一轮高潮，但在相关学术讨论中凸显出两种倾向。一是把货币国际化主要看作是一个金融问题，更多地从狭义的金融技术角度来分析和设计一国货币实现国际化的路线图。在这种理论视角下放开资本管制、资本账户自由化被认为是货币国际化的前提条件甚至是同义语，结果，对货币国际化具体路径的讨论被有意无意地“置换”为如何实现资本账户自由化的讨论。二是在货币国际化的经验借鉴上过于注重英国和美国，并且往往把英美两国的经验简单地解读为“强大而开放的金融市场——本币国际化”这一路径，这又让金融业国际化几乎成为货币国际化的代名词，认为可以通过金融业的对外开放来“加速”货币国际化，这在无形中等于把金融业放在了货币国际化战略的中心位置。而德国马克和日元国际化的历史经验的比较则让货币国际化的路径选择有了另一种思考：简单地解除资本管制和实施金融业的对外开放并不能构成对一国货币国际化的可持续的、强有力的支撑，强大的工业竞争力以及在此基础之上对全球产业链和商品交易网络的控制，也就是“工业型”的货币国际化之路，才是大国，特别是后起的大国更应选择的途径。即便回到英镑和美元的国际化经验，我们也不能忘记，英国和美国的工业竞争力曾经或者仍然站在世界之巅。工业竞争力与货币国际化之间的逻辑关系并非仅仅是一种历史的巧合。

德国公司治理模式的转变趋势分析

郑春荣　郁幸寅*

长期以来，德国是利益相关者导向公司治理模式的典型代表，与以英美为代表的股东价值导向公司治理模式形成了鲜明对照。但随着经济全球化、资本市场自由化以及欧洲一体化的发展，德国公司从20世纪90年代初开始进行了融资策略调整，逐渐把国际金融市场作为融资渠道，由此，德国公司治理模式也发生了变化。对于德国公司和德国经济发展而言，德国的公司治理模式未来走向何方，有着越来越多的现实意义。

一　公司治理模式及其演变可能性

（一）公司治理的概念

从历史发展来看，在关于公司治理的讨论中，可以明确看到公司治理定义的扩展。公司治理的思想渊源可以追溯到200多年前经济学家亚当·斯密在《国富论》中对代理问题的阐述，他当时已考虑到股份制公司中把所有权和经营权分离会产生一系列问题，认为应建立一套有效的制度来解决所有者和经营者之间的利益冲突。[①] 伯利和米恩斯关于私有财产和支配权力

* 郑春荣，同济大学德国问题研究所教授、博士生导师、所长；郁幸寅，同济大学德国问题研究所硕士毕业生。

① 〔英〕亚当·斯密：《国富论》，谢祖钧译，新世界出版社，2007。

分离的机能障碍效应的研究，成为公司治理理论的开山之作。他们认为，管理者常常追求个人利益而非股东利益的最大化，所以应强调股东的利益，确保股东对经营者的监督与制衡。

除了股东和管理者之间的关系问题，管理者和其他利益相关者以及不同的利益相关群体之间的关系也逐渐成为研究主题。科克伦和沃提克认为，公司治理要解决高级管理人员、股东、董事会和公司的其他相关利益者互动产生的诸多具体问题。[①] 布莱尔也认为公司治理是指有关公司控制权或剩余索取权分配的一整套法律、文化和制度性安排；这些安排决定公司的目标，以及决定公司归谁所有、如何控制公司、风险和收益如何在公司的一系列组成人员之间分配等问题。[②] 这些学说与观点的提出，使得公司治理研究从原来偏重所有者的利益、研究所有者和经营者的关系，扩展到考虑利益相关者之间的互动，公司治理的理论研究内涵得到了拓展。

鉴于本文的研究涉及两种不同的公司治理模式，即股东价值导向公司治理模式与利益相关者导向公司治理模式，因此本文所指的公司治理概念涵盖对公司进行管理和控制的整个过程。它明确规定了公司的各个参与者，诸如董事会、经理层、股东和其他利益相关者等的责任和权利分配。

（二）两种公司治理模式：股东价值导向 vs. 利益相关者导向

现代企业一方面要取得经济上的成功，另一方面也要承担社会和环境的责任。关于企业首先要满足谁的要求——资本所有者的要求还是所有经济过程参与者的要求，对此学者间有着激烈的争论，这种争论演变为“股东价值导向”公司治理模式与“利益相关者导向”公司治理模式之间孰优孰劣的竞争。

1. 股东价值导向

美国学者伯利和米恩斯[③]以及詹森和麦克林[④]认为公司治理应致力于解

---

① Philipp L. Cochran and Steven L. Wartick, *The Corporate Governance Issue: A Review of the Literature*, Morristown, N. J.: The Financial Executives Research Foundation, 1988.

② Margaret M. Blair, *Ownership and Control: Rethinking Corporate Governance for the Twenty – First Century*, Washington, DC: Brookings, 1995.

③ Adolf Berle and Gardiner Means, *The Modern Corporation and Private Property*, New York: Transaction Publishers, 1932.

④ Michael C. Jensen and William H. Meckling, “Theory of the Firm: Managerial Behavior, Agency Costs and Ownership Structure,” *Journal of Financial Economics* 4 (1976): 305 – 360.

决所有者与经营者之间的关系，公司治理的焦点在于使所有者与经营者的利益相一致。他们对公司治理内涵的界定偏重于所有者（一般情况下即为股东）的利益。这些学者信奉的是股东价值导向的公司治理模式，在他们看来，从股东价值出发来运作公司治理体系具有以下优点：首先，所有者在定义上是盈利权利人和风险承担者，因此，他们对做出他们认为是好的决策有直接的兴趣。而且，把风险承担和决策权结合起来会更有效率。所有者作为剩余索取者（residual claimant）会尽量把他们所知道的信息和知识输入决策中，这便提高了决策质量。其次，股东做出投资决定是带有风险的，如果不是用给予公司控制权或者其他保证他们利益的方法，他们就不会决定提供有保证的自有资本。

不过，雷哈德·H. 施密特和马克·怀斯①认为，从经济学角度看，完全的契约和对所有利益群体来说完美的市场是股东价值主导的治理体系完美化的充分条件。然而这样的条件从未被满足过。② 因此，一种纯粹以股东价值为导向的公司治理模式并不是严格意义上的最佳模式。但是，推崇股东价值导向模式的学者依然坚持，在实践中，尽可能不要把控制权分配给许多利益团体还是有好处的，因为这样既不会造成决策的延误，而且从整个社会的效率来说也优于其他模式。

2. 利益相关者导向

利益相关者概念的提出可以追溯到美国学者杜德。他认为股东利益的最大化不应当是公司董事唯一的追求；相反，他们还应当代表其他相关利益主体如员工、债权人、消费者和社区的整体利益。③ 20 世纪 70 年代以来，利益相关者的定义越来越多。相对于股东价值导向把优先权给予所有者和股东，利益相关者导向的公司治理模式要求经营管理者也考虑其他群体的要求，以形成一种利益的平衡。

---

① Reihard H. Schmidt and Marco Weiβ, "Shareholder vs. Stakeholder: Ökonomische Fragestellungen," in Peter Hommelhoff, Klaus J. Hopt and Axel von Werder (eds.), *Handbuch Corporate Governance*, Köln: Verlag Dr. Otto Schmidt, 2003, pp. 107 – 127.

② Sanford Grossmann and Oliver Hart, "The Costs and Benefits of Ownership: A Theory of Vertical and Lateral Integration," *Journal of Political Economy* 4 (1986): 691 – 719.

③ E. Merrick Dodd, "For Whom Are Corporate Managers Trustees?" *Harvard Law Review* 7 (1932): 1145 – 1163.

利益相关者导向的公司治理模式认为应把社会财富最大化作为公司治理的目标。布莱尔指出，在多数公司中，股东只承担有限的责任，股东的风险可以通过投资多元化而化解；股东也可选择退出，部分剩余风险已经转移给了债权人及其他利益相关者。当股东不承担全部剩余风险时，股东价值导向公司治理模式的假设就不成立，不能由股东利益的最大化推断出社会财富最大化。[①] 只有当那些分享剩余收益并承担剩余风险的人（利益相关者）被赋予监督权，公司才能实现社会财富的最大化。这是因为，如果利益相关者自身的要求没有得到满足，他们就可以运用自身的权利，对公司做出相应的反应和回击。

（三）公司治理模式间的演变可能性

以上论述了两种典型而又相互竞争的公司治理模式。理想状况下，不同公司治理模式之间的竞争可以走向三种状态：共存、趋同和转变。[②] 模式共存可以理解为不同的治理模式在各自情形下继续平行存在。这种现象可归因于每种模式由于内部充分稳定和对各自体系的适应，表现出一种经济的“地方最佳值”。这样的模式即使缺少效率，也能继续共存。模式趋同表现为不同的治理模式从其不同的出发点开始，通过接受另外一种模式的特定形式，向对方靠拢；趋同的趋势越深远，就越能从原来的模式产生一种新的模式类型。相比之下，模式转变就是公司治理的特定模式或多或少“完全”替换了至今为止适用的另一种治理模式。需要指出的是，鉴于治理模式的复杂性和与环境的相关性，模式的趋同和转变不可能“突然之间”就带来明显的效果收益。

目前，人们普遍的观察和推断是：在全世界范围内，存在着公司治理模式向盎格鲁－撒克逊国家的股东价值导向模式靠拢的趋势。[③] 本文以下关

---

① Margaret M. Blair, *Ownership and Control*: *Rethinking Corporate Governance for the Twenty – First Century*, Washington, D. C. : Brookings, 1995.

② Peter Witt, *Corporate Governance – Systeme im Wettbewerb*, (Wiesbaden: Dt. Univ. – Verl. , 2003), p. 163.

③ Reinhard H. Schmidt, *Die Transformation des deutschen Finanzsystems und der Corporate Governance deutscher Unternehmen. Internationalisierung und Unternehmenserfolg*, Schriften der Schmalenbach – Gesellschaft, Stuttgart, 2008, p. 2.

注的问题是：传统上利益相关者导向的德国公司治理模式是否也出现了向股东价值导向模式的转变。

二 德国传统公司治理模式的特征

长期以来，德国通常被视为利益相关者导向公司治理模式的典型，其特征主要表现在以下三个方面：银行在公司融资和监事会中占有主导地位、共决体制以及公司管理中的生产和技术导向。

（一）银行的主导地位

德国公司采取双层治理体系，即监事会成员由利益相关者代表担任，董事会则由监事会选举成立并对后者负责。监事会与董事会是相互分开的两个机构，成员不能同时在两个机构间身兼二职。德国公司的监事会中有三个最具影响力的群体：大股东、雇员或工会代表以及银行代表。

在传统的德国公司治理模式中，银行一直起着至关重要的作用。在公司融资方面，德国公司较少借助于资本市场的投资，而主要是借助于银行的融资，包括银行贷款和银行在某些企业中的投资入股。由于存在着高比例的长期银行融资，银行需要与企业建立一种紧密的联系，并积极地参与到大公司的治理中去，① 以便更好地监管它们的借贷者，从而限制贷款风险。

在大公司的监事会中有代表的银行往往是私人银行（如德意志银行、德累斯顿银行和商业银行等）。此外，银行还往往是公司最大的债权人，拥有数目庞大的股权，还可以凭借所谓的受托投票权扩大它们的影响。鲍姆斯和福劳耐在德国百大企业中的 24 家进行了关于银行角色的调查。调查结果显示，银行在 24 家企业中平均拥有 84% 的投票权，其中有 13% 来自银行

---

① Reinhard H. Schmidt and Aneta Hryckiewicz, *Financial Systems – Importance, Differences and Convergence*, Working Paper Series No. 4, Institute for Monetary and Financial Stability, Frankfurt, 2006, p. 20.

直接的股权，10%来自银行投资资金，另有61%来自受托投票权。[1] 如此高的银行投票权份额就解释了为什么银行代表能进入这么多公司的监事会，并经常被任命为监事会主席。

另外，银行和保险公司经常在紧密的网络结构中互相持有股份，并互派监事会委托人。这样的交叉参与体系带来了嵌套式的公司管理和控制功能，这是因为这些银行和保险公司可以在一家公司中占有股权并在另一家公司的监事会代表席上占有位置。这种通过银行、保险公司和工业企业之间在财务和人事上的互相交叉，从而在德国经济体制中组成的关系网络，被形象地称为“德国股份公司”（Deutschland – AG）。

由于银行在经济形势佳的年份掌握着大量储蓄，而且有能力平稳分解这些储蓄，形成了针对资本市场或国外市场的强有力的保护，使得德国经济一直保持着一种在国际上罕见的稳定性。这种稳定性对应对经济危机带来的震动比较有效果，也使德国企业能在经济危机到来之时表现出相对较强的抵抗力。

（二）共决体制

德国公司中的董事会和监事会构成了公司治理体系中领导和控制的双层结构。不同的法律规定了雇员和资本所有者代表在监事会中的关系，定义了董事会、监事会和股东大会的特殊权利和义务。德国公司中的共决体制主要是指雇员或工会代表在特定的公司决策中享有知情权、听证权和共决权。

1951 年《煤钢企业共决法》、1976 年《共决法》和 2004 年《三分之一参与法》为共决奠定了法律基础。这些法律规定，在德国拥有 1000 名雇员的煤钢企业或 500 名乃至 2000 名以上雇员的其他合资公司中，其监事会必须有 1/3 或 1/2 的雇员或工会代表。雇员在监事会中的代表是德国产业关系中的重要构成要素。

在这样的治理体系中，各个利益相关者群体通过内部机制和呼吁实现

---

① Theodor Baums and Christian Fraune, “Institutionelle Anleger und Publikumsgesellschaft: Eine empirische Untersuchung,” *Die Aktiengesellschaft* 3/95, 40. Jg, 1995, p. 103.

自己的影响和自我保护，缺少外部人治理体系中的退出机会。这就解释了为什么这些群体都会在公司治理中扮演积极的角色。对于雇员来说，德国提供的解雇保护规定比较严格，而外部劳动力市场的发展就没有那么完备。因此，雇员必须通过在监事会中的代表发挥影响，以保障自己的工作岗位安全。

（三）生产和技术导向

如果把德国和英美的公司做比较，可以清楚观察到技术在德国企业管理职能中具有的中心作用。德国公司是一种技术的组织形式。技术工人、主管、技术指导都是技术的参与者；工程师在德国公司中占有重要地位，他们进入产业管理（不论是在技术领域还是在非技术领域）的人数要远远多于英美公司。[①] 与英国工业的技术没落相比，德国的技术导向和工程师的地位显得十分理想化。特别是在德国的两个中心行业即机械制造业和汽车制造业，甚至可以用“过度工程化”来描述其生产方式的特色。

德国在这方面的企业管理文化和目标导向亦与英美公司有所不同。英美公司的管理层给予金融目标和并购管理以更大的重视，而德国公司的管理层更多地重视日常产品的生产研发与创新，追求公司长久稳定的发展。

（四）小结

在德国公司治理模式中，银行在公司融资和监事会中的主导地位防止公司参与过于有风险的投资项目，保证贷款偿还的安全性，促使公司保持稳定持续的发展；在共决体制中，雇员代表参与公司决定，维护和保障了雇员的利益；公司管理中以生产和技术为导向，而不是仅仅以公司短期的收益为标准，很少参加投机和并购活动。除了在公司中掌握大量股份的大股东之外，银行和雇员代表是公司治理中的重要角色，他们与高层经理人一起，组成了一个“大联盟”来决定公司治理的相关政策，兼顾各个利益

① Wilhelm Eberwein and Jochen Tholen, *Euro - Manager or Splendid Isolation? International Management - an Anglo - German Comparison*, Berlin/New York: Walter de Gruyter, 1993, p. 173.

相关者群体的权益，股东价值并不是大多数大型公司追求最多的价值。总体上，传统的德国公司治理模式是典型的利益相关者导向型。

三 德国公司治理模式的转变趋势

随着全球化、资本市场自由化和欧洲一体化的深化所带来的经济环境的改变和新挑战，人们对于继续保持德国传统的公司治理模式是否依然合理产生了怀疑。从20世纪90年代初开始，德国公司治理模式开始出现转变的趋势，这种趋势也体现在上述代表德国公司治理模式特点的三个方面。

（一）银行角色的转变

20世纪90年代以来，作为资本市场自由化的结果，外资银行开始进入原先如堡垒一般封闭的德国银行体系。① 在银行的直接扩张中，外资银行由于没有很多分支机构带来的成本，可以为大规模业务提供更有吸引力的选择。而德国境内的一些新银行如德国邮政银行的成立也加剧了这种竞争。在欧洲和全球资本市场自由化的框架内，境外投资基金直接而又猛烈地渗入德国市场。德国的大银行面对多面的竞争压力，必须再三思考，如何调整和精简它们的经营模式、分公司体系和人员结构。

德国银行已经开始策略性地把它们的持股转为资本市场的财产管理和投资管理，资本由此被重新安置到股东价值导向之下。德国三家大型综合性银行（德意志银行、德累斯顿银行和商业银行）开始从它们传统的贷款业务中撤退，并尝试把与大公司之间的关系通过投资银行业务，例如认购、交易、咨询等，来重新定向。例如，1999年上述三家银行在投入大规模经营和投资银行业务方面的资本比例位列欧洲各大综合性银行前茅。② 德国综

---

① Gerhard Himmelmann, *Wandlung des Modells Deutschland zur Shareholder – Gesellschaft Die Deutschland AG im Prozess der Globalisierung/Internationalisierung*, Braunschweig, 2007, p. 24.

② Andreas Hackethal, "German Banks and Banking Structure," in Jan Peter Krahnen and Reinhard H. Schmidt (eds.), *The German Financial System*, Oxford: Oxford University Press, 2004, p. 76.

合性银行向投资银行业务的转移，使得投资部门在银行中的地位和话语权增长，它们向大型银行的总体战略以及工业企业提出了赢利和股价最优化（股东价值）的目标。银行和保险公司为此按照股东价值导向对德国公司进行分散持股。另外，它们也更多地把目光投向了养老保险基金和投资基金。

这一业务发展变化趋势激发大型银行减少它们在公司治理方面的参与，它们开始从原来的交叉参与体系和监事会责任中抽身。例如，德意志银行在把重心转向投资银行业务后，已经放弃了一些监事会的席位，并且发布规定，要求它的高层管理者避免在其他公司担任监事会主席职务。德意志银行代表在各类公司监事会中的职务已从 1996 年的 32 个，下降到 2006 年的仅仅 4 个。[①] 德意志银行还采取了一些步骤来减少它的股权和交叉持股。德意志银行自己透露，这种转变的一个原因是“新”的德意志银行不仅无法从它传统的治理角色中获利，而且后者阻碍了它目前的发展战略。[②] 德国其他大型银行也纷纷效仿德意志银行的做法。

总之，20 世纪 90 年代以来，德国传统银行体系的转变动摇了所谓“德国股份公司”的核心。由于扮演中心角色的综合性银行逐渐从银行、保险公司和工业企业复杂的经营和人事关系网络中抽身，传统的“德国股份公司”也被视为正在走向消亡。

从银行这一系列的变化来看，银行在公司治理中的参与程度有所降低，更多的公司管理者代替银行行使监事会监事的权利。这表明公司管理层的力量进一步增强；银行在公司治理中作用的减退对于其他投资者增强他们的作用是有好处的，有利于他们带领公司朝着股东价值的方向发展。

（二）共决体制的转变

对比金融领域新的行为体的出现以及目标导向和行为方式的转变，德国公司治理模式的第二个鲜明特征“共决体制”还没有表现出显著转变。

---

① Max - Planck - Institut für Gesellschaftsforschung, *Deutschland AG in Auflösung. Die Entflechtung der deutschen Unternehmensbeteiligungen hält an/Ende eines langen Kapitels deutscher Energiepolitik*, http: //www. mpifg. de/aktuelles/themen/d - ag. asp, 最后访问日期：2012 年 12 月 27 日。

② Andreas Hackethal, Reinhard H. Schmidt and Marcel Tyrell, “The Transformation of the German Financial System,” *Revue d'économie politique* 117, 2006, p. 13.

公司管理层方面对共决体制只有很少的批评；很多公司的高层管理者面对机构投资者时，都对这个体制赞誉有加，[①] 因为正是这一体制被视为威慑外国投资者以及对付其并购尝试的手段。

然而对不少投资者来说，过多的共决机制在公司治理体系中的存在，并不是一个积极的因素。投资者的资本流入德国市场，对于创造新的工作岗位和促进公司生产经营十分有利。但是，由于资本所有者期待监事会朝着股东价值增长的方向决策，却担心占监事会很大部分席位的雇员代表并不是按照股东价值的需要来进行投票，从而损害他们的利益，这便对赢得投资者的信任产生了某种损害。

无论如何，20 世纪 90 年代以来，我们还能观察到一系列正侵蚀着德国公司共决体制的发展趋势。例如，德国公司的生产地转移到国外及其业务向服务业方向转变，削弱了工会的影响力；经合组织、国际货币基金组织和世界银行框架内关于“公司治理最佳实践”的讨论，也给德国特殊的共决体制的设置打上了问号。

而且，德国公司走向国际化和发展更多欧盟范围内的业务，也对共决体制提出了调整要求：首先，只从本国雇员范围内选派代表进入监事会对于外国雇员显得不太公平，如此构成的总部监事会为外国分公司做出决定的合法性和合理性也受到了质疑。其次，与其他欧洲国家相比，德国的雇员和资本所有者在监事会中平分江山的局面是独一无二的，这产生了吓退欧盟范围内有兴趣合作者的投资意愿的效果。为了促进公司在欧盟范围内开展业务，欧盟立法者从 2004 年 10 月开始引入了欧洲股份公司（Societas Europea，SE）这一新的公司法律形式[②]，随之也引入了在德国式双层管理体制和英美式单层管理体制之间进行选择的可能性，在共决体制方面也增加了灵活性，给了公司劳资双方就此谈判决定的可能性。[③]

---

① Ulrich Jürgens，Joachim Rupp and Katrin Vitols，*Corporate Governance and Shareholder Value in Deutschland*，Berlin：WZB，2000，p. 20.

② Verordnung（EG）Nr. 2157/2001 des Rates vom 8. Oktober 2001 über das Statut der Europäischen Gesellschaft（SE），Amtsblatt der Europäischen Gemeinschaften，L 294/1.

③ Richtlinie 2001/86/EG des Rates vom 8. Oktober 2001 zur Ergänzung des Statuts der Europäischen Gesellschaft hinsichtlich der Beteiligung der Arbeitnehmer，Amtsblatt der Europäischen Gemeinschaften，L 294/22.

总体上，德国共决体制并未发生根本变化，但由于经济全球化和欧洲一体化的发展，它受到某种侵蚀而且其合理性受到一定质疑。与此相应，有不少德国学者提出改革共决体制、减少监事会中雇员比例以及明确定义公司利益从而重新赢得投资者信任的迫切要求。[①]

（三）生产和技术导向的转变

从20世纪90年代初开始，在世界生产市场竞争加剧的背景下，德国的生产条件由于工资费用的增长和两德统一所带来的负担而恶化了。德国公司必须去适应对更高的收益的要求，这也带来了股东价值导向的滋长。为了提高公司的收益和效率，许多德国公司实践了精益生产（Lean Production），通过引进事业单位（Business Units）、利润中心（Profit Center）等对自身的业务进行了分割，不属于“核心业务”的任务被转移了，而不能盈利的业务部门甚至整个被转让或者放弃。与此同时，许多公司尝试开发能带来更高增长潜力的新业务领域。为此，一些原来传统的工业企业投资于服务行业的一些附加业务，如电信、软件或者旅游业，[②] 以创造更多的公司利润。这些公司结构和战略中所发生的变化要求引入新的管理激励体系，正如克伦博国际顾问公司在2008～2009年对67家德国公司的中长期激励计划的调查所表明的，以公司股票行情为依据的激励计划的数量近年来有了较大增长。[③]

总之，从公司管理层对公司生产经营策略和公司管理导向的改变中已经看出公司治理模式朝着股东价值导向方向发展的端倪，甚至于股东价值准则也被引入了公司管理层的激励机制中。

---

① Heinz - Joachim Neubürger, “Die deutsche Mitbestimmung aus Sicht eines international operierenden Unternehmens: Reformbedarf unter Corporate Governance Gesichtspunkten?” in Peter Hommelhoff, Klaus J. Hopt and Axel von Werder (eds.), *Handbuch Corporate Governance*, Köln: Verlag Dr. Otto Schmidt, 2003, p. 195.

② Jürgen Matthes, “Das deutsche Corporate - Governance - System: Wandel von der Stakeholder - Orientierung und zum Shareholder - Value - Denken,” *Beiträge zur Wirtschafts - und Sozialpolitik*, Nr. 259, 2000, p. 40.

③ Kienbaum, *Mid - und Long - Term Incentive Pläne* 2008/2009: *Aktuelle Trends in Deutschland*, Executive Search Human Resource & Management Consulting, 2009.

四 结语

如上所述，德国传统的公司治理模式的三个特征分别发生了许多局部变化，德国有朝着股东价值导向公司治理模式转变的趋势；但其速度还是比较平缓的，根本性或者说整体性的转变还未发生，甚至可以认为这在较长时间里也不会发生。做出这一判断，主要是基于以下原因。

首先，公司治理模式向股东价值导向靠拢的程度有赖于资本市场的发展。目前德国的资本市场发展并没占到主导地位，银行贷款目前仍是德国公司外部长期融资中最重要的手段，银行与公司间这种长期形成的紧密关系在很长一段时间内还是会持续下去。甚至于在经济危机和金融危机肆虐的年份，资本市场还有所衰退；相反，银行是稳定经济发展的强大利器，在危机期间，银行对公司的资金支持和监管作用也相对有所加强。想要完全用资本市场来取代银行的角色，这可能需要政府的强力推动以及市场和公司之间的磨合。然而，这种情况还没有发生，未来发生的可能性也不大。

其次，在公司治理体系转变的过程中，不能忽略单层管理体制和双层管理体制的区别。虽然德国根据欧盟指令修改其法律允许公司自愿选择公司治理结构，而不是强制要求采用双层体制，但由于路径依赖的原因，即使双层体制的效率不足，它仍会有较强的持久力。[①] 例如，德国大公司如安联、费森尤斯和巴斯夫等在转制成欧洲股份公司过程中，仍然保留了双层管理体制以及监事会中劳资近乎平等的共决体制。而且，体制的变更会破坏原有的稳定性，会遭到例如工会和左翼政党的阻挠。

再次，虽然有越来越多受过财政和经济培训的经理人取代了原来工程师在德国公司中的主导地位，但以技术为导向的管理依然是德国公司治理中的一个重要因素。殊不知，正因为德国公司的生产与技术导向，德国在经济和金融危机中才表现出了很好的抗压能力，这无疑又将增强德国人对

① Lucian Arye Bebchuk and Mark J. Roe, “A Theory of Path Dependence in Corporate Ownership and Governance,” *Stanford Law Review* 52 (1999): 127 - 170.

这种管理模式的信任。

目前，德国的公司治理体系已逐渐显现出股东价值导向模式中经常会出现的一些问题，比如由管理层的激励方式带来的利己行为、公司的短期利益导向和经理人的冒险和投机行为。这也增加了德国转向股东价值导向模式的疑虑，毕竟两种模式孰优孰劣至今尚无定论。但德国也已不可能回归原来传统的利益相关者导向模式，因为这种模式在很大程度上依赖于各个利益相关者群体之间可共存的对彼此的期望、长期的协作和付出与回报的含蓄交易。然而，德国经济界的新近发展显示出这些元素正在消失。基于这种互信无法轻易修复，因此，原有的利益相关者导向模式也无法完全恢复。①

① Reinhard H. Schmidt and Gerald Spindler, "Path Dependence, Corporate Governance and Complementarity," *International Finance* 3 (2002): 311 - 333.

德国可再生能源政策的现状与最新走向

朱苗苗*

德国可再生能源政策是德国政府 2011 年做出的能源转型（Energiewende）决议中的重要内容，被德国政府视为“能源转型的发动机”。德国政府希望通过以可再生能源为依托的新能源体系，使德国成为世界上能源效率最高、最环保的国民经济体，同时保障能源价格的可支付性以及本国较高的福利水平。

一 德国可再生能源利用的现状

（一）基本数据[①]

1. 总体利用情况

根据 2011 年联邦政府制定的能源转型政策的目标，到 2020 年可再生能

---

* 朱苗苗，同济大学联邦德国研究所/欧盟研究所副教授，博士。

① 德国可再生能源统计数据的首要来源是联邦环境部（BMU）领导下的可再生能源统计工作小组（Arbeitsgruppe Erneuerbare Energien – Statistik，AGEE – Stat）每年提供的数据。截止到 2013 年底，该小组提供的最新数据是 2013 年 7 月之前的统计。另外，联邦经济及科技部（BMWi）每年公布《能源数据》（*Energiedaten*），其中可再生能源的数据都来自 AGEE – Stat。目前，《能源数据》中所有最新数据为 2012 年的统计。德国还有一个由不同能源经济协会及能源经济学者共同成立的“能源结算工作共同体”（Arbeitsgemeinschaft Energiebilanzen e. V.），该协会目前公布了 2013 年德国能源消耗报告，数据统计截止到 2013 年 12 月 18 日，该报告关于可再生能源的数据有限。

源在用电总量中所占比例至少为35%，在终端能源消耗量（电、暖气、发动机燃料）中所占比例为18%。从2000年至2012年，可再生能源的利用不断增加，2012年可再生能源在终端能源消耗量中所占比例为12.7%，比2011年增长1.1%。2013年12月18日的统计数据显示，2013年德国一次能源总消耗量比2012年同期增加2.6%，其中可再生能源使用总量增加5.8%。[①]

可再生能源在不同终端能源领域利用的情况如下。

（1）发电领域

2013年可再生能源所发电力在德国电力总消耗量中所占比例上升至近24.7%（2012年为23.6%；2011年为20.4%），可再生能源发电设备的扩建速度也非常快。主要增加的部分来自太阳能光伏、生物质能。风力发电设备虽然明显扩建，但由于气候原因，2013年发电量比2012年略微下降。同样由于天气原因，2013年水力发电有所减少。2013年可再生能源发电、石煤和褐煤发电比例增加，而燃气发电与核电明显减少。

（2）供热领域

2012年可再生能源供热增加至1440亿千瓦时，但由于气候原因，取暖消耗总量增加，因此可再生能源供热比例并未增加。但在较长的时间区间内观察，由于政府对可再生能源的扶植，供热领域的总趋势是：可再生能源在终端供热消耗量中所占比例从2000年的3.9%增加到2012年的10.2%，离2020年的14.0%的目标还有3.8%的差距。

（3）发动机燃料

2012年用可再生能源生产的发动机燃料在发动机燃料总消耗中占5.7%。2000年这一比例仅为0.4%，2007年达最高峰7.4%，之后徘徊在5.4%（2009年）至6.0%（2008年）。而德国政府的目标是到2020年达到10.0%，差距还很大。

2. 经济效应

在可再生能源的投资方面，与2011年（232亿欧元）相比，2012年针对可再生能源设备的投资略有下降，为195亿欧元。主要原因在于太阳能光

---

① AG Energiebilanzen e. V., *Pressedienst*, *Nr.* 2013, p. 4, http://www.ag-energiebilanzen.de/.

伏设备价格下降。尽管光伏装机容量小幅度上升（2011 年为 7.5 吉瓦；2012 年为 7.6 吉瓦），但是光伏设备的投资仍然下降了 1/4。可再生能源设备投入使用带来的销售额比 2011 年增长 5%，达 144 亿欧元。

可再生能源的发展给德国带来的经济效益与其他国家相比也相当明显：2011 年在欧洲国家中，德国可再生能源创造的销售额为 367.4 亿欧元，位居第一；它们给德国带来的工作岗位也在欧盟国家中名列前茅，占了欧盟的 32%。从可再生能源的投资上看，德国在全球名列第三，仅次于中国和美国。

3. 环境效应

德国决定退出核电，用可再生能源取代核能发电，被指在减排方面将面临更大压力：尽管德国可再生能源发电比例不断上升，可是在可再生能源无法完全填补核电带来的空缺电量以前，火力发电比例增加。根据“能源结算工作共同体”2014 年 1 月公布的数据，2013 年德国褐煤发电量再次提高 0.8%，达 1620 亿千瓦时，创造了两德统一以来的最高纪录；石煤发电也增加了 80 亿千瓦时，达 1240 亿千瓦时。[①] 因此 2010～2013 年，德国因发电而产生的二氧化碳排放量也呈上升趋势。

（二）主管机构

2013 年 12 月德国新政府成立之前，负责可再生能源的主管部门为联邦环境部（BMU），它同时获得两个下属联邦机构的支持：联邦环境局（UBA）和联邦自然保护局（BfN）。联邦政府负责与其他所有相关部门协调整个可再生能源领域的政策。联邦环境局成立于 1974 年，是德国处理环境事务的重要环境机构。其法定的工作任务有：给予联邦政府在环境科学方面的支持，实施环境法，为公众提供环保信息。联邦自然保护局是联邦负责国家和国际自然保护的中心科学机构。

除了上述机构，还有德国复兴信贷银行（KfW），其所有权 80% 归属联

① “Trotz Energiewende: Stromproduktion aus Braunkohle erreicht Rekordwert,” Spiegel - online, http://www.spiegel.de/wirtschaft/unternehmen/energiewende - stromproduktion - aus - braunkohle - erreicht - rekordwert - a - 942129.html，最后访问日期：2013 年 1 月 1 日。《明镜》周刊网络版文章称，预计褐煤发电在 2014 年还将创新高。

邦，20%归属联邦州。它提供最多可达100%的长期低息贷款，用于可再生能源计划中符合补贴和促进规定的项目投资。联邦经济与出口管制局（BAFA）是联邦经济及科技部（BMWi）的下属机构，它负责实施加强使用可再生能源的促进措施，保存化石燃料的有限资源，促进环境及气候保护。联邦与州之间还存在一定的分工：《可再生能源法》、《可再生能源供热法》和生物燃料份额的法律规定等政策工具的制定和修订由联邦负责，各个联邦州负责相关区域规划和审批程序。联邦州同时负责实施《可再生能源供热法》。

二　德国可再生能源政策及促进措施

（一）法律及政策框架

如表1所示，2000年至今，德国政府针对可再生能源采取了一系列措施，制定了相关法规。

表1　德国有关可再生能源的法规

法律和规定	制定或生效时间
《可再生能源法》	2000年制定并实施，2004年、2009年、2011年和2012年修订
《能源方案》	2010年9月制定，并于2011年6月重新修订
《可再生能源国家行动计划》	2010年制定
《可再生能源供热法》	2009年制定，2011年修订后于同年5月1日生效
《可再生能源市场刺激计划》	2011年5月11日生效
《生物发动机燃料份额法》	2006年10月26日制定，2007年1月1日起实施，2009年7月15日做重要修订
《生物发动机燃料可持续性规定》	2011年1月1日起生效
《输电网络开发计划》	2012年首次制定草案，2013年6月第一份草案修订，2013年9月13日至10月25日公示
《海上风电输电网络开发计划》	2013年首次公布，2013年6月第一份草案修订，2013年9月13日至10月25日公示

1. **《可再生能源法》**

德国在可再生能源政策领域中最重要的立法是《可再生能源法》。该法在2000年由施罗德领导下的红绿联合政府制定出台，旨在将可再生能源引入市场。该法的前身是1991年开始实施的《可再生能源电力输送法》。《可再生能源法》于2004年、2009年、2011年和2012年分别进行过修订。虽经多次修订，但其核心原则没有改变：第一，可再生能源发的电力有优先上网权，电网运营商有义务连接收购可再生能源电力；第二，根据不同技术类型和发电能力规定上网收购的电价，保证固定收购标准20年不变。

2012年1月1日生效的《可再生能源法》修订案规定，联邦政府在《能源方案》（*Energiekonzept*）中确定的可再生能源目标具有法律约束性，即可再生能源在用电总量中所占比例到2020年至少为35%，2030年至少为50%，2040年至少为65%，2050年至少为80%。

2. **《能源方案》**

《能源方案》是德国政府的一个雄心勃勃的能源规划，于2010年9月制定，并于2011年6月重新修订。前者包括对可再生能源的扩建、开发和促进措施；后者添加了德国政府能源转型的详细目标。

3. **《可再生能源国家行动计划》**

《可再生能源国家行动计划》制定于2010年，除了确定可再生能源在国家能源总消耗中所占比例的目标，还具体包括可再生能源发电、供热、制造生物发动机燃料、利用生物气、地热、可再生能源在建筑中的运用等的标准和措施。[①]

4. **《可再生能源供热法》**

《可再生能源供热法》制定于2009年，2011年经过修订后于2011年5月1日生效。该法律规定，新建建筑的所有者必须部分用可再生能源满足该建筑的供热和制冷需求，即所谓的可再生能源的“使用义务”。所有2009年1月1日后提交建筑申请或做出公示的住宅及非住宅建筑都必须遵守这部法律。允许使用的能源有太阳能光伏、生物质能（固态、液态和气态）、地

---

① “Nationaler Aktionsplan für erneuerbare Energie,” http://www.erneuerbare - energien.de/fileadmin/ee - import/files/pdfs/allgemein/application/pdf/nationaler_ aktionsplan_ ee.pdf.

热能和环境热能，业主可以自行选择所使用的能源种类。2011 年 5 月 1 日起，公共建筑也受到这部法律的约束，旨在发挥示范作用。另外，计划进行大规模改造的旧公共建筑也必须部分使用可再生能源来满足供热和制冷需求。

5. 《可再生能源市场刺激计划》

《可再生能源市场刺激计划》（MAP）是德国联邦政府促进可再生能源在热能市场发展的主要工具。通过这个计划德国政府希望到 2020 年由可再生能源供热的部分达到 14%（2013 年比例为 12.1%）。计划主要促进相关技术开发与新产品的市场导入；技术方面包括太阳热能、高效热泵和木质颗粒燃料供暖。该计划的最新规定在 2011 年 5 月 11 日生效。

6. 《生物发动机燃料份额法》及《生物发动机燃料可持续性规定》

《生物发动机燃料份额法》于 2007 年 1 月 1 日起实施，2009 年 7 月 15 日做过核心的修订。该法律规定了生物发动机燃料在德国整个发动机燃料市场所占的份额。从 2010 年开始，根据燃料中含有的不同物质，生物发动机燃料比例应该在 6.25%。从 2015 年开始，这个比例必须考虑气候保护因素，并根据温室气体排放标准需要规定生物燃料最低比例；到 2020 年这个比例要达到 7%。

《生物发动机燃料可持续性规定》从 2011 年 1 月 1 日起生效，旨在保证生物发动机燃料的环保性。根据这个规定，生物发动机燃料（包括乙醇汽油 E10 中包含的生物乙醇）和用于发电的植物油如果想要得到补贴，必须提交其可持续性和环保性的证明。另外，根据此项规定，生物发动机燃料在整个生产链和供应链中与化石燃料相比至少必须减排 35%（从 2017 年起为 50%），并且没有因此造成对受保护土地的破坏或者砍伐的现象，才能被视为可持续的。

7. 《输电网络开发计划》及《海上风电输电网络开发计划》

可再生能源生产的电力上网与输送一直是可再生能源利用的重要环节。为此，德国政府修改了《能源经济法》，以便能制订在全国进行协调的网络扩建计划。新的规定加强了公共参与，旨在实现更广泛的接受度。2011 年 8 月，德国联邦议院通过决议委托四大输电网运营商每年制订输电网扩建计划，以应对不断变化的能源经济框架条件。从 2012 年起，输电网运营商与联邦网络局共同制定《输电网络开发计划》草案。对可再生能源而言，将北海和波罗的海风力发电园的电力输送到用电需求大的西部与南部是影响可再生能源发展进程的关键之一，陆地风力发电出于电网稳定因素的考虑受到了限制，这对发电商已经构成问题。2013 年首次公布了《海上风电输电网络开发计划》，计划中对未来 10～20 年海上风力发电电力输送网建设的技术条件、特性、时间节点以及费用做出详细说明和规定。

（二）促进措施

1. 投资促进

作为投资地，德国在未来几年还将保持诸多资金方面的优势：第一，德国复兴信贷银行继续增加对可再生能源项目的低息贷款供应，它在 2011 年已经在扩建海上风力发电园的项目中注资 50 亿欧元。第二，欧洲投资银行也增强了对海上风力发电园的资助力度。第三，德国到目前的可再生能源上网电价（目前的《可再生能源法》保证了 20 年的补贴时间）减少了项目的投资风险，对于投资者而言增加了进入可再生能源市场的吸引力。2011 年 88% 的可再生能源项目投资是投在发电领域，其原因在于《可再生能源法》对补贴有明确规定。

2. 发电促进

为鼓励可再生能源的扩建，德国政府采取用固定上网电价强制收购的方法给予补贴，但是这个补贴的费用不是从联邦预算中拨款，而主要由“可再生能源分摊费”（EEG－Umlage）来支出，最终由电力消费者承担。分摊费的基本计算方法是：输电网运营商将电力放在电力交易市场出售，其销售收入和用于强制收购的支出之间的差值将按照电力消费量分摊到电力消费者头上，去除因特殊规定减免或部分减免的费用，最后得出消费者必须承担的费用。《可再生能源法》实施的初期对太阳能光伏发电的扶持力度很大，促使太阳能光伏建设速度非常快。从 2012 年 1 月起，政府大幅度削减对太阳能光伏入网收购价格，风力发电获得更多的促进。

3. 科研与开发的促进

可再生能源的利用以及降低利用成本很大程度上依赖科学技术的创新。除了联邦环境部，还有以下几个部委也负责相应的促进措施：联邦经济与技术部负责能效的提高和协调联邦层面的能源研究。联邦教育与科研部负责基础研究。联邦食品、农业和消费者保护部负责生物质能领域的科研促进措施。

2011 年 8 月，联邦内阁与以上几个部门共同制定并发布了《第六次能源研究计划》，计划确定了未来几年联邦政府在创新的能源技术领域促进政策的基本方针。从 2011 年至 2014 年，大约有 34 亿欧元用于促进能源研究，旨在在能源转型的框架内加速能源供应体系的改建，其重点领域有：可再生能源、能源效率、储能器、电网技术以及将可再生能源整合到能源工业系统中。2012 年联邦环境部从国家财政和能源与气候基金（EKF）中拿出大约 1.545 亿欧元用于支持可再生能源领域的科研与开发，相比 2010 年增加了 3400 万欧元，比 2004 年增加两倍。2012 年批准了 370 个创新性项目，总金额大约为 2.9 亿欧元。

在德国政府 2005 年启动《第五次能源研究计划》时，对太阳能光伏的资助大约占了联邦环境部对可再生能源全部预算的 46%，其他是地热能和风能。鉴于风能对可再生能源扩建具有巨大潜力，对这一领域的资助逐步增加：从 2006 年的总资助金额的 10%（900 万欧元）提高到 2012 年的 30%（4000 万欧元）。2008 年起，战略上又对可再生能源供应体系以及将可再生能源体系整合进能源供应体系做了重新调整，将这一领域也纳入促进政策的重点。

《第六次能源研究计划》在 2012 年进行适应性调整后，确定在 2013 年和 2014 年继续大幅度增加对可再生能源在重点领域的科技创新的资助，政策的实现情况取决于能源与气候基金的发展。但是该基金在 2013 年的发展情况很不乐观，因为欧洲碳交易市场上二氧化碳排放证书的价格跌落，造成基金收入大幅度减少。在欧盟层面，关于碳交易今后的发展也争论不休，在短期内好转的可能性不大。

三 德国新政府的可再生能源政策

（一）新政府协议中的可再生能源政策

2013 年 12 月 17 日，默克尔领导的新内阁宣誓就职。其中重新设置了一个职能领域：联邦经济与能源部，由副总理西格玛尔·加布里尔（社民党）担任部长。前环境部长彼得·阿尔特迈尔（基民盟）调离，担任新联邦总理府部长。新政府将能源职能领域单独列出并与经济事务并列成一个部门，说明它非常重视能源转型这个议题，该部门需要将工业、经济及生态利益协调一致。在大联合政府联合执政协议中，德国政府表示："能源转型是非常重要和必要的一步，它让我们迈入一个有义务考虑可持续发展和保护世界万物的工业社会……我们希望持之以恒地按计划继续向无核的、可再生能源比例不断增加的能源供给方向发展。"但是协议强调，能源转型只有保障了供应安全、价格在可承受范围内、能维持工业价值创造链和就业岗位，才能被民众和经济界接受。对于可再生能源的扩建而言，整个系统（包括电网扩建和储备能力）的成本效率和经济性的重要性进一步提高。因此，必须更多考虑欧洲电力市场，同时德国传统发电厂和可灵活发电的电厂必须保留，并且让其维持在价格可承受的范围。

1. 协议文本主要内容

联合执政协议有关可再生能源政策主要有以下内容：

（1）《可再生能源法》改革

新政府希望迅速对《可再生能源法》进行彻底改革，计划改革法案在2014年复活节前提交，2014年夏季颁布。旧发电装置享受现状保护，对已经实施和处于实施阶段的投资给予信任保护。

（2）可再生能源的扩建

今后的可再生能源扩建必须在法定的"扩建走廊"（Ausbaukorridor）范围内进行：2025年，可再生能源比例为40%～45%，2035年为55%～60%；每年扩建的进展要从设定目标、网络扩建和价格可承受性等方面进行审核及评估。在"扩建走廊"基础上，联盟政府希望与联邦州就扩建个别可再生能源设备达成一个整合的计划。新政府引入"扩建走廊"的目的是确保实现扩建目标，并将成本控制在一定范围内。另外，希望通过"扩建走廊"让所有参与者获得有保障的计划；让可再生能源领域的增长路径变得可靠；为传统能源经济的发展确定一个稳定的框架；让网络扩建获得更好的衔接；使得电力与能源供应系统逐步适应浮动电力发电带来的挑战，从而实现较低成本的系统并网整合。

可再生能源的扩建目标要在考虑广泛的公民参与的条件下实现，并且要将成本控制在一定范围内。还必须及时与欧盟委员会和欧盟成员国展开对话，讨论为实现德国能源转型目标而采取的促进措施如何在符合欧盟法律框架的条件下继续发展。另外，碳交易的额外收入必须用于可再生能源领域。

（3）能效是可持续的能源转型的第二支柱

通过提高能效降低能源消耗作为能源转型核心内容的重要性进一步提高。联合政府在《国家能效行动计划》中要针对不同领域、工具、不同行为体的责任设立目标，每年由独立的专家委员会进行审核并提交评估报告。首个行动计划将于2014年制订并由联邦政府决议通过。行动所需资金从国家预算中支出。

在欧盟层面，新政府加强敦促在“生态设计指令”（Öko - Design - Richtlinie）内——落实“领跑者原则”（Top - Runner - Prinzip）——对于能源相关产品制定动态的高要求标准。在可能的情况下，德国将率先取消本国国内标准。

（4）可再生能源供热

可再生能源供热的目标主要放在房屋的供热系统调整领域：一方面通过房屋节能改造减少能源的使用，另一方面同时增加可再生能源供热的比例。随着电力市场上由可再生能源生产的电力比例不断提高，有些电量甚至必须下调，下调部分可用于供热领域。

（5）可再生能源发电成本

在过去几年，能源转型整体成本上升迅猛。电力消费者不论私人用户还是企业的电费负担明显加重。可再生能源分摊费已经到达前所未有的高度，这对于私人用户、经济界特别是中小型企业已经成为一个问题。因此，新政府要对可再生能源入网补贴系统进行改革，将补贴更多以市场经济为导向的方式进行。《特殊平衡规定》（*Besondere Ausgleichsregelung*）的实施主要集中在用电密集型企业，以保持它们的国际竞争力；还有就是对自行发电的企业也将采取平衡的规制。

（6）促进措施的改革

新政府认为可再生能源存在过度补贴的问题，对于即将新建的可再生能源设备必须做出调整，已建设备依然按照老的补贴办法。很多特殊补贴将受到审查并且大面积取消。价格相对高的“绿色电力特殊待遇”（Grünstromprivileg）也将取消。这样不仅能降低电价，而且可以保证与欧盟法律相协调的前提下推进可再生能源的扩建步伐。对于不同类型的可再生能源有以下新规定：

太阳能光伏发电：现行规定（比如新建设备补贴递减原则、上限规定等）被证明有效，将继续保留。2013 年投建的发电设备几乎已经达到《可再生能源法》的“扩建走廊”目标。

生物质能：生物质能设备的投建将主要限定在利用废料和垃圾，以避免土地的“玉米地化”（Vermaisung），缓解原料使用的竞争。目前已有的设备应尽量按需运营，以便利用系统稳定性的优势。对于种植、加工和利用生物质能将从生物经济学角度制定一个总体方案。在使用生物质能时必须要对减少排放做出有益贡献。

陆地风力发电：将降低补贴标准，主要只针对风力强劲地区进行补贴，目的在于减少过度补贴问题，同时继续发展参考收益率模式（Referenzertragmodell），以便全德国参考收益值为 75% ~80% 的较好区位将来能更充分地被利用。另外，将在《建筑法典》（BauGB）中补充一个限定条款，给予各联邦州针对本州情况自行规定风车与房屋最小距离的权限（Länderöffnungsklausel）。

海上风力发电：将 2020 年扩建的现实目标确定在 6500 兆瓦。如果假设目前两个海上风电园平均每年分别发电能力达 400 兆瓦，那么到 2030 年，将达到的发电能力为 15 千兆瓦。联邦内阁打算在 2014 年快速做出决议，将专门针对海上风电园制定的所谓“紧缩模式”（Stauchungsmodell）的有效期再延长两年，至 2019 年 12 月 31 日。这一决议的目的是希望保证投资者更快进行再融资。

水力：目前的法规被证明有效，将继续执行。

（7）可再生能源的市场与系统整合措施

新政府坚持的一项基本原则是：《可再生能源法》是将可再生能源引入市场的工具。可再生能源的发展前景应该是：在没有补贴的情况下依然能在市场上生存。因此，新政府打算将可再生能源整合进电力市场。《可再生能源法》希望通过收购价格逐年递减的方式增加电力直接市场化的吸引力。新建的发电能力在 5 兆瓦以上的可再生能源发电厂必须在“市场溢价制”的基础上直接进入市场。最迟在 2017 年，这项规定将对所有发电能力级别的发电厂有效。同时，通过《可再生能源法》而形成的发电厂的多样性将继续保留。

2. 批评意见

从新政府联合协议中可以观察到可再生能源政策将产生明显变化，最明显的变化主要体现在：决心对《可再生能源法》进行深入改革；运用“扩建走廊”来限定扩建目标；通过各种措施逐步让可再生能源电力“直接市场化”来改革固定电价收购的补贴机制。

工业和经济界代表及煤电企业利益代表、鼓励竞争的人士对《可再生能源法》的彻底改革计划表示欢迎。联邦能源与水经济联合会（BDEW）认为，这一揽子措施的方向是正确的，但需要进一步的规制和调整。但是他们中也有人对新政府的可再生能源政策仍然表示不满，认为改革力度不坚决，“危害了工业的竞争力”，认为《可再生能源法》计划经济色彩浓重的促进原则没有根本改变，适合市场经济的促进模式被搁置起来。

而可再生能源经济利益代表则非常尖锐地批评新政府准备采取的改革措施，认为新政府“错过了巨大机遇”，“新政府扼杀了能源转型”。而主流媒体批评的声音也多过肯定的评价。例如，《时代周报》的评论文章标题为“再见了，能源转型”，认为新政府联合执政协议对于能源转型“是个灾难”；《每日镜报》认为新政府给可再生能源带来了“逆向风”；德国电视一台《每日新闻》评论新政府的新举措是“错误的道路”。

综合而言，批评的意见主要有以下几个方面：

第一，新联邦政府通过“扩建走廊”将扩建可再生能源的速度放缓，实际是对能源转型进行刹车。在此前，德国政府有关可再生能源扩建目标的正式文件中，使用的表述是“最低目标”，如 2011 年 6～7 月联邦政府制定的《能源转型一揽子方案》中确定：可再生能源在用电总量中所占比例到 2020 年至少达到 35%，2050 年至少 50%。而“扩建走廊”将目标制定了上限，根据这个上限计算，每年可再生能源增加的速度不能超过 1.7%。这个上限比专业人士和政治家此前一直认为必需且可行的目标要低很多：

社民党在联合执政谈判之初定的目标为2030年达75%，而独立的环境问题专家委员会（SRU）认为60%～70%是可行且经济上可承担的目标。新政府对可再生能源扩建目标的上限进行封顶，其真正目的是要保证常规能源依然占很高比例。这显然与能源转型的目标产生矛盾。

第二，继2012年削减太阳能光伏补贴后，现在又削减对风能的补贴，尤其减少对陆地风力发电的促进措施，而生物质能设备的扩建仅限制在利用垃圾及废物方面，将生物质能技术“降格为废物利用技术”。风能如果按照新的参考收益率模式给予补贴，那么中部及南部联邦州，如黑森州和巴登-符腾堡州几乎没法再建陆地风力发电站。巴登-符腾堡州环境部长翁特施特勒（Franz Untersteller，绿党）说，按照所谓75%～80%收益率的标准，巴登-符腾堡州原本新建很多全年满负荷发电2000～2500小时的风力发电站的计划将搁浅，可这个发电能力是南部太阳能光伏发电站发电能力的两倍多。基社盟环境问题专家郭培（Josef Göppel）批评给予各州制定风车与住宅建筑最小距离权限（最大可达2公里）的规定，巴伐利亚州州长泽霍夫（Horst Seehofer，基社盟）以保护自然风景的理由一直主张在巴伐利亚将这一距离规定为2公里，这样就等于大大限制新建风车设备，郭培认为，如果这样，巴伐利亚的风能就几乎等于死亡。

第三，采用“市场溢价制”，逐渐让所有可再生能源发电商承担直接市场化的义务意味着固定入网补贴的终结，非常不利于中小型可再生能源供应商，无法保障私人和中小企业的投资，最终将导致原本应该是借助公民之手推进的分散式能源转型变成倾向大型能源公司利益并由它们占领市场的局面。另外，2018年起使用招标模式，只有中标投资商获得补助。投资风险、资金成本和自有资本参股提高，这明显增加了中小参与者的入门困难。

第四，大联合政府计划改革《可再生能源法》的主要原因是希望遏制不断上涨的电费；但是通过放慢扩建速度，削减新建太阳能、风能、生物质能设备的补贴，通过引入市场溢价制等措施不会对抑制电价产生明显效果。因为导致电价上升的原因还包括减免企业可再生能源分摊费的门槛太低，而政府无法承担来自经济界威胁裁员和将工厂转移海外而施加的压力。

第五，大联合政府的做法是让可再生能源整合到现有的能源工业系统中去，而不是改变现有结构，让可再生能源成为能源供应的主体；后者才是能源转型的真正目的。

（二）简析

联合执政协议中能源政策部分制定与谈判的任务主要由前任环境部长阿尔特迈尔（基民盟）与北莱茵－威斯特法伦州州长克拉夫特（Hannelore Kraft，社民党）领导的能源工作小组负责。前者被媒体称为“电价刹车手”，后者被称为“煤炭粉丝”。后者在就能源问题进行联合执政谈判时，必定会考虑北莱茵－威斯特法伦州常规能源大型企业的利益，如总部位于亚琛的能源企业 Trianel、杜塞多尔夫的 E. ON、埃森的 RWE 以及科隆附近的褐煤开采企业。

第一眼看德国新政府的可再生能源政策，让人感觉德国政府在可再生能源政策方面一如既往地相当重视环保和生态。仔细推敲联合执政协议的条款后可以发现，新政府的可再生能源政策依然将工业利益和常规能源经济的重要性放在首位，出于抑制电价考虑而采取的改革措施将会放缓可再生能源扩建的步伐，对能源转型政策的推进在实际中会产生刹车效果。因此，上述各行为体对新政府可再生能源政策的批评均具有合理性。

德国政府采取的促进可再生能源发展的政策产生了一个矛盾之处：一方面，由于强制上网收购的措施和电价交易市场的对可再生能源电力的优先排序法则，使得可再生能源发展速度超过预期，并且使得电力交易市场的电力批发价格在最近几年大大降低。另一方面，根据政府补贴的办法，电力批发价格越低，需要补贴的数额越高，造成可再生能源分摊费越高。德国目前持续上升的电价被当成攻击政府可再生能源补贴政策的核心标靶，而可再生能源本身也成为常规能源供应企业和依赖常规能源的企业指责的焦点。事实上正是由于强制性入网收购政策，可再生能源尤其是太阳能光伏和风能才得以迅猛增加，这个显著的成绩如今被批评成在气候政策和能源供应政策方面是低效的。于是，强制性入网收购政策获得成功的同时，可再生能源分摊费则骂名累累。成为政府可再生能源政策的牺牲品。

尽管如此，如果不想让电价成为常规能源企业和依赖常规能源的企业阻挠可再生能源发展的借口，那么前任环境部长阿尔特迈尔在 2013 年初提出对可再生能源补贴封顶以及冻结可再生能源分摊费的《可再生能源法》改革是必需的，但是不应该牺牲中小投资者的利益，挫伤他们投资的热情。

从2011年起到现在新联邦政府的联合执政协议，德国政府的能源政策有一个特点越来越突出：能源政策中的社会维度的重要性增加，强调能源要有“可支付性”。从20世纪60年代起，由于电价日益便宜，电网全面覆盖，因此德国早期能源政策所确立“价格便宜”和“充足供应”的目标从70年代开始就已经失去其政治重要性。如今这个社会维度重新出现在德国能源政策中，并且主要与可再生能源扩建以及能源转型的议题发生关联，特别是可再生能源的促进与融资体系密切关联。原本支持可再生能源扩建的社会政策制定者的立场变得尴尬起来，他们试图用比电价涨价幅度更高的供热费用和汽油费用来为可再生能源解围，但是争论的焦点依然停留在电价上面。社会政策制定者建议改革电价的组成和社会保障的支出项目。2013年在媒体报道中，《可再生能源法》引起的收入分配不公也成了激烈讨论的话题，一方面收入较好的投资者和农场主从可再生能源政策获益，另一方面没有反击能力的电力消费者必须为可再生能源扩建埋单。如果将减免企业分摊费的特殊规定也考虑进来，那么可再生能源分摊费之争演就变成了社会政策维度与气候政策维度的冲突以及环保与经济发展的冲突。有学者认为应将可再生能源补贴的费用纳入国家预算中，通过税收调控来给予促进，这不仅是“左边钱袋和右边钱袋互换”的问题，而且是通过税收手段实现社会政策维度的要求，并且一旦涉及国家预算的调整，那么其重要性就更为突出了。显然，联邦政府并不愿意在可再生能源政策上做如此巨大的改变。

新政府在对可再生能源促进措施方面特别强调了要与欧盟法律协调的原因是：2013年夏季，欧盟委员会声称将针对德国减免企业可再生能源分摊费的补贴程序调查。2013年12月18日，欧盟委员会启动了这项调查程序，调查内容包括：德国对能源消耗大的企业实行减免分摊费是否符合欧盟补贴规定，而有损欧盟内部市场的竞争原则；“绿色电力特殊待遇”也将被仔细审查，因为它可能存在对国外可再生能源电力的歧视。欧盟没有提出质疑的有对太阳能光伏、风力和生物质能发电的入网收购以及“市场溢价制”。[①]

在这样的争论因素与背景下，德国新政府的可再生能源发展政策改革并非大刀阔斧的改革，对未来的促进措施、抑制补贴总数和减轻普通电力消费者的负担的作用将会比较有限。新政府政策的挑战不仅再次暴露了环保及气候保护与经济发展的基本矛盾，而且在这个矛盾升级的情况下，生态和环保目标让位给了经济发展目标。

四 结语

德国生物质能、风能和太阳能光伏发电迅猛增长，不论是国内按时间纵向对比，还是在国际上与其他国家横向相比，德国的可再生能源的整体发展都获得了很大成功。这个成功的核心因素就是在过去 10 年给投资者确定了稳定的政策框架。这个框架中最重要的部分就是 2000 年公布的《可再生能源法》，尤其是它所规定的强制收购补贴体系。

德国政府的可再生能源政策对吸引投资是成功的，但是却无力控制每年上网的可再生能源电力的总量。随着可再生能源的增多，德国能源经济发生了明显变化，其中电价的上涨成为质疑德国可再生能源政策的主要原因。各方面的利益集团所持不同的立场给政府施加了较大压力，改革势在必行；但是 2013 年关于改革措施争执不下，加上联邦议院换届选举，致使可再生能源政策没有实质性改变；由于可再生能源对于能源转型的重要性，导致能源转型的实施几乎原地踏步，更多表现出来的是雷声大雨点小。另外，由于围绕电价的讨论，德国能源转型在国际上的示范作用也有所减弱。2013 年 11 月，在华沙举行的国际气候大会上，德国不像是光荣的能源转型模范国家，而更像是一个能源转型的自我辩解者。

德国未来可再生能源政策的发展取决于新的联邦政府如何贯彻其执政协议中的相关原则。从目前的协议来看，德国政府没有打算进行彻底的

---

① “EU – Kommission leitet Beihilfeverfahren ein,” http://www.pv – magazine.de/nachrichten/details/beitrag/eu – kommission – leitet – beihilfeverfahren – ein_ 100013514/.

“体制变革”，而是依然实行强制收购制，不实行配额制，更不会将可再生能源扩建的费用纳入国家预算体系中。但较为明显的是政府的能源政策将向工业和煤电企业的利益倾斜，坚持用电大户减免可再生能源分摊费的例外规定，原因是害怕失去就业岗位和削弱德国工业的竞争力。这对于可再生能源的进一步扩建可能产生阻碍作用。

和世界其他国家一样，德国促进可再生能源开发利用的过程中也绕不开环保目标与经济发展目标之间的矛盾，而目前的经济发展又是以常规能源为支撑。新政府的可再生能源政策实际上明显向经济发展倾斜。德国以大力开发可再生能源为基础的能源转型政策实施的前景尚不能说非常乐观，其国际示范作用也将继续经受严峻考验。

外国人在德国的人口社会学分析[*]

宋全成[**]

在西欧国家中，一向以拒斥的移民政策模式而试图保持纯粹民族国家的德国，在进入20世纪90年代以后，由于大量外国移民的迁入，逐渐演变为非传统意义上的现代移民国家，但2005年以前的德国历届政府始终对此拒绝承认。进入21世纪以后，伴随着全球化进程的加快、全球一体化程度的加深以及德国人口总量的减少，外国人在德国总人口中所占比重逐年上升，从1990年的7.0%提高到2000年的8.9%，再上升到2011年的9.0%。[①] 正因为如此，2005年新《移民法》生效时，德国政府才不得不改变立场，正式承认德国已成为非传统意义的现代移民国家。到2008年，在德国的外国人、外国移民（入籍的外国人）及其第二代、第三代的人口规模（所有具有外国背景的人）达到1411万，占德国总人口比例高达19%。[②] 外国人在德国的大量增加，不仅成为德国重要的人口现象，而且成为德国朝野日益关注的社会现象，越来越引起德国乃至欧洲人口学界、社会学界的高度关注。

一 外国人的概念及外国人在德国的人口规模与比例

在当代社会中，是不是外国人，不仅是一个人口学命题，而且是一个

---

* 山东大学自主创新基金项目“穆斯林移民在欧洲及其社会融合研究”（IFW09045）。

** 宋全成，山东大学移民研究所所长、哲学与社会发展学院副院长、教授、博士生导师。

① Bundesamt für Migration und Flüchtlinge, *Das Bundesamt in Zahlen 2011. Asyl, Migration, ausländische Bevölkerung und Integration*, Nürnberg, S. 98.

② 《德国的外国人有多少?》，http：//blog. sina. com. cn/s/blog_ 3c7afb7f0100dmch. html。

政治学命题。因为，区分国民和外国人，主要是在政治学意义上使用的。从政治学视角来看，属于某一国家的国民通常拥有该国国籍，即拥有公民权。这样，所有不拥有该国国籍和该国公民权的人，在该国即被视为外国人。本文所指的“外国人”是指所有不具有德国国籍的人。那些同时拥有德国国籍和其他一个或多个国家国籍的人不被视为外国人；而在官方人口统计中，他们是被作为德国人计算的。基于此，在德国生活的外国人的数量绝不能仅仅与外国移民的数量相提并论，尽管外国人的数量与外国移民的数量通常都与时间要素有关，但二者又不相同。外国人数量的统计通常与某一固定的时间点相关，如人口统计中的某一时间点（如 2011 年 12 月 31 日）；而外国移民的数量统计，是与居留的期限相关，通常居留期限 3 个月或 1 年以上的才称为外国移民。因此，在德国的外国人数量并不是跨越国境的人口迁移的简单结果，通常情况下，还与下列三个因素有关：外国人在德国出生（通常称之为第二代、第三代）、外国人在德国的死亡状况及归化入籍。

正是由于上述原因，德国关于外国人数量与规模的统计，通常有联邦统计局和联邦外国人登记中心两套数据。“在联邦统计局进行的外国人计算中，所有登记和注销的外国人都被统计在内，而在外国人登记中心的统计中，只有在德国居住 3 个月以上的外国人，才被统计在外国人的数据中。这就导致外国人登记中心关于外国人的数量要远低于联邦统计局的数量。外国人登记中心关于外国人的数据，更能进一步反映出外国人的具体国籍、外国人居留期限和居留状况等更细致的差别。”①

从联邦统计局的人口统计数据可以看出德国人与外国人的人口数量有如下特点。

第一，从 1995 年到 2011 年，德国的人口总量尽管有所波动，但一直稳定在 8100 万到 8200 万之间。其间经历了从 8100 万到 8200 万再回到 8100 万的历程。从 1995 年的 8181. 7 万达到 2002 年的 8253. 6 万，成为战后德国史上人口总量的最高纪录；随后，人口总量在波动中下降，到 2011 年再次

① Bundesamt für Migration und Flüchtlinge, *Das Bundesamt in Zahlen 2011. Asyl, Migration, Ausländische Bevölkerung und Integration*, Nürnberg, S. 97.

回到了 8183 万。

第二，外国人总量的发展过程呈现出与德国人口总量同样的特征：外国人总量波动，但一直稳定在 720 万到 730 万之间。其间经历了从 1995 年的 734.2 万下降到 2009 年的 719.8 万，成为德国 1995 年以后外国人总量的最低纪录，再上升到 2011 年的 736.9 万。

第三，与德国的人口总量、外国人总量的变动特征相适应，外国人占德国总人口的比例一直稳定在 9% 左右。从 1995 年的 9% 上升到 1996 年的 9.1%，随后持续下降，到 2009 年进一步下降到 8.7%，成为 1995 年以后最低值。2010 年反弹上升，到 2011 年达到 9%，恢复到 1995 年水平。

总之，截止到 2011 年 9 月 30 日，德国的外国人规模已达 736.99 万人，占德国总人口（8183.04 万）的 9%。① 如果以外国人占全国总人口的 7% 作为现代移民国家的最低标准的话，那么，德国已从传统意义上的民族国家转变为非传统意义上的现代移民国家。

二 外国人在德国的地理分布和性别结构、年龄构成

（一）外国人在德国的地理分布统计及其分析

从人口学的视角来看，外国人在德国的地理空间并不是均匀分布的。外国人在德国的地理空间分布一般受如下三个基本因素的影响：

一是移民传统因素。属于德国西部的原联邦德国地区，1955～1968 年处于战后经济、社会恢复重建与发展对劳动力的需求时期，“1955 年联邦德国与意大利、1960 年与西班牙和希腊签署了引进劳工的协议……1961 年与土耳其、1964 年与葡萄牙、1968 年与南斯拉夫、1963/1966 年两次与摩洛哥、1965 年与突尼斯签署引进劳工的协议。据德国移民与难民局不完全统

① Bundesamt für Migration und Flüchtlinge, *Das Bundesamt in Zahlen 2011. Asyl, Migration, Ausländische Bevölkerung und Integration*, Nürnberg, S. 98.

计，大约有 1500 万外国劳工来到了西德"[①]。另外，还陆续接受了数以万计来自世界各地的难民。德国东部地区尽管也实施了引进外国劳工的政策，但当时只接受来自社会主义国家如苏联、匈牙利、波兰、越南、捷克、南斯拉夫、古巴及其他少数国家的劳工、难民，而且数量较少，截止到 1989 年只有 19.12 万人。[②] 在两德重新统一以后，受移民传统因素的影响，外国人的地理分布呈现出明显的东西部地区差异。

二是经济发展因素。一般说来，经济发展水平较高的德国西部地区，对劳动力的需求更多、更强烈，外国人的聚集就会较多；反之，经济发展水平较低的东部地区，对劳动力的需求较少，外国人的工作机会随之降低，外国人的聚集居留就会较少。这是影响外国人在德国地理分布的关键因素。

三是移民网络因素。按照现代移民网络理论，众多移民一旦聚集在一起，就会基于地缘或血缘关系，产生出有利于他们生存与发展的移民网络。这一移民网络不仅紧密联系着已在移民国生存的移民，而且会与移民的来源地建立紧密的网式结构或链式结构，由此带动更多移民进入移民国。这一理论框架同样适应于分析联邦德国的外国人分布。受移民网络因素的影响，联邦德国的西部地区移民网络发达，可以为后续外国移民提供更多的生存支撑，由此吸引了更多外国移民前往；而德国东部地区移民网络欠发达，无法提供有力的生存支撑，由此导致外国移民进入东部地区的减少。联邦德国的外国人地理分布状况，明显反映出东西部地区差异的这一特征。

外国人在德国各州的地理分布，呈现出明显的东西部的地区差异：西部地区在 5.2% ~13.7% 之间；而东部地区除柏林外，均没有超过 3%。需要进一步说明的是，柏林的外国人比例高达 14%，是因为原西柏林拥有较高的外国人比例。所以，到 2011 年，地处东部地区的柏林，依然拥有较高的外国人比例。

（二）外国人在德国的性别结构、年龄结构的统计与分析

如果与德国人口统计局的人口统计数据相比较，就会发现，德国的外

---

① Klaus J Bade, Jochen Oltmer, *Normalfall Migration*, Bonifatius Druck Buch Verlage, 2002, S. 70 – 71.

② Statistisches Bundesamt, *Wirtschaft und Statistik*, 1990, H. 8, S. 544.

国人登记中心关于外国人的性别结构、年龄结构的数据更为详细。

第一，外国人的性别结构合理、性别比正常。截止到2011年12月，在总数693万外国人中：男性354万7419人，女性338万3477人；男性性别比51.2%，女性性别比是48.8%。性别比接近于自然的正常范围。在20世纪70年代以前，欧洲国家如法国和德国主要引进男性劳动力，从而造成外国人口中的男女性别比严重失调。仅以法国为例，在法国生活的外国人的男女性别比是：葡萄牙移民男女比例是5∶1、阿尔及利亚人是12∶1、突尼斯和摩洛哥人是30∶1、波兰人是20∶1、南斯拉夫人是40∶1。[①] 德国也不例外。但20世纪70年代中期以后，伴随着大量男性移民的回迁和家庭团聚政策的实施，作为移民家属的众多女性进入联邦德国，于是外国人的男女性别比逐渐走向平衡。

第二，15岁以下年龄组的外国人人口比例偏低。15岁以下年龄组的外国人仅占外国人人口总量的8.7%。这在5岁以下年龄组的外国人中，表现得更加明显，其仅占外国人人口总量的1.9%。出现这种情况的主要原因是：自1999年，德国政府实施了新的《国籍法》。依据新《国籍法》，在德国长期居住、与德国人结婚的外国居民所生子女，将自动获得德国国籍，而移民在德国居住8年后，也可以申请归化加入德籍。新法案中最重要的是没有要求申请归化德籍人士放弃他们原来的出生国国籍，此项规定令大部分申请者无须经过复杂的归化程序，即可获得德国国籍。[②] 这样，大量在德国出生的外国儿童，直接或间接获得了德国国籍，却在外国人的统计中消失。由此造成15岁以下年龄组的外国人人口比例偏低。

第三，在德国的外国人人口老龄化趋势严重。根据联合国统计标准，如果一个国家60岁以上老年人口达到总人口数的10%或65岁以上老年人口占人口总数的7%以上，那么这个国家就属于人口老龄化国家。而在德国60岁及以上的外国人口数量已达到100多万，占外国人人口总量的14.9%；

① Klaus J. Bade, *Europa in Bewegung*, *Migration vom späten 18. Jahrhundert bis zur Gegenwart*. München: Verlage, C. H. Beck, 2002, S. 344.

② 德国《国籍法》，1913年7月22日（帝国公报，第583页）颁布，联邦公报第3册第102-1分部公布的校勘版，1999年7月15日根据《国籍法修订法》做最后一次修改（联邦公报，第1册第1618页）。

仅65岁以上的外国人口已占外国人口总量的9.5%。由此可见，在德国的外国人人口老龄化现象十分严重。

一是较之80岁及以上的高龄德国人的数量及比例，外国人80岁及以上的人口总量偏少、比例偏低，这表明与德国人相比，外国人人口寿命偏低。出现这种人口现象背后的社会因素是：由于文化背景、所受教育、就业环境、社会公平等因素的制约，在德国的外国人，普遍从事着本土德国人所不愿意接受、技术含量不高、收入较低、工作环境较差、工作期限没有保证的低端职业，由此决定了外国人平均收入水平较低。这也直接决定了，与德国人相比，外国人的生活质量不高和预期寿命降低。

二是65岁以上外国人老龄人口中，男性比例偏高，女性比例偏低，表明外国人中的女性的社会地位有待于进一步提高。65岁以上外国人中，男性占54.8%，而女性只占45.2%。这违反了女性存活优势的人口学理论。人口学理论和发达国家的人口现象表明，由于多种原因，老年女性较男性具有更强的存活优势和更长的预期寿命。德国65岁及以上人口的性别比，就恰好表现出了这一特征。但在德国生活的65岁及以上的外国老年人口中，没有体现这一基本特征，表明在德国生存的外国女性生活质量的低下和社会生活环境的恶化，降低了女性的预期寿命。

三　在德国的外国人的国别、出生地、居留期限的统计与分析

从一般法律意义而言，出生地与国籍有着紧密的联系。在注重出生地原则的国家，出生在哪个国家，就意味着获得哪个国家的国籍。如果其迁移到其他国家，则在这个国家居留期限的长短与其能否实现社会融合，乃至获得那个国家的国籍密切相关。由此可见，出生地、国籍与居留期限是紧密联系的三个概念。

（一）外国人国别的统计与分析

从德国二战以后移民历史进程来看，德国政府与土耳其、意大利、波

兰、希腊等国政府都曾签署过引进外国劳工的协议，其中土耳其的客籍劳工规模最大，而且滞留在德国的土耳其人数也最多。截止到 2011 年 12 月 31 日，依据德国外国人登记中心的外国人数据，在德国的外国人的国籍及人数情况见表 1。

表 1 外国人的国籍及数量（截止到 2011 年 12 月 31 日）

单位：人

国 别	数 量	国 别	数 量
土耳其	1607161	克罗地亚	223014
意大利	520159	俄罗斯	195310
波 兰	468481	欧盟国家（意大利、波兰、希腊除外）	1325907
希 腊	283684	其他国家	2307180

资料来源：Bundesamt für Migration und Flüchtlinge, *Das Bundesamt in Zahlen* 2011. *Asyl*, *Migration*, *Ausländische Bevölkerung und Integration*, Nürnberg, S. 103. Quelle: Statistisches Bundesamt, Ausländerzentralregister .

如果按照在德国的外国人是否属于欧盟成员国，来对外国人及人数进行分类的话，则形成表 2。

表 2 外国人的欧盟成员国国籍及其他第三国国籍和数量（截止到 2011 年 12 月 31 日）

国 别	数量（人）	比例（%）	备 注
欧盟老成员国（14 个）	1647709	23. 8	
欧盟新成员国（10 个）	697411	10. 1	（从 2004 年 5 月 1 日起）
欧洲最新成员国（2 个）	253111	3. 7	（从 2007 年 1 月 1 日起）
第三国	4332665	62. 5	包含所有其他国家
总 数	6930896	100	

从表 1 和表 2 可以看出：

第一，从单一国别的视角来看，土耳其、意大利、波兰、希腊、克罗地亚、俄罗斯已成为德国的外国人的主要来源国，其中土耳其人是最大的外来族群。数据表明，在德国生活的 693 万外国人中，仅土耳其一国的国民就有 160. 7 万之多，占外国人总数的 23. 2%；意大利人以 52 万位于外来族群的第二位，占外国总人口的 7. 5%；波兰人以 46. 8 万人，位居外来族群的第三位，占外国总人口的 6. 8%。

第二，从欧盟成员国的视角来看，德国境内的外国人主要来自欧盟成员国。在总数693万外国人中，属于欧盟成员国的公民达260万人，占外国人总量的37.5%。从2004年5月1日起，伴随着欧盟东扩，属于波兰、捷克、斯洛伐克、斯洛文尼亚、爱沙尼亚、拉脱维亚、立陶宛和马耳他的外国公民大约有170万。2004～2007年，伴随着罗马尼亚和保加利亚加入欧盟，又有大约95万欧盟成员国的公民进入德国。从区域的视角来看，如果将土耳其作为欧盟候选国的话，欧盟成员国（含土耳其）的国民有420.53万人，占德国境内的外国人总量的60.68%。也就是说，德国境内的外国人主要是欧盟成员国的公民。其他国家和地区的公民仅占外国人总量的不足40%。

（二）外国人出生地的统计与分析

从德国《国籍法》的视角来看，出生地和血统是与国籍紧密关联的两个因素。在德国，1999年以前的《国籍法》主要实行血统原则，只有具有日耳曼血统的人才能获得德国国籍。为此，两德统一以后，来自原东欧国家、具有日耳曼血统的200多万外国人，自动获得了德国国籍。1999年实施新《国籍法》以后，符合相关条件的、在德国出生的外国人均可自动获得德国国籍（见表3）。

表3 德国主要外来族群的外国人出生地及其比例（截止到2011年12月31日）

国别	在德国出生人口（人）	比例（%）	在外国出生人口（人）	比例（%）	总数（人）
土耳其	514283	32.0	1092878	68.0	1607161
意大利	156644	30.1	363515	69.9	520159
波兰	17475	3.7	451006	96.3	468481
希腊	75957	26.8	207727	73.2	283684
克罗地亚	49664	22.3	173350	77.7	223014
其他国家	452192	11.8	3376205	88.2	3828397
合计	1266215	18.3	5664681	81.7	6930896

资料来源：Bundesamt für Migration und Flüchtlinge, *Das Bundesamt in Zahlen 2011. Asyl*, *Migration*, *Ausländische Bevölkerung und Integration*, Nürnberg, S. 108. Quelle: Statistisches Bundesamt, Ausländerzentralregister , eigene Berechnungen.

表 3 的数据表明：

第一，在德国生活的693 万外国人中，有81.7%即约566.4 万人是在外国出生的，是经过跨越国境线的人口迁移才进入德国的。从德国战后移民的历史进程来看，外国移民主要通过如下三种形式合法进入德国：工作移民、家庭团聚和难民。其中工作移民和家庭团聚是合法移民的主要形式。这从德国主要的外来族群土耳其人和意大利人的构成中，可以清楚地看到。上述两大族群的形成与德国政府于20 世纪60 年代实施的招募客籍工人政策及70 年代实施的家庭团聚政策紧密相关。

第二，德国拒斥的入籍政策，将在德国长期生活的绝大多数外国人排斥在加入德国国籍的范围之外。1999 年以前的德国《国籍法》注重血统原则，因此，绝大多数并不具有德国血统但在德国长期工作和生活、通晓德语、并已成为德国常住人口的重要组成部分的外国人如土耳其人，无法加入德国国籍。而来自原东欧国家、并不通晓德语、并不熟悉德国文化、但具有日耳曼血统的回迁者，却自动获得了德国国籍。这就出现了克劳斯（Klaus J. Bade）教授所说的那种“从小居住在德国，通晓德语和德国文化、但不拥有德国国籍的土耳其人和从小居住在外国、不懂得德语和德国文化、但拥有德国国籍的德国人”① 的滑稽场面。直到1999 年德国政府实施新《国籍法》（同时注重出生地原则）特别是2005 年实施新《移民法》，承认德国是一个非传统意义的现代移民国家以后，外国人入籍困难的状况才逐渐得以改变。

第三，不同族群的外国人口在德国出生由高到低的变化，折射着不同族群在德国的移民历史进程。如果我们仔细考察德国几个较大的外国族群，就会发现，土耳其人以32.0%的外国人出生在德国位居榜首，紧随其后的是意大利人（30.1%）和希腊人（26.8%）。上述三个族群的形成都是与德国政府实施招募外国劳工的政策息息相关的。他们之中有不少是第二代和第三代移民，尽管在德国出生，但并没有加入德国国籍。这也意味着上述三个族群在德国有着长久的移民历史。与上述三个族群在德国出生人口有较高的比例不同的是，波兰人在总数约46.8 万人中，只有3.7%的波兰人在德国出生。这

---

① Klaus J. Bade, *Integration und Illegalitaet in Deutschland*, Osnabrueck: IMIS, 2001, S. 12.

就意味着在德国的波兰人多是20世纪90年代冷战结束后，作为年轻的移民从波兰迁移到德国的。因此，在德国的波兰人只有较短的移民历史。

（三）外国人居留期限的统计与分析

正如上文所述，德国的外国人登记中心只登记居留期限在3个月以上的外国人，而获得3个月以下短期有效签证和居留期限出入德国的外国人并不在常住的外国人口的统计范围。因此，要考证在德国的外国人在德居留时间的长短，就必须以外国人登记中心的数据为准。毫无疑问，不同的外来族群由于多种原因而居留时间不同。

第一，外国人在德国的平均居留时间已达19年。“在所有登记的外国人中，有40.1%即280万人在德国已居住了20年及更长的时间。有53.4%即370万人在德国已居住了15年及以上的时间。有67.1%即470万人在德国已居住了10年及更长的时间。”[①] 毫无疑问，数以百万计的外国人已成为德国常住人口的重要组成部分。

第二，在德国居留时间的长短在很大程度上取决于外国人具体的所属国家的国籍。有91.8%的克罗地亚人、89%的土耳其人、88.7%的意大利人、87.5%的希腊人、82.7%的斯洛文尼亚人、73.6%的西班牙人，已经在德国居留了10年以上的时间。与此相反的是，有78.3%的罗马尼亚人、63.7%的波兰人和55.6%的巴基斯坦人，是最近这些年才迁移到德国的，他们在德国的居留时间在10年以下甚至更短。由此可见，外国人在德国居留时间的长短与其国籍紧密相关。

四 结论

通过上述人口学的统计和人口社会学的分析，我们可以得出如下结论：

第一，从人口学的意义上看，德国已完成从典型意义的传统民族国家到非传统意义上的现代移民国家的转变。从民族国家产生的历史来看，现

① Bundesamt für Migration und Flüchtlinge, *Das Bundesamt in Zahlen 2011. Asyl, Migration, Ausländische Bevölkerung und Integration*, Nürnberg, S. 106.

代意义上的民族国家最早产生在14世纪的欧洲，特别是西欧。一直到第二次世界大战结束，尽管在英国、法国和德国的境内都有数以万计的外来移民，但与传统移民国家（外国人口占绝大多数）如加拿大、美国和澳大利亚相比，依然都是传统民族国家。但伴随着战后世界各地的大量外国移民进入欧洲国家，外国人口所占比例逐渐上升，欧洲国家特别是西欧国家的人口结构正在发生着根本变化。到21世纪初，在西欧国家中，外国人所占总人口的比例在7%～29.8%不等，这还不包括已加入西欧国家国籍的外国人、非法移民等。正因为如此，欧洲学术界和多数国家的政府都承认和接受了这样的事实：已从传统民族国家转变为非传统意义上的现代移民国家（外国人口达到全国总人口7%及以上）。但一直到2005年德国历届政府都拒绝承认德国作为现代移民国家的事实，认为外国人在德国的大量存在，只是“客居”德国而已。直到2005年实施新《移民法》以后，德国政府才承认德国已成为现代移民国家。从人口学意义上看，737万的外国人，已是德国常住人口的基本组成部分，而且占德国总人口9%；如果再考虑已加入德国国籍的外国人的人数和非法移民的数量，总数当在1400万左右。毫无疑问，德国已成为非传统意义上的现代移民国家。

第二，从地理空间分布、性别比和年龄结构来看，在德国的外国人的地理空间分布不均衡；外国人的性别比正常；年龄结构年轻化，但也显示出老龄化的典型特征。就空间分布来说，外国人在德国的地理空间的分布数据表明，绝大多数聚集在德国的西部地区，而生活在德国东部地区的外国人人数较少，呈现出典型的东西部的二元结构地区差异。就性别比而言，男性略高于女性，在正常的范围内。除了20世纪70年代以后德国政府实施的家庭团聚政策矫正了男性比偏高以外，外国移民特别是以土耳其为代表的穆斯林移民不限制生育从而自然生育子女较多，也是导致性别比正常的重要因素。就年龄结构来看，与本土德国人相比，外国人的年龄结构还是相对年轻的。从20岁到55岁的年轻劳动力人口占外国人总数的65.1%。2011年外国人的平均年龄是39.4岁①；如果考虑到一出生就已经获得德国

① Bundesamt für Migration und Flüchtlinge, *Das Bundesamt in Zahlen 2011. Asyl, Migration, Ausländische Bevölkerung und Integration*, Nürnberg, S. 101.

国籍的儿童，外国人的平均年龄就更加年轻。但老龄化的特征也已显现出来，60 岁及以上老年人口已占外国人总数的 14.9%，远高于人口老龄化的最低标准。

第三，外国人的国别统计表明，土耳其族群已成为德国境内最大的外国族群；外国人的出生地的统计显示，有 81.7% 的外国人在国外出生。从外国人的国籍来看，在德国居留的外国人族群位居前五名的是：土耳其、意大利、波兰、希腊和克罗地亚，特别是信奉伊斯兰教的穆斯林移民群体土耳其人，以占外国人总数 23.2% 高居榜首。从外国人的出生地来看，只有 18.3% 的外国人在德国出生，在外国出生的外国人总人数高达约 566.47 万。这表明，在德国境内的外国人绝大多数是通过移民留居德国的，但并没有获得德国国籍。这也充分说明，德国政府要实现外国人在德国的社会融合任务，依然任重而道远。

第四，不同国家的外国人在德居留时间的不同，不仅反映着德国政府的移民政策实施历史轨迹，而且凸显着深刻的冷战时代与后冷战时代的国际背景。之所以在德国的土耳其人、西班牙人、克罗地亚人、希腊人和斯洛文尼亚人，在德国居留的平均时间在 20.9 年到 28.4 年不等，远长于其他东欧国家的外国人如波兰人、俄罗斯人、罗马尼亚人，原因就在于 20 世纪 50 年代、60 年代、70 年代德国政府实施的针对上述国家（东欧原社会主义国家除外）的招募外国劳工政策、随后的家庭团聚政策以及在德国出生的第二代和第三代移民后裔增多。① 而波兰人、俄罗斯人、罗马尼亚人之所以在德居留时间较短（波兰人平均居留时间为 9.7 年，俄罗斯人为 9.2 年，罗马尼亚人为 6 年），是因为冷战时期来自东欧社会主义国家的公民的合法移民（除难民申请以外，因受冷战思维的影响，难民申请者通常被看作是反抗社会主义制度的英雄而以政治难民的身份被接纳的）是被禁止的②，直到 20 世纪 90 年代冷战结束后，来自东欧社会主义国家的公民才被允许合法移民德国。这就是在德国的原东欧社会主义国家的外国人在德居留时间较短的直接原因。

① Bundesamt für Migration und Flüchtlinge, *Das Bundesamt in Zahlen 2011. Asyl*, *Migration*, *Ausländische Bevölkerung und Integration*, Nürnberg, S. 101.

② Klaus J. Bade, *Europa in Bewegung*: *Migration vom späten 18 Jahrhundert bis zur Gegenwart*. München: Verlage C. H. Beck, 2002, S. 379.

附录　中国欧洲学会德国研究分会30年大事记

1985年6月4~8日　第1届年会暨德国研究分会成立大会，江苏省社会科学院承办，地点：南京华东饭店；出版论文集《德意志联邦共和国经济、政治与社会问题探索》（非正式出版物）。

1988年8月　第2届年会，上海同济大学联邦德国研究所承办；出版论文集《联邦德国经济政治纵横》（王殊、裘元伦、吕耀坤、顾俊礼编，1989；非正式出版物）。

1990年　第3届年会，中国现代国际关系研究所（现为中国现代国际关系研究院）承办，地点：北京西苑。

1992年　第4届年会，国务院发展研究中心世界发展研究所承办，地点：北京密云。

1994年6月8~12日　第5届年会，国务院发展研究中心世界发展研究所承办，地点：河北承德。

1996年3月26~28日　第6届年会，上海同济大学联邦德国研究所承办；出版论文集《德国与世界》（裘元伦、顾俊礼主编，经济日报出版社，1996）。

1997年11月11~12日　第7届年会，中国社会科学院欧洲研究所承办，地点：北京和平宾馆，德国前副总理兼外长根舍出席并发表演讲；出版论文集《世纪之交的德国、欧盟与中国》（顾俊礼、刘立群主编，社会科学文献出版社，1998）。

1999年5月28~30日　第8届年会，中国社会科学院欧洲研究所承办，地点：北京昌平；出版论文集《迈入 21 世纪的德国与中国》（顾俊礼、刘立群主编，社会科学文献出版社，2000）。

2001 年 5 月 第 9 届年会，上海同济大学联邦德国研究所承办；出版论文集《新世纪的德国——政治、经济与外交》（李乐曾主编，同济大学出版社，2002）。

2002 年 10 月 29 ~ 30 日 第 10 届年会，中国现代国际关系研究所承办，地点：北京大兴；出版论文集《新世纪的德国与中国》（刘立群、孙恪勤主编，时事出版社，2003）。

2005 年 10 月 28 ~ 30 日 第 11 届年会，上海同济大学联邦德国研究所承办；出版论文集《德国在扩大的欧盟中》（朱绍中主编，同济大学出版社，2006）。

2007 年 10 月 27 ~ 28 日 第 12 届年会，北京大学国际关系学院承办；出版论文集《德国 · 欧盟 · 世界》（刘立群、连玉如主编，社会科学文献出版社，2008）。

2010 年 4 月 24 ~ 26 日 第 13 届年会，北京外国语大学德语系承办；出版论文集《金融危机背景下的德国及中德关系》（刘立群主编，社会科学文献出版社，2011）。

2012 年 11 月 20 ~ 21 日 第 14 届年会，中国社会科学院欧洲研究所承办；出版论文集《中德建交 40 周年回顾与展望》（顾俊礼主编，杨解朴副主编，社会科学文献出版社，2012）。

2014 年 6 月 20 ~ 21 日 第 15 届年会，与青岛德国研究会共同举办；出版论文集《欧债危机背景下的德国及欧盟》（刘立群主编，社会科学文献出版社，2015）。

编后记

中国欧洲学会德国研究分会（简称“中国德国研究会”）第15届年会于2014年6月20～21日在青岛成功召开。此部论文集是这届年会的产物，同时是对中国德国研究会成立30周年的献礼。

中国德国研究会成立于1985年，至今已走过30年历程。在这30年间一共召开了15次全国性年会，此外还在北京和上海举行过多次小型学术研讨会、报告会等；先后共有数百位国内德国问题研究学者参加了这些学术会议；共出版了12部年会论文集。这些学术活动和学术成果加深了我国对当代德国内政、外交、经济、文化等方面的全面了解和理解，推动了中国的德国研究事业和德语学习的发展，对中德学术交流做出了应有的贡献。

历任德国驻华大使几乎都参加了中国德国研究会历届年会的开幕式并发表演讲。德国现任驻华大使柯穆贤博士（Dr. Michael Clauss，2013年到任）原也准备到青岛参加第15届年会，但因临时有重要公务未能亲自出席，特发来贺信并请中方代表在年会开幕式上宣读。在这里衷心感谢历任德国驻华大使和外交官对中国德国研究会工作的大力支持！

在此届年会举办的同时，青岛市德国研究会也正式成立。美丽的海滨城市青岛因曾被德国侵占（1897～1918年）而保留有诸多德国元素，改革开放以来重新吸引德国人的目光，成为中德经济和文化交流的重要平台。青岛市王广正副市长和诸多部门领导、中国前驻德国大使梅兆荣和马灿荣等多位高级外交官等莅临此次年会并致辞。这里感谢青岛市有关方面对中国德国研究会本届年会的大力支持！

感谢中国德国研究会各位同仁踊跃赐稿！由于论文集总字数过多，我对一些论文做了一定压缩，敬请各位谅解。所有论文无疑都只代表作者个人观点。本论文集论文大多于 2014 年 9 月前完稿，有关材料和数据只能截止到那时。国际形势瞬息万变，对形势发展的具体判断和预测都必然受到时间的限制，不过这些也成为某种特殊的历史记录。

最后，衷心感谢北京外国语大学東龙胜基金和浙江省国际文化交流协会资助本论文集的出版。

刘立群

北京外国语大学德语系教授、博士生导师

中国德国研究会副会长兼秘书长

2015 年 1 月 12 日

图书在版编目（CIP）数据

欧债危机背景下的德国及欧盟 / 刘立群主编．—北京：社会科学文献出版社，2015. 5

ISBN 978 - 7 - 5097 - 7202 - 7

Ⅰ. ①欧… Ⅱ. ①刘… Ⅲ. ①中德关系 -国际关系史 -现代 Ⅳ. ①D829. 516

中国版本图书馆 CIP 数据核字（2015）第 048114 号

欧债危机背景下的德国及欧盟

主　　编 / 刘立群

出 版 人 / 谢寿光
项目统筹 / 祝得彬
责任编辑 / 王晓卿　李秀梅　何晋东

出　　版 / 社会科学文献出版社 · 全球与地区问题出版中心（010）59367004
　　地址：北京市北三环中路甲 29 号院华龙大厦　邮编：100029
　　网址：www. ssap. com. cn
发　　行 / 市场营销中心（010）59367081　59367090
　　读者服务中心（010）59367028
印　　装 / 三河市尚艺印装有限公司

规　　格 / 开 本：787mm × 1092mm　1/16
　　印 张：19. 5　字 数：307 千字
版　　次 / 2015 年 5 月第 1 版　2015 年 5 月第 1 次印刷
书　　号 / ISBN 978 - 7 - 5097 - 7202 - 7
定　　价 / 69. 00 元